Organize Your Emotions,
Optimize Your Life

하버드 멘토의
감정 설명서

내 안에 숨은 아홉 개의 나를 만나다

마거릿 무어 · 에드워드 필립스 · 존 행크 지음
권기대 옮김

베가북스
VegaBooks

CONTENTS

본격적으로
시작하기 전에 우선

스스로에게 물어보자.

"나는 도대체 얼마나 스트레스를 받고 있는 걸까?"

A. 스트레스? 그게 뭔데? 난 냉정하고 차분하며 침착한
   사람이야. 자신과의 조화도 잘 이루고 있으며 필요한
   게 뭔지도 잘 알지. 내가 어딜 향하고 있는지도 알고,
   그 길에서 벗어나는 일도 없어. 아무 문제도 없다고!

B. 뭐, 삐걱대는 일은 없는 것 같지만 그래도 가끔 혈압
   올라가고, 기분 꿀꿀하고, 출근길에 끼어드는 사람
   있으면 소리를 꽥 지르고 싶은 날도 있지!

C. 정말이지, 날이면 날마다 미쳐버릴 것 같아. 집에서
든, 직장에서든, 아니, 심지어 휴가를 가서도 스트레
스에 완전히 억눌려 있다고! 불안하고 긴장돼서 도무
지 가만히 있질 못 하겠어... 아우, 나, 스트레스로 죽
을 것 같아. 좀 도와줘!

이 셋 중 당신의 대답이 어느 것이든, 이 책은 당신을 위한 거다! 잠
시 후 이유를 설명할 요량이지만, 우선 한두 가지만 더 물어보자. 분명히
밝혀야 할 것도 있고.

스트레스!

주변에서 자주 접하게 되는 말이다. 물론 정말 스트레스를 받을 수밖
에 없는 때도 있다. 가령 막 이혼을 했다든지 실직했을 때, 혹은 개인적
위기나 직업상 위기 때문에 아프다면 스트레스는 당연하다. 얼마든지 예
상할 수 있는 스트레스다. 하지만 그보다는 좀 더 뿌리 깊은 문제가 표출
되어 스트레스를 느낄 때도 있다. 예컨대 많은 사람이 그러하듯 '내 인생
이 올바른 방향으로 나아가고 있지 않다' 혹은 '내 능력을 십분 드러내지
못하고 있다'는 생각이 들기 때문에, 그런 기분에 억눌리는 것인지도 모
른다.

자, 다음 질문으로 지금 당신의 마음 상태가 어떤지 알아보자. 지난
30일 동안 다음과 같은 기분을 느낀 적이 얼마나 많았는가?

1. 즐거움

2. 기분이 좋음

3. 대단히 행복함

4. 고요하고 평화로움

5. 만족스러움

6. 생기 넘침

대답은 아래의 셋 중 한 가지로 골라보자.

A. 항상 그렇다.

B. 가끔 그렇다.

C. 그런 적이 거의 없다.

당신의 대답 중 A는 몇 개인가? 전혀 없다고? 대부분 B 혹은 C로 답했단 말인가? 그렇다면 당신은 **누가 뭐래도** 이 책을 계속 읽고 싶을 거다. 자, 이제 마지막 질문이다. 다음 한 쌍의 질문이야말로 내가 말하려는 핵심을 겨냥하고 있다.

"당신은 전력투구해서 살고 있다고 느끼는가?

몰두해 있고 도전도 느끼지만, 마음이 평온하고 대체로 만족하는가?"

A. 그렇다. 내 인생은 순조롭게 흘러가고 있다. 쌩큐!

B. 흔들리는 구석도 많지만, 그래도 아직 추락하진 않았어.

C. 발이 묶여버렸네. 엔진이 온통 멈춰버린 것 같아.

오케이, 우선 급한 대로 질문은 여기까지! 만약 당신의 대답 중에 B나 C가 많다면, 당신은 대부분의 사람들과 별로 다를 바 없다. 그러니까 심리학적 용어를 빌자면, 당신은 꽃을 활짝 피우고 있는 게 아니라, 겨우 목숨만 연명하고 있거나 시들시들한 상태란 얘기다.

이 책은 그 모든 것을 바꾸어줄 수 있다. 그래, 스트레스를 줄이고 광란을 잠재우도록 도와줄 수 있다. 하지만 보다 중요한 것은, 이 책과 여기에 제시된 획기적인 이론이 당신을 도와 번창하고 활짝 꽃피우고 훨훨 **날아오르게** 해줄 수 있다는 사실이다.

어떻게 당신이 날아오를 방향을 알려줄 거냐고? 그거야 먼저 내면을 들여다봐야지!

비실비실 연명하는 게 아니라
흐드러지게 꽃피우는 삶

감정의 웰빙. 이 표현을 어떻게 정의할까? 에머리 대학의 코리 키즈(Corey L. M. Keyes) 사회과학 교수는 「정신건강 연속체」(2002)라는 강렬한 논문에서 '정신건강'이란 말의 여러 가지 정의를 죽 검토한 끝에, 따뜻하고 신뢰하는 인간관계를 맺고 삶에 또렷한 방향을 갖고 있으며 자기 욕구를 충족시킬 수 있는 환경을 만들 수 있고, 어느 정도까지 스스로 결정할 수 있는 사람들이야말로 최상의 능력을 발휘한다는 결론에 이른다.

그런 사람들은 자신이 지닌 요소들을 대체로 좋아하는 것으로 보인다. (그렇다, 단수가 아니라 복수로 '**요소들**'이라고 했다. 바로 이게 요점인데, 이에 대해서는 나중에 논의하기로 하자.) 게다가 번창 일로에 있는 사람들은 자신이 사회에 공헌하고 참여한다고 느끼며, 변화에 적응할 능력도 있고 그럴 용의도 있다.

키즈는 이렇게 적고 있다. "활짝 꽃을 피우고 있다는 건 긍정적인 정서에 충만해 있다는 뜻이며, 심리적으로나 사회적으로 제 기능을 잘 수행하고 있다는 의미다." 반면 생기라고는 없는 사람들은 '말 없는 절망의 삶을 만들어내는 공허감과 정체감'에 사로잡힌다. 이들은 "허전하다, 텅 비어 있다, 껍데기에 불과하다, 허공 같다" 등으로 자기 자신이나 자기의 인생을 묘사한다.

21세기가 시작된 이래, 우리는 거의 15년의 전쟁과 '대공황'을 거쳐 왔고, 양극화된 정치풍토를 감내했으며, 흥미롭긴 하지만 파괴적인 기술의 변화를 목격해왔다. 이 새로운 세기에 접어들자 사람들의 꿈과 기대는 오히려 줄어들어 미국의 노동력과 다름없는 정도로 오그라들었다. 이 책을 집필하고 있는 지금, 자신을 활짝 꽃피우는 인간이라기보다 비실비실 연명하는 인간으로 보는 사람이 더 많다고 해도 과언이 아닐 것이다. 이러한 인식은 다양한 여론조사에서도 확인되었으며, 그 가운데 경기침체의 여파로 '사람들의 감정 회복력은 몹시 불안정한 상태'라고 결론지었던 2010년의 갤럽-헬스웨이즈 웰빙 지수(Gallup-Healthways

Well-Being Index)가 특히 두드러진다. 갈수록 심해지는 경제에 대한 우려와 건강에 관한 문제들이 그런 상황을 가져온 주범으로 지목되었다. 그리 놀라운 일도 아니다.

당신도 생기를 잃고 근근이 견디는 중이라고, 혹은 중간 어디쯤에서 그저 근근이 목숨만 부지하고 있다고 느낄지 모르겠다. 그럭저럭 헤쳐나가는 중이고 나름대로 최선을 다하고는 있지만, 분명 긍정적인 감정으로 가득 차 있는 것은 아니다. 그리고 말할 것도 없이 꽃을 활짝 피우고 있는 건 아니다.

이 책의 목적은 당신이 **훨훨 날아오를 수 있는 곳으로** 인도해주는 것이다. 그렇게 날아오르기만 하면, 당신이 할 수 있는 최고의 성과를 올리게 될 것이다. 또 당신이 번성할수록 두뇌 기능도 더 좋아지고, 따라서 더 창의적이며 요령 만점에다 열린 마음까지 갖게 된다. 당신이 훨훨 날아오르면, 업무도 더 잘 해낼 수 있고 가정에서의 소통 능력도 좋아지며, 몸도 더 건강해질 것이고, 사는 것도 즐거워진다. 그럴 땐 자신감과 자제력도 확 살아나기 때문에 스트레스가 줄어든다. 당신의 삶이 번창하면 균형 잡힌 자신만만함으로 열띤 격정도 잠재울 수 있다.

그렇다면 우리는 어떻게 쥐죽은 듯 목숨이나 부지하는 상황을 떨치고 일어나 활짝 꽃을 피우는 드높은 상태에 도달할 수 있을까? '로또'에 당첨되면 가능할까? 기적처럼 승진하면 될까? 마음에 쏙 드는 애인을 만나면 그렇게 될까?

그 모든 게 도움이 될 수는 있을 테다. 하지만 그런 건 외적 요인들이라, 마치 세계평화, 지구온난화, 교통체증, 주식시장 붕괴처럼 우리의 통제범위 밖에 있기 십상이다. 물론 장·단기적으로 우리한테 영향을 미칠 수도 있긴 하지만.

아니, 당신이 훨훨 날아오를 수 있는 그 드높은 단계에 이르려면, 그보다는 '내 스스로'를, 내 감정과 욕구와 욕망과 동기를 다스리는 게 훨씬 낫다. 이런 자기관리야말로 스트레스를 해소하고 격정을 잠재우는 열쇠다.

곰곰 생각해보라, 완벽하게 말이 되지 않는가? 여기서 뉴스 속보 한 토막! 당신은 오늘 직장 상사가 무슨 말을 할지, 무슨 행동을 할지, 도무지 통제할 도리가 없다. 업무를 수행하려면 꼭 습득해야만 하는 무슨 새로운 기술이 등장해도 역시 어찌할 수 없다. 날씨나 이자율의 변화, 혹은 워싱턴이나 중동에서 일어나는 사건도 통제 불가능이다. 망할, 심지어 내 집안에서 일어나는 일조차 하나도 통제할 수 없는 걸, 뭐! (십대 자녀를 둔 부모라면 이게 무슨 뜻인지 알 거다.) 이런 것들은 모두 **외적인 요인**이다.

그래, **통제 가능한 것**은 자기 자신뿐이다. 혹시 돈, 시간, 먹을 것, 혹은 뭐든지 더 많이 있기만 하면 그게 우리의 난제에 대한 해답이 된다고 생각하는가? 절대 그렇지 않다. 해답은 바로 **여기에** 있다! ('여기'라고 말하면서 당신의 머리를 살며시 톡톡 쳐야 한다.) 더 행복하고 더 생산적이며 더 긍정적이고 스트레스 덜 받는 인생을 위한 해답은 바로 그 머리 안에 있단 말이다. 설사 당신이 이미 잘해나가는 중이라고 느낀다 해도 마찬가지다. 답은 거기에 있다. 그러니 이 책의 추천 항목들을 잘 따른다면, 당신의 기분은 훨씬 더 좋아질 것이다.

흐드러지게 꽃을 피우는 그 상태는 어떤 모습일까? 몇 가지 예를 보여주겠다. 그러니까 인생이 술술 풀리고 있다는 느낌, 혼란의 근원인 잡초더미에서 벗어나 내 능력을 한껏 발휘해서 맑고 푸른 하늘로 솟아오르고 있다는 느낌이 드는 그런 지점 말이다. 그런 번성의 상태는 신경을 잔뜩 곤두세우지 않고서도 어려운 상황을 헤쳐나갈 수 있을 정도로 유연할 때 얻을 수 있다.

그렇다, 그런 상태는 성취할 수 있다. 그리고 우리는 당신이 거기에 이르도록 도와줄 수 있다. 당신이 날개를 활짝 펴고 날아오르도록 도울 수 있다.

하지만 우선, 당신이 지금 어디쯤을 날고 있는지, 고도를 한번 측정해보자. 지금, 이 순간 당신은 삶에 얼마나 만족하고 있는가?

지금 훨훨 날아오르고 있는가, 그럭저럭 연명하고 있는가, 아니면 풀 죽어 있는가?

다음 열 개의 문항을 살펴보면 알 수 있다. 각 문항을 읽은 다음, 그것이 얼마나 당신의 경험을 반영하는지 점수를 매긴다. 문항마다 얻은 점수를 합쳐 누계를 낸다.

내 인생을 어떻게 살 것인지, 스스로 자유롭게 결정한다고 느낀다.
– 매우 자주 혹은 항상 그렇다 (5점)

- 자주 그렇다 (4점)

- 가끔 그렇다 (3점)

- 드물게 그렇다 (2점)

- 거의 그렇지 않거나 그런 적이 없다 (1점)

내 삶에 만족한다. (대답은 아주 정확해야 한다. 메리엄-웹스터 사전은 만족을 '결핍이나 욕구의 충족, 만족스럽다는 상태, 흡족함'이라 정의함)

- 매우 자주 혹은 항상 그렇다 (5점)

- 자주 그렇다 (4점)

- 가끔 그렇다 (3점)

- 드물게 그렇다 (2점)

- 거의 그렇지 않거나 그런 적이 없다 (1점)

내 삶의 목적을 명확하게 안다고 생각한다.

- 매우 자주 혹은 항상 그렇다 (5점)

- 자주 그렇다 (4점)

- 가끔 그렇다 (3점)

- 드물게 그렇다 (2점)

- 거의 그렇지 않거나 그런 적이 없다 (1점)

내가 하는 일에서 성취감을 느낀다.

- 매우 자주 혹은 항상 그렇다 (5점)

- 자주 그렇다 (4점)

- 가끔 그렇다 (3점)

- 드물게 그렇다 (2점)

- 거의 그렇지 않거나 그런 적이 없다 (1점)

나는 사람들과 사이가 좋다. 서로 보살피고, 인정하고, 협동하고, 존중한다.

- 매우 자주 혹은 항상 그렇다 (5점)

- 자주 그렇다 (4점)

- 가끔 그렇다 (3점)

- 드물게 그렇다 (2점)

- 거의 그렇지 않거나 그런 적이 없다 (1점)

내가 갖는 느낌과 정서를 인지하지만, 거기에 얽매이진 않는다.

- 매우 자주 혹은 항상 그렇다 (5점)

- 자주 그렇다 (4점)

- 가끔 그렇다 (3점)

- 드물게 그렇다 (2점)

- 거의 그렇지 않거나 그런 적이 없다 (1점)

내 감정이 생각과 행동에 어떤 영향을 미치는지, 주의를 기울인다.

- 매우 자주 혹은 항상 그렇다 (5점)
- 자주 그렇다 (4점)
- 가끔 그렇다 (3점)
- 드물게 그렇다 (2점)
- 거의 그렇지 않거나 그런 적이 없다 (1점)

부정적인 감정이 느껴지면 한 걸음 물러나 그런 감정이 있음을 알면서도 거기 휩싸이진 않는다.

- 매우 자주 혹은 항상 그렇다 (5점)
- 자주 그렇다 (4점)
- 가끔 그렇다 (3점)
- 드물게 그렇다 (2점)
- 거의 그렇지 않거나 그런 적이 없다 (1점)

쾌활함, 흡족함, 즐거움, 활기, 낙관, 흥분 같은 긍정적 감정을 꽤 많이 경험한다.

- 매우 자주 혹은 항상 그렇다 (5점)
- 자주 그렇다 (4점)
- 가끔 그렇다 (3점)
- 드물게 그렇다 (2점)

- 거의 그렇지 않거나 그런 적이 없다 (1점)

나를 번성하게 만드는 게 무엇인지 잘 안다. (기억해두자,
메리엄–웹스터 사전은 번성을 '활발하게 성장함, 무럭무
럭 커나감'이라고 정의했다.)
- 매우 자주 혹은 항상 그렇다 (5점)
- 자주 그렇다 (4점)
- 가끔 그렇다 (3점)
- 드물게 그렇다 (2점)
- 거의 그렇지 않거나 그런 적이 없다 (1점)

이제 점수를 합산해보자. 만약 40점 이상이라면 축하한
다. 당신은 활짝 꽃피고 있는 사람이니까. 하지만 39점 이
하라면 당신은 근근이 연명하거나 시들어버린 사람이다.

자, 이것은 정신건강을 공식적으로 평가하는 방법이 아니라 그냥 지
침일 뿐이다. 대체로 우리가 원하는 것은, 당신이 어떻게 살아가고 있는
지와 무엇이 당신을 번성하게 만드는지를 스스로 생각하게끔 인도하는
것이다. 어떤 점수가 나오든 상관없이 이 책은 뭔가를 제시해줄 수 있다.
설사 당신이 겨우 연명하고 있거나 이미 시들어버렸다 하더라도, 지금부
터 잠재력을 십분 발휘하여 훨훨 날아오를 수 있다. 그리고 이미 번성하
는 수준에 와 있다면, 앞으로 더 높이 날아오를 수 있을 거다.

'그저 목숨이나 부지하려는' 사고방식

　침체해 있거나 그저 연명이나 하자는 마음가짐이거나 우울할 때는, 오직 나만 이 꼴이지 다른 사람들은 그럴 리 없다고 느끼게 마련이다. 아마 나만큼 감정이 오락가락하고 스트레스에서 못 벗어나는 사람, 이러다간 아무것도 이루지 못할 거라고 느끼는 사람은 거의 없다고 생각하겠지.

　그러나 그건 아니다. 논문 「정신건강 연속체」에서 키즈가 추산한 바로는, 미국인들 가운데 겨우 17%만이 자신을 정말로 번창하는 중이라고 간주한다. 정반대로 자신이 시들어 있거나 풀 죽어 있다고 보는 사람들은 26% 정도라고 한다. 대다수인 57%는 그저 목숨만 부지하고 있다는 얘기다.

　정신이 번쩍 드는 통계수치다. 하지만 이미 언급했듯이, 이런 우울함에서 스스로 벗어날 방법이 있다. 스트레스를 줄이고 격랑激浪을 잠재울 방법이 있다. 신나게 번창할 방법이 있다. 이제 목숨만 부지하고 있는 당신이 훨훨 날아오르도록 도와줄 팀을 소개하겠다.

　'코치 멕(Coach Meg)'이란 별명을 지닌 마거릿 무어(Margaret Moore)는 하버드 의대 부속 매클레인 병원 코칭연구소의 공동창립자다. 무어는 한편으로 신경과학 기반의 바이오 회사를 세운 바이오 테크놀로지 경영자, 다른 한편으로 코치 겸 리더 겸 트레이너라는 두 가지 커리어를 동시에 추구해왔다. 그녀는 2000년부터 웰코치의 창립자 겸 CEO로서 헬스케어 및 웰빙 전문 코치들을 위한 국가표준을 확립하는 데 앞장

서고 있다. 그리고 지금까지 무어의 팀이 훈련한 전문 코치 1만 명은 이 제 좀 더 나은 건강과 삶을 갈구하는 수많은 고객들을 코칭하고 있다.

무어가 청중들에게 자주 하는 말이 있다. "제 인생의 미션이 뭔지 아세요? 사람들이 훨훨 날아오르도록 도와주는 거랍니다."

코치 멕은 변화를 (특히 어려운 변화를) 촉진시키는 전문가로, 사람들이 번창할 수 있는 변화가 일어나도록 도와준다. 이 책을 읽어나가면서 그녀를 당신의 개인코치로 생각하기 바란다. 그러니까 당신을 '연명' 모드에서 벗어나 꽃 피우고 생산적이며 행복한 인생으로 변모할 수 있게 인도하는 사람으로 말이다.

그녀와 함께 이 책을 쓴 에드워드 필립스(Edward Phillips) 박사는 스폴딩 재활병원 라이프스타일 메디슨 연구소의 창립자 겸 소장이고 하버드 의대 물리치료 및 재활의학과 조교수다. 필립스 박사는 「운동이 약이다(Exercise is Medicine)」라는 글로벌 캠페인 교육위원회 의장이며 미국 라이프스타일 의학전문대의 자문단에서 활동 중이다. 그는 라이프스타일 메디슨 연구소와 더불어 '피트니스, 스포츠, 영양을 위한 대통령직속위원회'로부터 영광의 커뮤니티 리더십 상을 수상한 바도 있다.

이 책은 건강이나 피트니스 서적이 아니다. 하지만 라이프스타일은 육체와 정신의 건강에 대단히 중요하다. 스트레스를 타파하고 격정을 잠재우며 훨훨 날아오르는 사람들은 대개 건강한 라이프스타일의 소유자다. 환자들이 닥터 에디라고 부르는 필립스 박사는 사람들이 운동 프로그램을 시작해 지속하고, 건강한 식습관을 받아들이며, 부상이나 질병에서의 회복에 꼭 필요한 힘든 일을 할 때 어떤 혜택을 누리는지를 직접 목격해왔다.

그는 이렇게 말한다. "환자가 어떤 상황에 놓여 있든 그들이 건강과 활력을 되찾도록 인도할 수 있을 때, 저는 가장 커다란 만족감을 느끼지요."

사람들을 도와 최적의 건강에 이르도록 해온 닥터 에디의 풍부한 경험 덕분에 이 책은 여러 가지 통찰과 처방을 풍성하게 담을 수 있었다.

이 책의 세 번째 공동저자는 코치 멕과 함께 저술한 베스트셀러 〈마음을 다스리고 일상을 징리하라(Organize Your Mind, Organize Your Life)〉를 포함해 14권의 책을 펴냈고 여러 상을 타기도 한 작가 존 행크(John Hanc)다.

격정을 가라앉히고 능력을 십분 발휘해 번창할 수 있게 도와줄 청사진을 바로 이 팀이 당신에게 제공할 것이다. 우리는 그러기 위해 당신이 자기 목소리를 좀 더 잘 듣는 방법을 알려줄 것이다. 그래야만 당신한테 필요한 게 무엇인지 평가할 수 있고, 나아가 무엇이 당신의 발목을 잡고 있는지도 알아낼 수 있으니까.

그러나 먼저 심리학의 새로운 이론, 그중에서도 특히 인간의 감정과 그 진화 과정을 다루는 이론을 좀 더 들여다볼 필요가 있다.

여러 목소리에 귀를 기울여봐

진화의 역사가 이어지면서 우리 조상들은 일련의 타고난 욕구, 동인

動因, 가치, 능력, 힘 등을 키워왔다. 이런 것들은 필시 원시시대부터 생존의 필수요소였을 테고, 지금껏 한 번도 없어지지 않았다. 그리고 최근에는 인간의 웰빙과 최상의 능력 발휘에도 이들 요소가 중요하다는 사실을 학자들이 보여주었다.

우리 성격의 이런 측면들은 진화 과정 어디쯤에서 차별화된 개체(differentiated entities)로서 등장한 것 같은데, 이는 잠재인격(subper-sonalities)으로 표현되기도 한다. 이들 차별화된 개체에는 나름의 어젠더가 있어서, 여러 가지 또렷한 감정과 목소리로 나타난다. 그렇다. 목소리다. 자, 여기서 한 가지만 분명히 해두자. 충동질을 해대는 목소리를 들었기 때문에 범죄를 저질렀다고 주장하는 정신 나간 연쇄살인범에다 당신을 비유하는 것은 아니다. 그런 건 범죄소설이나 TV 드라마에나 나올 이야기니까. 우리가 말하는 건, 마음속에서 이어지는 독백은 사실 차별화된 개체들이 주고받는 대화라는 점이다. 그 개체들은 하나의 성격이 지닌 여러 개의 측면이다.

심리학에서는 이미 알려진 내용이다. 정신분석의 창시자 지크문트 프로이트는 인간의 정신을 원초아原初我(id), 자아(ego), 초자아(super-ego)라는 개념으로 나누었는데, 그 하나하나가 우리 인격의 여러 충동(또는 욕동慾動; drives), 국면(aspects), 욕구(needs)를 대표한다.

심리학자 리처드 슈워츠(Richard Schwartz)는 지난 25년에 걸쳐 정신의 각 부분이 주고받는 내면의 대화라는 개념을 탐구했다. 내면가족체계(Internal Family Systems)라는 그의 정신치료 모델을 훈련받은 치료사들은 부정적인 정서를 겪고 있는 사람들의 그런 부분들, 즉, 잠재인격들을 명상과 같은 평온한 모임으로 초대한다. 이런 모임은 어김없이 우여곡절을 거쳐 어떤 잠재인격이 경험했던 크고 작은 트라우마를 들춰 낸다.

인간 정신의 차별화된 개체, 즉 잠재인격이란 정확히 무엇일까? 신경과학자들이야 이것을 그저 상호작용하는 뇌 속의 신경망으로 간주하려 들 것이다. 심리학자 존 메이어(John Mayer)가 1995년에 발표한 성격심리학의 틀은 '성격심리학을 위한 시스템 프레임워크'로 알려져 있는데, 그가 '대리자'라고 부른 차별화된 개체 하나하나가 정서, 인지, 행동, 의식 같은 성격의 기본 성분들을 완성한다는 아이디어가 담겨 있다. 다시 말해 우리의 특색 하나하나, 우리가 느끼는 것, 생각하는 것, 그리고 우리가 이해하는 우리 자신 등은 바로 차별화된 개체 혹은 잠재인격 안에 모두 들어 있다는 얘기다. 이들 개체 하나하나가 발달시키고 펼쳐놓은 일련의 신경망을 상상해볼 수도 있겠다. 일단 사람들이 마음과 뇌의 이러한 개체들을 차별화하고 다루는 데 좀 더 능숙해지면, 이 신경망의 속성과 기능을 좀 더 풍부하게 이해하는 것을 앞으로 이루어질 연구의 목적으로 삼아야 할 것이다.

지금 당장 내 삶의 항해와 번창을 위한 비결은 내 정신의 차별화된 개체를 식별하고 그것에 귀 기울이는 방법을 배우는 것이다. 때로는 이걸 마음의 '다중성(multiplicity)'이라 부르기도 한다. 다수의 잠재인격이 중요한 역할을 한다는 뜻이다. 정서 혹은 감정은 이 잠재인격들이 보내는 중요한 생물학적 신호다. 우리는 감정을 핸디캡, 또는 성공을 가로막는 장벽으로 생각하기 쉽다. 그래서 이렇게 말한다. "아빠가 야단치면 난 왜 항상 그처럼 감정적으로 변할까? 당당히 아빠랑 맞설 수 있으면 좋을 텐데." 혹은 "화내는 것은 목적 달성에 방해돼. 컨트롤하는 법을 배워야지." 부정적 감정이란 어떤 욕구가 충족되지 않았다고 우리에게 알려주는 경고 메시지다. 반대로 긍정적 감정은 욕구가 충족되었다고 말해준다. 긍정의 정서는 원래 자기보호 및 자기개발을 추구하는 과정에서 욕구를 알려주는 자기관리의 도구 혹은 자기통제 시스템의 역할을 한다.

그러고 보니 이건 2015년 픽사가 만든 만화영화 「인사이드 아웃」에서 7살짜리 라일리 앤더슨이 경험했던 것과 똑같다. 장황한 설명 없이도 정신의 다중성이란 개념을 세상에 보여준 영화였는데, 꼬마 라일리의 기본 감정이 의인화되어 버럭, 까칠, 소심, 슬픔, 기쁨이라는 등장인물들이 탄생한다. 그리고 이들은 온가족이 미네소타에서 샌프란시스코로 이사 가는 계획에 어떻게 반응해야 좋을지를 놓고 격론을 벌인다. 각 개체의 정서 상태를 해석함으로써 기능과 협력을 멋지게 개선할 수 있게 되고, 그로써 내부 긴장과 갈등, 스트레스, 그리고 타성에 젖어 아무 데도 못 가는 '옴짝달싹 못함' 상태도 줄어든다.

이 책은 정신의 차별화된 개체 가운데 주된 9가지를 찾아내 탐구한다. 이 '개체'를 '부분' '국면' '능력' 등으로 불러도 좋다. 물론 사람마다 이들 9가지 잠재인격은 각각 다르게 말을 건네며, 우리 고유의 능력과 동인動因을 만들어준 독특한 유전자 조합과 경험을 반영한다. 이 9가지 잠재인격이 인간의 어떤 공통된 욕구를 반영한다는 생각, 따라서 우리 모두의 내면에 그것들이 존재한다는 생각은 합리적이다. 그리고 우리에게는 그 개체들의 말에 귀 기울일 능력도 주어졌다.

자, 정신의 차별화된 개체들 9가지를 소개한다. 이제부터 하나씩 검토해나갈 터인데, 어떤 것은 이름만 봐도 벌써 감이 잡힐 것이다.

'척척이'(Autonomy)

'차분이'(The Body Regulator)

'당당이'(Confidence)

'까칠이'(The Standard Setter)

'궁금이'(The Curious Adventurer)

'번뜩이'(The Creative)

'꼼꼼이'(The Executive Manager)

'토닥이'(The Relational)

'큼직이'(The Meaning Maker)

이 9개의 잠재인격들을 우리는 내면가족의 아홉 식구라고 부르고 싶은데, 여기에 덧붙여서 당신이 알아야 할 10번째 국면이 있으니, 바로 '깨어 있는 자아(Mindful Self)'라는 것이다.

깨어 있는 자아는 당신이 다른 자아의 목소리들을 좀 더 똑똑하게 듣도록 도와준다고 생각하자. 이 개념의 기반은 심리학자 리처드 슈워츠의 자기주도 모델로서, 깨어 있는 자아란 또렷하고 다양한 목소리인 9가지 잠재인격을 구분할 뿐 아니라 그것들을 통합하여 어느 한순간의 '나'를 형성할 수도 있는 마음의 한 부분이다. 우리는 다음 챕터에서 이 깨어 있는 자아를 심도 있게 검토할 생각이다. 그러나 이 개념의 이해를 돕기 위해 미리 조금만 알아두자.

'깨어 있는 자아'는 내면가족의 구성원들로부터 한 발짝 떨어져 관찰하고, 귀 기울이고, 그들이 지닌 어젠더와 수용 능력과 정서 상태를 모두 인식한다. 호기심과 열린 마음으로써 이해하며 수용하고 연민하면서 (판단하는 법 없이) 관찰한다. 열띤 토론이 벌어지고 있는 회의실의 보스쯤으로 생각해도 좋다. 뜨거운 토론에 나온 모든 관점을 참을성 있게 경청한 다음, 바로 본론으로 들어가 이슈 전체에 초점을 딱 맞추는 깔끔한 코멘트나 제안이나 관점으로써 좌중을 잠잠하게 만들어버리는 그런 보스 말이다.

'깨어 있는 자아'는 지도자로 내면가족의 일상 활동을 지휘하며, 팀워크 및 조화로운 상호작용을 북돋운다. 내면가족의 멤버(개체 혹은 잠재인격)가 살아가면서 자기 욕구를 모두 충족시키고 전체 안에서 각자의 잠재력을 충분히 표출함으로써 온전하고 행복하며 건강하게 된다면, 그게 가장 이상적이다. '내면가족'의 멤버들이 대체로 만족을 느끼는 사람, 내적 능력이 충분히 활용되어 내면의 가치와 일치되는 사람, 바로 그런 사람이 삶을 활짝 꽃피우고 있는 사람이다.

나의 모든 내면가족 멤버들에게 귀를 열고 그들의 말을 분명히 알아들으며, 그런 다음 그에 따라 어떻게 행동해야 할지를 배운다면, 당신은 활짝 꽃피고 번창할 수 있을 것이다. 이 책이 바로 그 방법을 보여줄 것이다. 당신의 내면가족 멤버를 모두 소개하고, 그들에게 어떻게 귀를 여는지도 보여줄 요량이다. 그래야만 당신의 욕구 중에 어떤 것이 여전히 채워지지 않고 있는지도 알 수 있다. 그런 다음 균형을 잘 잡고 전반적인 웰빙을 개선해 마침내 번창하려면 어떻게 접근할지도 알아낼 수 있을 것이다.

이런 의미에서 당신의 내면가족은 진짜 가족이랑 다를 바 없다. 가족 중 누군가가 불행하면 다른 식구들도 영향을 받게 되고, 아무도 최선을 다할 수 없잖은가? 반대로 가족이 모두 행복하면 최고의 기능이 발휘되고 전반적인 웰빙이 깃드는 것이다.

우리는 또 실제 사례도 넉넉히 제시할 생각이다. 코치 멕은 상당히 많은 고객에게 그들의 '내면가족' 멤버들을 알아내고 인정하는 과정을 가르쳤다. 그런 고객들 가운데 두 사람만 만나보자. 차별화된 개체, 즉 잠재인격이 어떻게 긍정적으로 혹은 부정적으로 작동하는지를 보라. 또 그 의미를 깨닫고 그들을 안내하며 그들의 작동을 개선하는 것이 어떻게 당신의 번창을 돕는지도 알아보자.

(A) 낸시:
분노와 실패 후에 얻은 합리와 성공

낸시는 흔히 건강 분야 코치들이 다루는 이슈인 체중감량 때문에 '코치 멕'을 찾아왔다. 코치 멕은 우선 낸시가 자신의 내면가족에 귀를 열게 이끌어 줌으로써 이 이슈에 접근했다. 낸시의 내면에서 이루어지는 대화의 또렷한 목소리를 인식하도록 도왔고, 둘이 힘을 합쳐 분노, 실패, 좌절이라는 세 가지 부정적인 정서도 찾아냈다.

낸시가 처음 들은 목소리에서 분노가 터져 나왔다. 내면가족 가운데 혹독한 비판자인 '까칠이'의 목소리였다. 그 목소리가 말했다. "넌 루저야. 뚱뚱한 놈. 무슨 짓을 하든 앞으로도 계속 뚱뚱할 테지."

멈출 줄 모르는 부정적인 내면의 비판은 또 다른 멤버인 '당당이'를 무너뜨렸다. 자기 능력에 대한 믿음(혹은 심리학자나 행동치료사들이 말하는 자기효능)은 의미 있는 변화를 위해 가장 중요하다. '나는 할 수 있어!'라고 믿어야 한다. 몽땅 다는 아니더라도 말이다. 내일 당장은 아닐지 몰라도, 언젠가는 할 수 있다고 말이다. 하지만 낸시는 믿지 않았다. 주로 장광설을 토해내는 내면의 비판자가 '당당이'에 커다란 구멍을 낸 것이다. 그렇게 하여 낸시는 코치 멕과 함께 찾아낸 두 번째 정서, 즉 **패배**를 경험했다.

"그딴 걸 왜 해?"

헬스클럽에 가볼까? 건강 식단을 만들어봐? 낸시가 그런 생각을 할 때마다 '까칠이'는 말했다. "그런다고 되겠니? 오만가지 다이어트를 다 해봤잖아. 운동도 시작했다가 그만두기를 몇 천 번 했니? 소용없어."

낸시의 살빼기에 관해서 낸시와 코치 멕이 듣게 된 세 번째 목소리에는 그들이 끄집어낸 세 번째 정서인 **좌절감**이 배어 있었다. 우리가 '차분이'라 불렀던 것의 목소리로, 생리적 욕구를 대변하는 현명한 목소리다. 그 목소리는 낸시의 일상에 좀 더 많은 신체활동을 넣고 건강에 나쁜 음식을 끊으려면 무엇이 필요한지를 잘 알고 있었다.

업무 스케줄을 약간 조정한다면 일주일에 세 번 30분씩 러닝머신 위를 걸을 수 있고, 두 번은 헬스클럽에서 실내사이클 수업에 참가할 수도 있었던 상황. 그렇게만 했더라면 아주 그럴듯한 피트니스 프로그램이 되었을 텐데. 또 '차분이'는 채소와 과일이 건강한 식습관을 확립하기 위한 주춧돌이라는 것도 알고 있었다. 낸시가 건강한 식사를 시작하는 방법 중에는 맛을 희생하지 않는 방법도 얼마든지 있었다.

'차분이'는 낸시한테 이렇게 말하려고 했다. "브라우니 말고 사과를 먹어. TV는 꺼! 알람을 30분 당겨놓고! 그래야 내일 아침 식사 전에 걸을 수 있지." 그런데 문제는 이 목소리에 아무도 귀를 기울이지 않았다는 거다. 거칠고 화가 난 '까칠이'와 묵사발이 된 '당당이'가 안에서 내지르는 고함이 '차분이'의 슬기로운 목소리를 덮어버린 것이다. 그 목소리가 말했다. "니들이 좀 잠잠해져야 가르쳐줄 것 아냐? 근데 너희는 분노와 패배감에 휩싸여서 내 말엔 귀도 안 기울이잖아."

여기서 잠시 여담 하나만! 위의 사례나 다른 케이스 스터디에서 이 목소리들이 말하는 것이라고 할 때, 그건 물론 그대로 녹음된 것을 가리키는 건 아니다. 코치 멕의 말마따나, "우리 모두의 마음속엔 끊임없는 내면의 대화가 이어지고 있습니다. 수백 번 상담해봐서 아는데, 우리가 여기서 제시하고 있는 목소리들은 내면의 실제 대화랑 매우 흡사하다고 말할 수 있어요."

내면가족의 목소리에 귀 기울이다 보면, 당신도 그게 사실임을 알게 될 거다. 이러한 내면의 대화는 머나먼 저편에서 온 추상적 사고도 아니요, 무슨 기이한 심리현상도 아니다. 그저 당신의 한 부분이 **당신의 다른 부분들과 나누는** 대화일 뿐이다!

낸시에게 '까칠이'는 꼭 들어야 할 목소리였다. 깨어 있는 자아를 이용해 서로 다투는 내면의 목소리와 정서를 관찰함으로써 그들이 무슨 이야기를 하는지 알게 되자, 그녀는 몇 가지 깨달음을 얻었다.

우선 '까칠이'의 말이 종종 신랄하고 가혹할진 몰라도 그 의도는 좋다는 깨달음이 수반되었는데, 코치 멕은 낸시가 그런 과정을 마치도록 도와주었다. 그 과정은 성취의 기준을 만들며, 목표를 설정하고 진척을 가늠할 수 있게 돕는다. 우리가 좀 더 훌륭하게 살도록 밀어주는 동력이 바로 이런 능력이다. 하지만 낸시는 도무지 만족을 모르는 비판자 '까칠이'를 치어리더로 변화시키는 방법을 배워야 했다. 그러기 위해서는 목표를 살짝 매만지고 좀 더 현실에 가깝게 만들어 내면의 비판자를 실망시키지 않도록 해야 했다. 다른 사람들처럼 낸시도 당장 체중을 확 줄이고 싶었다. 그런데 결과가 원하는 만큼 빠르게 나타나지 않자, '까칠이'는 언짢아했고 낸시는 절제력을 잃어버렸다. 그러나 '까칠이'의 압박에서 어느 정도 벗어난 다음 일단 내면가족의 모든 메시지를 경청해야 한다는 사실을 인식하게 되자, 그녀는 조금씩 나아가야 한다는 것을 깨달았다.

결과는? 그녀는 운동 및 영양에 대한 '차분이'의 제안을 따르기 시작했다. 식습관도 살짝 바꾸기 시작했다. 신체활동도 조금씩 늘렸다. 저울 눈금이 느리지만 확실하게 내려가는 것이 보였다. 자신감이 올랐고 훨씬 낙관적으로 변했다. 조금씩 전진하고 조금씩 성공하자, 이대로 쭉 나아가겠다는 낸시의 결의에도 불이 붙었다. 자기 성과에 대한 '까칠이'의 평가도 좋아졌다. '차분이'가 제 몫을 해낸 것이다. 모두 같은 목표를 향해 나아갔다.

지금까지 낸시는 거의 14킬로그램을 뺐고, 다시 늘어나는 일은 없었다. 그녀는 훨훨 날고 있다. 내면가족이 너무도 자랑스럽다!

(B) 마틴:
문제 '만들기', 해결책 '정리하기'

35세의 소프트웨어 개발자 마틴. 대단히 창의적인 친구다. 판타지, 검, 갖가지 마법 따위로 이루어진 비디오게임을 디자인했다. 코치 멕의 말처럼 "그의 비디오게임이 나 같은 사람을 목표로 삼진 않겠지만, 이처럼 상상으로 태어난 세계와 다양한 시나리오를 떠올리고 만들어내는 능력은 존중하지 않을 수 없죠."

코치 멕을 찾아왔을 당시, 그는 초보 아빠였다. 그래서 초보 아빠답게 부모 노릇과 커리어 사이에서 줄타기를 하는 중이었다. 그러나 그가 처한 상황에는 한 가지 특별한 문제가 있었고, 그 때문에 코치 멕의 도움이 필요했다. 그는 항상 두서없이 살아왔다. '번뜩이'가 두드러진 사람들에게 흔한 일이다. 아니, 그렇게 말하는 것 자체가 진부하다. 그러나 아빠가 되고서 맞닥뜨린 수면 부족과 아이 때문에 생긴 책임감이 무질서라는 문제를 한층 더 복잡하게 만들었다.

그는 여기저기 약속을 잊어버리거나 시간을 지키지 못했고 이메일 회신도 하지 않았다. 심지어 신입사원 면접과 중요한 고객과의 약속을 겹쳐놓은 적도 있었다. 그를 만나려고 두 사람이 똑같은 시간에 대기실에서 기다리고 있는 모습이라니! 창피한 정도를 넘어섰다. 직장에서도 미덥지 못한 사람이 되어 동료들은 그저 머리를 절레절레 흔들고 웃으며 이렇게 말하기에 이르렀다. "역시, 마틴답군." 그는 아내를 포함한 많은 이들에게 실망을 안겼다. 아내와 아기도 영향을 받았다. 가령 아내가 의사를 만나러 갈 시간에 집에 가서 아이를 돌보기로 해놓고는 그걸 잊어버린다. 이 모든 상황에 마틴은 울화가 치밀었다.

표면으로 드러난 상황은 그랬다. 마틴이 내면가족에 귀를 기울이도록 인도한 코치 멕은 그의 (아니나 다를까, 내면의 목소리 중 가장 강력한) '번뜩이'가 언제나처럼 그를 좌지우지한다는 걸 알아챘다. 그는 즉흥성을 좋아했고 정연한 체계를 싫어했으며 따분한 정리에 단 일 초도 낭비하고 싶지 않았다. 그러나 '번뜩이'의 커다란 목소리는 지금 마틴이 가장 경청해야 하는 목소리, 즉 '꼼꼼이'의 목소리를 가로막고 있었다. 이름에서 알 수 있듯이, 이것은 질서를 촉구하는 잠재인격이다.

한번은 코치 멕이 마틴에게 '꼼꼼이'가 욕구를 드러내도록 놔두라고 하자, 그는 벌떡 일어나 짜증 섞인 표정으로 팔짱을 꼈다. 그래서 코치 멕이 물었다.

"왜, 그 목소리가 뭐래요?"

"나한테 굳이 왜 자기가 필요한지조차 모르겠다고 그러네요. 자기는 리스트 만들고, 스케줄 점검하고, 사람들한테 언제 만나러 가겠다고 말하는데도, 내가 그를 깡그리 무시해버린다고 투덜대요."

다시 말하지만, 내면의 목소리에 귀 기울인다고 해서 무슨 무아지경無我之境에 빠지는 게 아니다. 삼류 TV영화에서 나오는 장면과는 다르다. 기억해두자. 이 목소리들, 이 여러 가지 정서는 늘 표면에 가까이 있어 당신에게 끊임없이 말을 건다. 요령은 누가 무슨 말을 하는지를 구분하는 거다. 물론 그건 여전히 '나'이긴 하지만, 사실은 그저 나의 어떤 한 부분에 지나지 않는다.

마틴은 코치 멕의 도움으로 자신의 '꼼꼼이'가 오랫동안 억눌려 있었음을 깨닫게 되었다. 이제 마틴의 생활에 외적인 압박이 늘어나면서 '꼼꼼이' 역할이 그 어느 때보다 더 중요하게 된 것이다. '꼼꼼이'가 여전히 무시되고 있어서 화를 낼수록 일이 더욱 틀어진 모양새였다.

일단 자신의 분노가 어디서 오는지를 이해하고, 삶에 약간의 체계와 규율을 회복시켜줄 수 있는 측면이 내면에 있음을 깨닫자, 마틴은 '번뜩이'에게 잠시 옆으로 비켜나 있으라고 부탁하기 시작했다. '번뜩이'가 "아이고, 따분해!" 하면서 툴툴거릴 때조차도. 그런 다음 그는 잠시라도 좋으니 자신의 '꼼꼼이'가 제 기능을 다하도록 놔두었다.

코치 멕의 제안대로 그는 매일 아침에 한 번, 점심 식사 후 한 번, 각각 20분씩 자신과의 만남을 가졌고 그때 기본적으로 자신의 하루하루를 되돌아보았다. 해야 할 일의 목록을 새로 짰고, 이메일을 체크했으며, 약속 스케줄도 다시 점검했다.

하루 두 번씩 짬을 내 질서를 되찾으면서, 마틴은 이제 자신의 '꼼꼼이'에게 경청과 공헌의 기회를 주게 되었다. 그리고 '꼼꼼이'의 도움으로 '번뜩이'의 바람을 희생하지 않고도 생활에 좀 더 질서를 찾게 되면서 마틴은 그의 역할을 고마워하기 시작했다.

자, 그럼 마틴은 이제 시간 잘 지키고 사무실에서 가장 깔끔한 책상을 가지게 되었을까? 아니, 물론 그럴 리는 없다. 그는 여전히 창의적 욕구가 강렬한 재주꾼 마틴이다. 그렇지만 약속을 잊어버린다든지, 이메일 답장 보내는 데 몇 주일이 걸리는 일은 이제 없고, 자신의 생활에 최소한 질서 비슷한 윤곽이나마 들여놓게 되었다. 가장 중요한 점은, 내면의 그런 일부를 관리할 수 있는 능력이 자신에게 있다는 사실을 배웠다는 거다. 그저 귀를 기울이기만 하면 되었다.

저자들이 당신네 팀을 위해 할 수 있는 것

당신은 격한 감정을 잠재우고 삶의 모든 측면에서 훨훨 날아오르길 원한다. 잠재인격을 더 잘 관찰하도록 해주는 '깨어 있는 자아'는 물론이거니와 근원적 충동, 능력, 욕구 등을 나타내주는 적어도 아홉 개의 또렷한 부분들(우리가 개체, 잠재인격, 목소리 등으로 불렀던 것)이 자신의 성격에 들어 있다는 사실을 깨달음으로써, 지금 당신이 어떻게 인생을 꾸려나가고 있는지, 그리고 내적 갈등과 상반된 감정의 뿌리가 무엇인지를 분명히 파악할 수 있다. 또 사람들이 흔히 말하는 '뒤죽박죽인 감정'도 알게 된다. 이 잠재인격의 목소리를 경청함으로써, 그리고 그것이 여러모로 어떻게 당신의 행동을 야기하는지 알아차림으로써, 당신은 살아가는 방식을 개조하고 조정하고 개선할 수 있다. 이어지는 챕터에서 우리는 그 방법을 보여줄 것이다. 다음은 여러분이 이 책에서 얻게 될 몇 가지 구체적 사항이다.

◆ **팀으로서 모두 힘을 합치는 법을 배운다.**
'깨어 있는 자아'는 낸시의 '까칠이' 혹은 마틴의 '번뜩이'처럼 한두 개의 목소리가 머릿속을 장악하거나 가로채도록 버려두지 않고, 내면의 목소리로 이루어진 오케스트라 전체를 지휘한다. 내면의 가족은 하나의 팀으로 움직이며, 각 구성원은 나의 인생이 활짝 꽃피도록 돕는다는 공통의 목표를 향해 힘을 합친다.

◆ **감정의 언어라는 암호를 풀어낸다.**
우리가 처리해야 할 것은 끊임없이 변하고 풀기 힘든 복잡한 감정의 실타래! 우리가 듣는 목소리는 서로 모순되고 갈등을 일으켜, 어디로 가야 할지 혼란스럽기만 하다. 만약 이들 목소리와 우리 정서의 연결고리를 찾을 수 있고 그 감정들이 무엇을 표현하는지 이해할 수만 있다면, 내면가족인 목소리들이 좀 더 조화를 이루도록 스스로를 코치할 수 있다.

◆ **내게 있을 거라고 상상도 못했던 힘을 발견한다.**

우리는 자신의 강점−약점에 대해 잘못된 결론을 내리곤 한다. 예컨대 마틴의 경우처럼, 마음이 두서없이 혼란스러운 것은 불러주기만을 기다리며 무시당하고 있던 '꼼꼼이' 때문이 아니라 그저 고삐 풀린 '번뜩이' 때문이라고 생각할 수도 있다. 반대로 '꼼꼼이'가 꽉 잡고 있어서 조절이 잘 되고 조직적인 사람들은 자신에게 창의성이 부족하다면서 스스로 한계를 만들지 모른다. 그러나 지나치게 규제하는 목소리를 가다듬어준다면, 그래, '번뜩이'가 목소리를 높일 것이다! 반 고흐나 바흐가 될 수야 없겠지만, 그래도 즉흥적인 사람이 될 수 있고 비선형非線型의 사고도 할 수 있으며, 결코 실현하지 못했던 참신하고 혁신적인 방법으로 사물을 생각할 수도 있게 된다.

◆ **극기와 자제를 이룩하게 된다.**

이 책은 나의 내면, '그 안에서' 무슨 일이 일어나고 있는지를 이해하도록 돕고, 얼핏 보기에 불협화음 같은 내면의 목소리를 이해하도록 돕는 안내서다. "인생은 단체운동이다." 같은 표현을 들어봤을 것이다. 그 팀이란 것을 내 머릿속의 다양한 감정과 욕구, 즉 모두 함께 힘을 모아야 할 내 영혼의 차별화된 개체로 이해할 때, 당신이 원하는 곳에 이르기가 훨씬 더 쉽다. 더 건강하고 더 행복한 삶, 활짝 꽃필 수 있는 그곳에 말이다. 준비되었는가? 자아, 그럼 출발!

PART 1

나도 모르고 있었던 나의 내면가족

ONE

나의 내면가족과 아홉 식구
그리고 '깨어 있는' 하나의 자아

사람들은 힘들 때면 종종 코치 멕을 찾아오곤 한다. 얼마 전에도 고민에 빠진 웬 여자가 상담 약속을 잡았다.

캐런은 아이가 둘 딸린 싱글 맘. 전 남편이 주는 양육비가 충분치 않아 재취업을 해야 했다. 금융 부문의 학위를 받은 고학력자인데다 엄마가 되기 전엔 실무 경력도 탄탄하게 쌓은 터였다. 하지만 처음 멕을 찾아왔을 때는 직장을 떠나 전업주부가 된 지 몇 년이 흐른 뒤였다. 우리가 '척척이'라 부르는 마음 한쪽에서는 회사로 돌아가 능력도 보여주고 좀더 자립해서 전 남편에게 완전히 기대어 살지 말아야 하는 생각이 간절했다. 그러나 아마 모성본능이라 불러도 좋을 그녀의 '토닥이' 능력이 발목을 붙잡았다. 아이들한테 자기가 필요할 땐 항상 곁에 있길 원했던 것이다.

그녀가 씨름 중인 두 잠재인격, 즉 '척척이'와 '토닥이'는 모두 강력했고, 제각각 그럴싸한 이유를 내세우며 날마다 입씨름을 해댔다. 그 둘은 심지어 서로를 방해하기도 했다. 캐런이 일자리를 찾기 위해 실제로 한 걸음 내딛으려 하면, 육아를 원하는 '토닥이'는 이렇게 주장하고 나섰다. "그 구직 카운슬러랑 오늘 약속 잡으면 안 돼. 데이빗의 축구 연습에 빠지게 되잖아. 또 그 후엔 제니퍼의 무용 수업이 있고. 아이들을 위해서 있어줘야지."

한편 '척척이'는 그녀가 공과금을 내거나 돈 때문에 휴가를 미룰 때마다 불만을 터뜨렸다. "겨우 이렇게밖에 못해? 전 남편이 마지못해 보내주는 돈에 매여 살아야 하냐고. 밖으로 나가서 네가 뭘 할 수 있는지 온 세상에 보여줘."

이런 상황을 두고 코칭하는 사람들이 잘 쓰는 표현이 있다. "진창에 빠져 옴짝달싹 못하네!" 정말이지, 캐런은 진창에 푹 빠져 있었다. 두 가지 성향이 서로 대립한 채 꿈쩍도 하지 않았다. 그녀의 '토닥이'는 어찌나 막강한지, 그녀의 발목을 붙잡고는 재무 관련 일자리를 얻기 위해 꼭 해야 할 일도 못 하게 막았다. 항상 핑곗거리를 만들어냈다. 그런가하면 강력한 '척척이'를 향한 그녀의 충동은 자기 자신과 재능에 충실하라고 타이르면서, 전 남편에 기대어 사는 현실을 매일 상기시켰다.

마치 아귀다툼 한가운데 갇혀버린 것 같았다. 그 소음 때문에 더는 분명히 듣거나 생각할 수도 없었다. 가만히 멈춰선 채 어느 쪽으로든 움직일 수 없었다. 그게 바로 "옴짝달싹 못함"의 본질이고, 그녀가 도움을 청한 이유였다.

캐런의 이야기를 세심하게 들은 멕은 그녀를 옭아매고 있는 내면의 여러 가지 힘을 설명해주었다. 그러고는 그 각각의 목소리에 모두 일리가 있음을 인정하도록 노력하라고 말했다. "어쨌거나 그런 부분들, 그 목소리들, 내면가족의 식구들은 모두 당신의 일부에요. 바이러스도 아니고 무슨 외부에서 끼치는 사악한 영향력도 아니라고요. 그건 **바로 당신이고**, 좀 더 정확히 말하자면 당신의 일부랍니다."

서로 으르렁거리며 맞서 있는 것처럼 보이긴 하지만, 둘 다 중요한 점을 지적하고 있는 것이라고 코치 멕은 설명했다. 캐런의 '토닥이'가 아이들을 돌보라고 다그치는 것은 하늘이 무너져도 올바른 얘기다. 하지만 소란에 끼어든 또 다른 목소리인 그녀의 '까칠이'가 후원하는 가운데 '척척이'가 원하는 것, 즉 직장으로 돌아가 자신이 능력 있고 지적이며 독립성도 있음을 모두에게 다시 보여주고픈 마음도 똑같이 옳다.

코치 멕은 캐런에게 자신의 마음, 자신의 잠재인격에 채널을 맞출 수 있다는 상상을 해보라고 했다. 그럼으로써 이런 목소리들을 좀 더 잘 듣고 인식할 수 있게 도와주었다. 그리고 이 잠재인격, 이 목소리 하나하나에 다이얼을 맞추어보라고 했다. 어떤 목소리는 아주 먼 곳에서 전송되는 것처럼 희미하게 들렸다. 그러나 몇몇은 5만 와트 전기마냥 또렷이 들렸다. 아니, 그 소리가 어찌나 큰지, 볼륨을 낮춰야 했다. 처음엔 모두 섞여 한목소리처럼 들렸을지 모르지만, 그중 어떤 목소리가 압도적인지, 어떤 게 크고 분명히 다가왔는지는 뻔했다.

잠재인격을 듣는 과정은 하나를 억누르거나 끊어버리고 다른 하나를 증폭시키거나 격려하는 게 아니다. 그건 그들이 하고 싶은 말이 무엇인지 곰곰 생각하고 거기서 길을 찾는 과정이다. 다시 말해서, 우리는 잠재 인격들이 기초적인 욕구와 동인과 수용력에 어떻게 연결되는지를 고려함으로써 그들의 메시지를 해석한다. 코치 멕은 그 접근법을 캐런과 공유했는데, 이 책이 제시하는 것도 바로 그런 참신한 접근법이다.

이 같은 내면가족의 아홉 구성원은 우리 모두에게 있지만, 동시에 각자에겐 고유의 유전적 프로파일이 있어서 그런 개체를 결정하고 형성하는 일련의 독특한 경험과 어우러진다. 바로 이 때문에 내면가족의 엄청 다양한 역동성이 생기는 것이다.

아홉 개체가 우리 정서 상태를 통해 메시지를 전한다고 했거니와, 우리의 감정은 항상 복잡하게 뒤섞이고 변한다. 긍정적인 정서도 있고 부정적인 것도 있다. 섬세한 정서도 있고 요란한 것도 있다. 이 책을 통해 당신은 코치 멕의 고객들이 배운 것을 익히게 될 것이다. 정서의 언어를 당신의 고유한 욕구−동인−수용력과 가치에 대한 직관으로 변환시킬 것이다. 이것이 바로 활짝 꽃피는 인생을 위한 당신만의 레시피다.

여러분은 정신의 차별화된 아홉 개체, 즉 우리가 내면가족의 아홉 구성원이라 부르고자 하는 것들이 어떤 이름으로 불리는지를 도입부에서 배웠다. 또 거기서 보았던 케이스 스터디를 통해 각 개체가 우리 행동에 어떤 영향을 미치는지도 짐작할 수 있게 되었다. 자, 이젠 그들과 좀 더 친해지고, 그들의 목소리도 들어보고, 나아가 그들이 어떤 모습인지도 마음으로 그려볼 때가 되었다!

내면가족, 이제 만나러 갑니다!

인간 정신의 9가지 개체는 기초적 욕구와 동인과 수용력과 가치의 표현이다. 이들이 힘을 합쳐 각자 인격의 기반을 형성한다.

여러분이 서로 다른 이 개체들을 좀 더 잘 이해하고 알아볼 수 있도록, 하나씩 간단하게 설명하겠다.

'척척이'(Autonomy)

인간은 자신의 삶을 주도하며, 스스로 선택하고 내 가치관이 반영된 활동에 참여하고자 하는 원초적인 욕구를 지닌다. 외부의 통제도 싫고, 누군가가 "이렇게 해야 해!"라고 말하면 반항하거나 거부한다. 반대로 나에게 선택할 능력이 있다든지 흥미롭거나 가치 있어 보이는 걸 택할 수 있을 때, 우리는 이를 위해 꾸준히 '척척이'를 드러낸다. '척척이'는 둥지를 떠나 내면의 목소리를 따르려는 욕망으로 나타날 수 있다. 30년 넘게 '척척이'를 연구한 심리학자 에드워드 데시(Edward Deci)와 리처드 라이언(Richard Ryan)은 '척척이'를 인간 정신의 가장 원초적인 개체로 보며, 다른 모든 성향이 거기서 출발한다고 믿는다.

'척척이'는 어떤 목소리일까?

"난 부모님과 달라. 내 방식대로 하고 싶어."

"다른 누군가의 명령이라면 넌더리가 나. 몇 주쯤 휴가를 내서 오토바이를 타고 전국을 누비고 싶어. 아니면 아예 내 사업을 시작할까 봐."

"난 평생 다른 식구들이 원하는 대로 살진 않을 거야. 내 커리어를 갖고 싶고, 취미생활도 즐길래. 내면의 목소리가 시키는 대로 따라가고 싶단 말이야."

'척척이'는 어떤 모습일까?

스타일리시한 가죽 재킷과 스키니 가죽바지 차림에 스포츠카를 몰고 다니는 여자.

의사인 부모가 법률이나 의학 분야의 커리어를 추구해보라고 다그치지만, 그걸 마다하고 전도유망한 동네 수제맥주업체에서 마케팅을 하겠다고 결심한 21세의 남자.

'차분이'(The Body Regulator)

인간의 생리시스템은 균형을 요구한다. 우리는 휴식과 재충전으로써 힘든 노동과 균형을 맞추려고 한다. 또 안전과 안정을 얻으려고 애쓴다. 우리는 신경계를 누그러뜨려야 할 시간을 알려주는 몸의 시그널에 귀를 기울이며, 그것은 마음을 평온하게 해주고 뇌기능을 향상시킨다. '차분이'는 내 몸이 요구하는 바를 잘 아는 나의 일부다. 운동 프로그램을 어떻게 시작하고 지속하는지 알려주는 글을 읽다가 '당신의 신체에 귀를 기울이라!' 같은 요청이 나오면, 바로 그런 목소리에 귀를 기울이게 된다.

'차분이'는 어떤 목소리일까?

"그 초콜릿 케이크는 그만! 설탕 덩어리 땜에 뇌가 무너져버릴 거야"

"오늘 밤엔 일찍 자도록 해. 너 잠 좀 자야 해."

"이번 주말에 쉬어. 정말 열심히 했는데, 완전히 탈진해버리거나 아프면 안 되잖아."

'차분이'는 어떤 모습일까?

탄탄하고 늘씬한 요가 강사. 어떻게 해야 건강을 유지하는지 잘 알 뿐만 아니라, 문자 그대로든 비유적으로든 '균형의 대가'다. 이런 게 없으면 '차분이'는 절대 불가!

단단한 몸매의 70세 남성. 체육관에서 실내사이클링 수업을 듣고, 어려서부터 앓아온 당뇨병 관리를 위해서 개인 트레이너와 함께 운동한다.

'당당이'(Confidence)

자신 있고 유능한 사람이 되고자 하는 건 본능적 욕구! 이건 우리 내면의 '사자'요, 때로는 자신만만하고 거의 임금님 같은 개체이며, 때로는 (이런 자질에도 과잉이란 수식어를 붙일 수 있다면) 너무 심하기도 하다. 나에게 힘과 권한이 있다는 느낌이야말로 우리 행동을 결정하는 열쇠가 아니던가. 할 수 있다는 믿음이 없다면, 노력조차 하지 않을 테니까. '당당이'와 '까칠이' 사이에 긴장감이 형성되는 게 뭐 별난 일이겠는가. '까칠이'는 판단의 목소리며, 잣대를 가지고 있어서 때론 너무 높은 기준을 설정하는 우리의 한 부분이다.

'당당이'는 어떤 목소리일까?

"이 망가진 수도꼭지, 내가 고칠 수 있어."

"나는 이번 관계가 성공하도록 만들 수 있다고."

"보스가 원한다면 이 프로젝트를 기한 내에 끝낼 수 있어. 문제없지."

'당당이'는 어떤 모습일까?

재주 많고 숙련된 매니저. 성큼성큼 사무실을 휘저으며 드러난 문제를 해결하고 지시를 내리며 직원들의 마음을 북돋운다. 높은 효율로 신바람 나는 직장을 만들 자신이 만만하다.

청바지에 블레이저 차림인 40세의 기업가. 창업했다가 말아먹은 하이테크 벤처든 성공시킨 기업이든 가리지 않고 열정적으로 이야기한다. (아, 그것도 자기 스포츠카로 당신과 드라이브하면서 얘기할 것이며, 실패에서 얻은 교훈이 성공의 불쏘시개였다고 늘 어놓을 것이다.)

'까칠이'(The Standard Setter)

이 개체는 잣대를 갖고 다니면서 기준(표준)을 설정하고 자신이 한 일을 판단하거나 평가할 터인데, 판단이든 평가든 우리 스스로 성과를 어떻게 보느냐 하는 것과 남들이 내가 공헌한 바를 어떻게 평하느냐에 따를 것이다.

'까칠이'는 삶의 모든 영역에 걸친 우리의 성과를 판단한다. 인간이란 인정받고 공감을 얻으며 가치를 입증하고 공정한 대우를 원하는 사회적 존재인 만큼, '까칠이'는 사회의 영역에서 맹활약을 펼친다. 지구상에서 가장 사회성 높은 동물인 인간에게 기본적으로 꼭 필요한 것이다. 어떤 인간도 고립된 섬이 아니니까. 우리는 동료와 친구와 가족과 공동체에 의해 받아들여지고 인정받길 원한다.

인간 정신이 지닌 이 개체는 아주 상태가 나쁜 경우엔 만족시키기 어렵다. '까칠이'는 내면을 비판하며 결점과 잘못을 찾아낸다든지, 실현 불가능한 수준까지 자꾸 기준을 끌어올릴지도 모른다. 하지만 아주 상태가 좋을 땐, 받아들이고 만족하며 도전해볼 만한 목표를 설정한다. 그러면서 배우겠다든지 성장하겠다는 마음가짐을 채택하여 성과가 미흡할 경우 "뭘 배울까, 어떻게 하면 더 잘할까?"에 집중한다.

'까칠이'는 어떤 목소리일까?

"너, 이거 못 해냈잖아."

"시누이한테 자기 일에나 신경 쓰라고 말하지 그랬어."

"너, 그 일을 진짜 엉망으로 만들어버렸군." 혹은 "이번 일은 진짜 잘 해냈어."

"헤이, 누구나 실수하는 법이야. 그러면서 배우는 거지."

"오늘 사무실에서 한 일, 그거 흐뭇하게 생각해도 돼."

'까칠이'는 어떤 모습일까?

가운을 입고 의사봉을 든 판사. 동정심 많고 관대해서 집행을 유
예해줄 수 있는 판사. 혹은 가혹한 벌을 내리는 판사일 수도!
55세의 여성. 걷기와 요가 수업으로 날씬한 편이지만 30세의 몸
매를 가져야 한다는 강박은 내려놓았다.

'궁금이'(The Curious Adventurer)

새로운 상황을 경험하고 탐험하고 배우고 변하려는 욕구 때문에 인
간은 산을 오르고 새로운 변경邊境을 정복한다. 심리학자 토드 캐시던
(Todd Kashdan)은 저서 〈행복은 호기심을 타고 온다〉에서 호기심이야
말로 웰빙으로 나아가는 근본적인 동인이라고 단언하며 이렇게 썼다.
'궁금이'는 새로운 도전에 응하는 위험을 받아들여도 맘이 편하다. 우리
의 세계를 애써 설명하거나 컨트롤하려 들지 않고, 호기심 넘치는 탐험
가로서 불확실성을 껴안는다. 인생이란 발견하고 배우고 성장하는 즐거
운 탐색이라 여긴다." 빠르게 변모하는 21세기 초, 이건 대단히 시의적절
한 능력이다. 변화를 기꺼이 수용하는 이런 능력이 신新경제에선 성공의
요소니까. 그러나 그 이름이 암시하는 것처럼, 이 개체는 꼭 아주 대단한
상황에만 적용되는 것은 아니다.

'궁금이'는 어떤 목소리?

"맨날 똑같은 저녁 식사에 질렸어. 오늘은 에티오피아 음식 먹으
러 나가자."

"늘 똑같은 거만 반복하는 휴가는 따분해. 카리브해에서 크리스마스를 보내면 어떨까?"

"새 컴퓨터를 사야 할 때가 됐어. 몇 년 동안 윈도우 PC만 써왔으니 이번에는 맥을 살까 봐."

'궁금이'는 어떤 모습?

젊은 여성. 백팩을 짊어지고 난생처음 오지의 산을 탐험하러 가는 중.

한 쌍의 커플. 자신들이 몇 년 동안 살고 있는 도시의 사적지를 걸어서 둘러보기로 맘먹었다.

'번뜩이'(The Creative)

우리에겐 창의적이고 생산적이고 상상력 풍부하며 즉흥적이고자 하는 기본 욕구가 있다. 마음이 어디에 묶여 있지 않고 마음대로 돌아다닐 수 있으며 마감이나 목표에서 자유로울 때, '번뜩이'는 최상의 힘을 발휘한다. 우리 내면의 이 부분은 브레인스토밍이나 게임을 하고 충동적일 때 신이 난다. '번뜩이'가 완전히 발휘되면 몰입 상태, 그러니까 어떤 활동을 온전히 즐겨 시간 흐르는 것조차 까먹는 그런 순간들을 만들어낸다.

'번뜩이'는 어떤 목소리일까?

"난 이메일을 전혀 새롭게 정리할 아이디어가 있어."

"헬스클럽에서 색다른 운동방법을 시도해보고 싶어. 딱 내 몸무게만큼을 저항력으로 활용하는 방법이지."

"내가 가르치는 학생들을 위해 색다른 교안을 만들어내고 싶군."

'번뜩이'는 어떤 모습일까?

부엌에서 앞쪽 테이블 가득 식재료를 놓아두고 새로운 파스타 요리를 만들려고 하는 셰프.

투자은행가. 퇴근 후 귀가하면 정장을 벗어버리고 어린 딸에게 동화책을 읽어준다. 엉성하고 과장된 프랑스인 말투까지 흉내 내며 마들린 동화 시리즈에 나오는 등장인물들을 연기하는 게 행복하다.

'꼼꼼이'(The Executive Manager)

우리 두뇌에는 질서정연하고 계획적이며 정서와 충동을 조절해서 옆길로 새지 못하도록 하려는 원초적인 욕구가 있으니, 천만다행 아닌가! 우리는 이런 욕구를 '꼼꼼이'라고 부른다. 스스로를 규제하는 능력이 있는 데다 생산적이고자 하는 강렬한 욕망 때문에 파괴적인 정서, 충동, 주의산만 등을 제거한다.

'꼼꼼이'는 어떤 목소리일까?

"오늘 할 일을 점검해야지."

"정기 건강검진 스케줄 잡았어?"

"여행 가는 데 필요한 짐은 다 챙겼나?"

"우리 몸에 좋은 건강한 음식을 살 거지?"

'꼼꼼이'는 어떤 모습일까?

회계사. 4월 15일까지 고객들을 위한 세무 관련 서류를 모두 정리해놓았다.

아빠 혹은 엄마. 냉장고엔 음식 가득. 빨래 완료. 집안도 말끔히 청소.

일반 행정 보좌관. 보스의 스케줄을 깔끔하게 정리하고 효율적인 조직 운영을 돕는다.

'토닥이'(The Relational)

누구나 사랑하고 사랑받기를 원한다. 다른 이들에게 봉사하고 그들이 필요한 것을 얻도록 돕고 소속감을 갖고 싶어 한다. 이런 데서 작동하는 개체가 '토닥이'다. 내면에 존재하는 연민의 목소리, 즉 타인과 스스로를 향한 연민이다. 내면의 격정과 부정적인 정서를 달래고 가라앉히는 데 없어서는 안 될 요소다.

'토닥이'는 자율이나 모험을 향한 욕구와 갈등을 일으킬 수 있다. 살아가면서 내 일을 하고 새로운 것을 경험하려는 우리의 욕구는 인간관계를 향한 욕구와 균형을 이루어야 한다. 이런 균형을 유지하려면 숱한 조정을 가해야 할 때도 많다. 결혼하거나 아이를 가질 때처럼.

'토닥이'는 어떤 목소리일까?

"우리 아들을 도와줄 방법이 뭘까? 축구팀에 못 들어가서 화가 났는데 기분을 풀어주고 싶어."

"내 친구, 무슨 일 때문인지 기분이 엉망진창인 것 같은데, 걱정이네!"

"최근 남편과 사별한 내 동료가 아직 너무 힘들어해. 꽃이라도 보내주거나 전화라도 걸어 회사에서 다들 얼마나 그녀를 보고 싶어 하는지 알려줘야지."

'토닥이'는 어떤 모습일까?

배려심이 깊은 아빠 혹은 엄마.

너그럽고 지원을 아끼지 않는 코치. 선수들을 배려하고 모두가 최선을 다해 팀이 최고의 성과를 내도록 한다.

직원들에게 멘토 역할을 하는 직장 상사

'큼직이'(The Meaning Maker)

우리는 원초적으로 '인간이란 무엇인가?' 같은 묵직한 질문을 던지고 삶에서 의미와 목적을 찾고자 한다. 일상의 과제에서든, 우리 모두 작은 부분으로 속해 있는 삼라만상의 운행 법칙에 관해서든 말이다. 드높은 인생의 목적을 찾고, 개인의 흥미를 뛰어넘어 성장하고, 존재의 큰 밑그림을 성찰하고, 우주 속 인간의 자리를 알아내려고 노력하게끔 설계되어 있다. 이것이 '큼직이'의 영역이다.

'큰 직이'는 어떤 목소리일까?

"난 사람들과 사귀는 것이 왜 이렇게 힘들지?"

"어떻게 해야 내 업무로 무언가를 개선할 수 있을까?"

"나는 이 사람과 천생연분이라고 생각해."

"이 세상에 절망과 폭력이 그토록 난무하는 이유는 뭘까?"

'큰 직이'는 어떤 모습일까?

숲속 오두막집의 헨리 데이비드 소로.

해변에 선 어떤 여자. 한없이 펼쳐진 바다를 응시한다.

식구들. 예배드리는 장소에서 고개 숙여 기도한다.

대학생. 고대 그리스 철학자들에 관한 책을 들고 있다.

앞으로 우리는 내면가족(혹은 내면종족種族)을 구성하는 아홉 식구를 좀 더 자세히 살펴볼 것이다. 하지만 '줌 인'하기 전에 뒤로 한발 물러설 필요가 있다. 인간 정신은 왁자지껄한 내면의 목소리와 정서에서 멀리 떨어져 있을 능력도 있고, 마치 영화를 보듯이 뇌의 활동을 경험할 수 있는 능력도 있다. 메타의식(meta-awareness) 혹은 보통 마음챙김(mindfulness)이라 불리는 이런 자연스러운 뇌 상태는 자기성찰과 변화를 위해 꼭 필요하다. 메타의식은 스치는 감정에 예민하게 반응하지 않도록 하며, 그 대신 감정에 휘둘리거나 통제 불능이 되는 일 없이 그런 감정들을 차분히 관찰하고 파악하며 받아들일 수 있게 해준다. 마음이 깨어 있고 열려 있을 때, 우리는 격정에 사로잡히는 대신 우리의 정서 상태를 해독하는 데 집중할 수 있다. 이렇듯 '마음챙김'은 말하자면 홈베이스 같은 것이며, 우리에게 관점을 제시하고 여러 가지 욕구와 우리 자신을 좀 더 객관적으로 볼 수 있게 하는 기본설정 같은 것이다.

이 책에서는 마음챙김 혹은 메타의식을 '깨어 있는 자아(Mindful Self)'라고 부르고 싶다. 서론에서 이미 정의했다시피 이는 내면가족의 일상생활을 지휘하는 요소로서, 협력과 조화로운 상호작용을 북돋운다. 깨어 있는 자아를 이해하는 것이 인간의 다른 욕구를 구분하고 해석하기 위한 첫걸음이다. 자기발견을 위한 여정의 출발점이고, 우리의 삶이 진정으로 활짝 꽃피는 길로 들어서는 지점이다.

깨어 있는 자아

"Who are you?"

이 노랫말의 유래가 되었음직한 록 밴드 더 후(The Who)는 1970년 대 최고 히트송에서 그렇게 노래했다. 누구나 살면서 한 번쯤 해보는 질문일 테다. 이에 의미 있는 대답을 찾기 위해 더러는 일생을 바치기도 하고, 더러는 여러 해에 걸친 치료를 받기도 하며, 산에 오르거나 마약을 하거나 모호하기 짝이 없는 **자아**를 찾겠다며 머나먼 이국땅을 밟기도 한다.

이 책이 이야기하고 있는 것에 비추어볼 때 이 '누구'는 그 다양한 잠재인격 또는 정신의 개체들로 구성되며, 그들이 우리 모두의 다양한 동인과 욕구를 표현한다.

그러나 가장 중요한 건 '깨어 있는 자아'라고 부르는 것이다. 그리고 이 깨어 있는 자아의 본질과 역할을 이해하는 것이야말로 다양한 잠재인격에 귀를 열고 궁극적으로는 그들 사이에 조화를 이루기 위해 꼭 필요한 첫걸음이다.

깨어 있는 자아.

무슨 뜻일까? 심리치료를 위한 내면가족체계 모델의 창안자인 심리학자 리처드 슈워츠는 25년 동안 '스스로 리더십'을 연구했다. 그는 자아를 '개인의 핵심'으로 정의하면서 연민, 명징, 호기심, 자신감 등의 자질을 구체화했다. 그의 말을 빌자면 9가지 잠재인격의 내면가족을 이끌어 나가기에 가장 유리한 것이 바로 자아다. '마음챙김'은 자아가 내면가족에게서 한걸음 물러나 관찰하고 경청하며, 또렷한 어젠더와 능력과 정서를 호기심과 열린 마음과 공감으로써 (그리고 옳고 그름의 판단 없이) 하나하나 구분할 수 있는 능력을 가리킨다.

이 가족의 다른 구성원들, 즉 저 잠재인격들을 여러분은 이미 만나보았다. 슈워츠는 깨어 있는 자아를 '자아의 리더' 혹은 잠재인격들로 구성된 오케스트라의 지휘자라고 보았다. 연미복이나 검은 턱시도나 예복 차림으로 무대에 나와 연단에 오르는 그의 모습이 상상되지 않는가? 지휘봉만 톡톡 두드릴 뿐, 그는 아무 소리도 내지 않는다. 악기를 연주하지 않고 그저 지휘만 한다. 우리 모두의 마음속에 끊임없이 대화가 오가는 가운데, 얼핏 여러 잠재인격이 만들어낸 듯한 혼란과 불협화음으로부터 질서를 창조할 수 있는 것이 바로 내면의 지휘자인 '깨어 있는 자아'다.

무대 위 오케스트라의 각 파트와 악기를 돌보는 지휘자처럼, 깨어 있는 자아는 당신의 성격이 내는 목소리들을 듣고 통합할 뿐 아니라 그들의 괴리와 독립적인 어젠더를 구별할 수도 있다. 이 점이 중요하다. 그런 과정을 통해 우리는 부정적인 정서를 집중 검토한 다음 거기서 물러설 수 있기 때문이다. 깨어 있는 자아가 말한다. "나의 일부는 화가 나 있지만, 그렇다고 그게 전부는 아니야. 틀림없이 화나지 않은 부분도 있는데, 그 짜증에만 신경 쓰느라고 지금껏 깨닫지 못한 거지."

깨어 있는 자아는 정신의 핵심 요소로서, 균형 잡힌 시선으로 상황을 볼 수 있게 하고 하나의 주도적 목소리(특히 부정적인 목소리)가 삶의 모든 측면을 압도하는 일이 없도록 해준다. 격한 감정을 일으키는 것이 그런 부정적인 목소리인데, 깨어 있는 자아가 그런 목소리를 예방하거나 누그러뜨리는 것이다. 가령 당신이 남편(아내)에게 화가 났다고 생각해보자. 그이가 당신을 별로 신뢰하지 않기 때문에 화가 난 것은 당신의 '당당이'라고 가정하자. 최근에 당신이 이런저런 일을 못 했다고 그이가 비난한 거다. 혹은 당신이 듣기엔 그랬다. 이제 한방 얻어맞은 '당당이'는 길길이 뛰고 불쾌한 말을 쏟아내 당신을 곤경에 빠뜨린다. 깨어 있는 자아는 고삐 풀린 분노를 차분히 지켜본 다음 이렇게 말할 거다. "저런, 혈압이 올라가고 얼굴이 벌겋게 됐잖아. 내 한쪽이 엄청 화가 났군. 그래, 느껴져. 뭔가 잘못되었다는 신호니까 관심을 보여줘야지. 아무래도 잠시 산책을 해야겠어. 날 신뢰하지 않아서 상처를 입긴 했지만, 그에게 소릴 지르는 건 안 돼." (이 사례는 나중에 다시 나온다.)

보시다시피 깨어 있는 자아는 침착하고, 차분하고, 열려 있고, 사려 깊고, 신중하고, 함부로 판단하지 않으며, 인내심이 넉넉하다. 깨어 있는 자아는 성난 목소리를 가려내 달래준다. 다시 말하지만, 그런 목소리는 충족되지 않은 구체적인 욕구의 표현인 경우가 다반사이므로 신경을 써줘야 한다. 또 내면가족 각 구성원의 긍정적인 공헌을 인정하고 감사의 뜻을 보낸다. 연민의 물길을 끌어와 부정적인 정서와 고통을 누그러뜨리는 것도 깨어 있는 자아다. 각 구성원이 욕구를 충족시키도록 도와주며, 그의 다양한 능력을 활용하는 것도 깨어 있는 자아다.

그러나 통합과 실행을 혼동하면 안 된다. 깨어 있는 자아, 그 자체는 창조자도 아니고 동기를 부여하지도 않는다. 부대원을 모아놓고 '돌격!'을 외치는 자신만만한 지도자도 아니다. 그런 기능을 수행하는 건 내면가족의 구성원들이다. 깨어 있는 자아는 그런 능력들을 한데 모아 일상의 선율과 조화로 승화시킨다. 깨어 있다는 것은 이 순간에 존재한다는 것, 경험하고 관찰한다는 것, 통합하고 지휘한다는 것이다.

특히 명상이나 요가 수업에 참석한 적이 있다면 들어봤겠지만, 그것은 행동하라는 은근한 부추김이다. '이 순간의 호흡에 집중'하라는 요청이다. 강사는 숨쉬기를 깨닫고 관찰하고 경험하라고 북돋운다. 과거에 집착하지도 말고 미래를 기대하지도 말라고 독려한다. 오늘 아침엔 꼭 해야 할 일의 리스트를 잠시 제쳐놓고 성가신 전화도 회의도 잊어버리라고 부드럽게 설득한다.

그러나 '마음챙김' 상태에 들기 위해 굳이 바닥에 책상다리로 앉아 숨쉬기에 신경을 곤두세울 필요는 없다. 회의 중이든, 산책하는 중이든, 거실에 그냥 앉아 있는 중이든, '마음챙김'을 할 수 있다. 선불교 승려요 스승인 틱낫한은 2013년 하버드 의대 콘퍼런스에서 이렇게 말했다. "마음챙김에는 대상이 있습니다. 따라서 그저 개구리처럼 가만히 앉아 있어도, 우리 내면과 주변에서 무슨 일이 벌어지고 있는지를 마음에 챙길 수 있지요."

이거, 중요한 포인트다. 깨어 있는 마음으로 들어가는 것은 그저 허공을 응시하면서 무념무상의 상태에 이르고자 하는 게 아니다. 당신은 뭔가를 마음에 담는다. 숨쉬기라든지 먹는 것이라든지 상사의 피드백에 대한 당신의 반응 같은 것 말이다. 가령 먹는 것을 마음에 담고 있을 때라면, 음식의 향내나 입안에 느껴지는 여러 가지 맛이나 턱의 움직임이나 식기의 달그락거림 따위를 감지한다. 다시 말해서 당신은 내일까지 해야 할 프로젝트를 먹고 있는 것도 아니요, 간밤에 남편(아내)과 벌였던 논쟁 내용을 씹고 있는 것도 아니란 얘기다.

매사추세츠 의대에서 의료-헬스케어-사회를 위한 마음챙김 센터를 만들어 이끌어온 존 카밧진(John Kabat-Zinn)의 '마음챙김'에 대한 의견도 크게 다르지 않다. 그가 묘사하는 마음챙김이란 지금(이 순간)에 사는 것, 현재진행형으로 인생을 사는 것이다. 다시 말해서 지금 경험하고 있는 것, 지금 관찰하고 있는 것, 지금 바라보고 있는 것이다.

지금은 뇌 영상법 덕분에 우리도 잘 알게 됐지만, 마음챙김 현상은 뇌 아래쪽 깊은 곳, 좀 더 원초적인 부분인 뒤편으로 향한다. 이런 현상은 동물에서도 찾을 수 있다. 말이야 바른 말이지, 동물들은 언제나 이 순간을 살지 않는가. 그들은 봤던 것을 얘기하거나 미래를 염려하는 법이 없으니까. 개구리가 꼼짝 않고 앉아 있자면, 그건 그냥 경험을 하고 있는 것이다. 아이들에게 마음챙김을 알려주는 〈개구리처럼 가만히 앉아있기〉라는 책이 있는데, 아주 적절한 제목 아닌가!

개구리, 당신의 강아지나 고양이, 혹은 일학년 꼬마들이 지금 이 순간을 사는 방법, 깨어 있는 방법을 배울 수 있다면, 당신도 할 수 있다. 어떻게? 지금부터 얘기해보자.

당신의 '마음챙김'에나 신경 써!

마음챙김에 이르기 위해 반드시 눈을 감고 매트에 책상다리로 앉을 필요는 없다. 승려복을 입거나 향을 태울 필요도 없다. 굳이 그렇게 하는 사람들이 마음챙김 상태에 좀 더 수월하게 도달하기도 하지만, 누구나 온갖 일상적인 환경에서도 이 상태에 접근할 수 있다.

코치 맥은 매일 아침 간단한 마음챙김 연습으로 하루를 연다. 그녀의 말을 들어보자. "내 자신에게 말하죠. 나는 고요하게 여기에 있다고. '지금' 이 순간에 있다고. 난 주위를 둘러봅니다. 거실을 인식합니다. 내 느낌을 알아차립니다. 5초에서 10초쯤 걸리죠. 이거 몇 시간씩 할 필요는 없어요. 몇 초 혹은 숨 몇 번 쉬는 동안 바로 이 순간을 경험할 수 있거든요."

마음챙김에 아주 짧게만 몰두해도 그 효과는 마치 리셋 버튼을 누른 것처럼 강력하다. 코치 맥은 이렇게 말한다. "뇌 안의 감각을 맡은 부분으로 깊이 들어가면, 말과 생각과 걱정과 밀어붙이는 것으로부터 자유로

워집니다. 뜨거운 격정에서 벗어날 수 있죠. 바로 '평온지대'에요."

마음챙김 개념이 새롭고 낯선 것으로 보일 수도 있지만, 사실 그렇지 않다. 당신도 이미 '깨어 있은' 적이 있었고, 그 감각을 경험해봤다. 우리 모두 겪어봤다. 사실 우리는 '순간에 존재함'으로써 삶을 시작했다. 갓난 아기는 과거와 현재와 미래를 생각하지 않는다. 그저 지금이 있을 뿐이다. 갓난아기는 깨어 있다. 항상 경험하고 있다. 그런데 성장하면서 우리 두뇌가 이런저런 것들로 어찌나 어수선해지는지, '깨어 있는' 방법을 잊어버리는 것이다. 명상을 포함한 마음챙김 연습의 요지는 우리가 어렸을 때 알던 그곳으로, 그냥 경험만 하게 되는 그 단순한 곳으로 가는 거다. 거기는 그저 바라보는 장소다. 깊이 생각하지 않는다. 무슨 일이 벌어지고 있는가에 사로잡히지 않고, 그냥 거기 '있으면서' 그곳을 경험할 뿐이다.

마음챙김은 웰빙에 꼭 필요하다. 여러분이 자신의 정서, 목소리, 정신의 9가지 개체에 귀를 기울일 수 있는 것은 바로 여기며, 깨어 있는 '지금'의 이 상태에서다. 그들 개체는 중요하다. 결국은 그들이 삶이라는 무대를 꾸려나가니까. 그들은 내면의 부족部族이다. 목소리가 없다면 음악도 없는 법이지만, 우리는 어떤 목소리들이 삶을 주도하는 데 너무 익숙해진 나머지 그 목소리로부터 한 발자국 뒤로 물러날 능력을 잃어버렸다. 그저 그들이 장악하도록 내버려둔 것이다. 그뿐이랴, 우리는 그 목소리들을 구분할 수조차 없다. 우리에게 주어진 어려운 과제는 그 목소리를 모두 듣는 거다. '깨어 있는 자아'는 최상의 상태에 있는 모든 목소리의 총화總和다. 그것은 차분하고 냉정하고 열려 있으며 신중하다. 함부로 판단하지 않고 참을성이 강하다.

가서 있기에 좋은 장소다.

어떻게 해야 거기에 도달할 수 있을까? 마음챙김이라는 이 오아시스로 가는 방법은 뭘까? 코치 멕이 알려준 한 가지 방법은 감각을 다스리는 뇌 속 깊숙한 휴식처 안으로 나의 주의가 옮겨간다고 상상하는 것이다. 예컨대, 당신은 지금 앉아서 이 책을 읽고 있다. 당신의 두뇌는 집중하고 생각하고 몰입한다. 당신의 주의는 스포트라이트처럼 빛난다. 거의 이마에서 뿜어져 나오는 것처럼. 그 빛에 바퀴가 달려 있다고 상상하라. 그걸 뒤로 물리자. 이제 불빛을 낮추자. 잠시 책을 내려놓으라. 그리고 당신이 바로 이 순간 어디에 있는지를 인식하라.

눈을 감아도 좋고 떠도 좋다. 그저 순간을, 이 순간을 경험하라. 햇살이 창밖에서 빛나고 있다. 혹은 빗줄기가 유리창 위를 달리고 있다.

자신의 숨결을 관찰하라. 어깨에 느껴지는 약간의 긴장. 방안의 온도. 지나가는 자동차. 그 소리를 듣고 그걸 인지한다.

감각은 한 번에 하나씩만 사용하자. 무심하게 방안을 훑어보면 무엇이 보이는가? 무슨 소리가 들리는가? 무슨 냄새가 나고 무엇이 느껴지는가? 백열의 빛 같은 당신의 주의는 잠시 뒷전으로 밀려나 낮추어져 있었을지 모르지만, 오감五感은 날카롭고 심지어 고조되어 있음이 느껴진다.

코치 멕은 이렇게 깨어 있는 마음 상태를 하나의 홈베이스로 간주한다. 어떤 프로젝트나 과제를 시작하기 전에 그녀는 이 홈베이스를 찾아, 마음이 깨어 있는 그런 상태로 들어가려고 애쓴다. 전화 회의가 이루어지기 전에 컴퓨터 앞에 앉아 전화를 바라본다. 컴퓨터와 전화기와 메시지를 의식하지만 그런 목소리나 자극이 자신을 압도하는 일은 절대 허락하지 않는다.

이것이 바로 깨어 있는 자아다. 내 이야기와 욕구와 목소리들이 나를 밀어붙이는 곳이나 사람들이 매일 있는 곳이 아니라, '감각과 경험의 모드'다. 이런저런 일을 해야 한다든지, 이런저런 곳에 있어야 하는 상황에서 벗어나야 한다. 자세히 들여다보기 위해 한발 뒤로 물러나야 한다. 그렇게 하는 방법은 단 10초 동안만이라도 그저 깨어 있는 마음을 가지는 것이다.

가능하다면, 매일 한 번씩 마음챙김 연습을 하도록 노력하자. 언제 어디서나 할 수 있다. 마음챙김의 홈베이스를 만들어놓으면 내면가족 식구들, 각자 당신한테 할 말이 있는 9가지 잠재인격의 목소리를 좀 더 잘 들을 수 있을 것이다.

일단 마음챙김 상태에 도달하면, 어떻게 당신의 9가지 잠재인격과 이야기를 나눌 수 있을까? 심리학자 이썬 크로스(Ethan Kross)는 내면의 대화 혹은 스스로와의 대화를 가장 잘하는 방법을 연구해왔다. 2011년에 발표한 논문 「지혜 쌓기」에서 그는 자신을 꼼짝 못 하게 만드는 내면의 걱정을 넘어서려면 어떤 메커니즘이 필요하다는 사실을 설명한다. 사람들에게 자신을 '벽에 달라붙은 파리'로 보라고 쉽게 가르칠 수 있으며, 그렇게 되면 더 많은 지혜와 열린 마음을 얻을 수 있다고 했다. 그는 또 2015년 어떤 심리학 저널에 게재된 기사 「이성의 목소리」에서 이렇게 적었다. "자신을 일인칭 또는 삼인칭으로 이리저리 바꿔 불러보면서 우리는 사고 중추인 대뇌피질의 스위치와 공포의 자리인 편도체의 스위치를 올리거나 내린다. 삼인칭을 사용하면, 즉 '나'가 아니라 나의 '이 부분'을 이용하면, 부정적인 생각과 정서로부터 심리적인 거리를 얻게 된다. 그렇게 되면 자기통제가 가능해져서, 관점을 얻을 수 있고 더 명확하게 생각할 수 있으며 최상의 능력을 발휘할 수 있다."

우리는 이 책 전반에서 다양한 잠재인격과 삼인칭으로 대화하는 법을 보여줄 생각이다. 그렇게 해야 잠재인격 하나하나가 자신을 위해 말할 수 있고 또 우리가 그 하나하나에 말을 걸 수도 있으며, 그 각자가 다른 잠재인격이나 깨어 있는 자아로부터 분리될 수 있다. 다소 억지스럽게 들리는가? 아마 그럴지도. 하지만 크로스의 연구에서 배울 수 있듯이, 이러한 내면의 대화 모드를 통해 우리는 정신의 여러 부분과 건강한 관계를 갖게 되고, 나아가 자기통제 능력을 개선하며 심지어 자기의 주인이 되는 경지에도 이르게 된다. 또 케이스 스터디에서 보겠지만, 과장하지 않더라도 그런 내면의 대화·논쟁은 뜨거워지기 십상이고, 더러는 평생을 두고 사람들의 목을 조르는 이슈를 해결하기 위해 노력을 아끼지 않는다. 그리고 이런 도약이 있기에 번성의 정점을 향한 여정은 더욱 빠르게 이루어질 것이다.

자, 그럼, 정신의 9가지 개체 혹은 우리의 잠재인격에 귀를 기울이고 말을 거는 방법을 배워보자. 당신도 기억하겠지만, 코치 멕이 캐런한테 가르쳐준 게 바로 이것이다. 두 아이를 키우는 싱글 맘 캐런은 커리어의 세계로 복귀하고 싶어 조바심을 내면서도 그것이 아이들의 웰빙에 미칠 영향을 걱정하고 있었다.

네 번에 걸쳐 멕과 상담하면서 캐런은 자신의 내면가족을 알게 되었다. 그 중 '척척이'와 '토닥이'란 두 식구가 직장으로 복귀할 것이냐 아니면 전업주부로 남을 것이냐 하는 그녀의 결정을 두고 한 치 양보도 없는 싸움을 벌이고 있다는 걸 깨닫게 되었다.

코치 맥은 캐런에게 '마음챙김'에 이르는 법을 가르쳤고, 일단 캐런이 그것을 익히자 9가지 잠재인격을 그녀에게 소개하면서, 그 하나하나와 약간의 거리를 두기 위해 삼인칭으로 대화하라고 말했다. "안녕, 척척이. 이 상황에 관해 뭐라고 말하고 싶니?" 캐런은 그렇게 시작한 다음, 그녀의 수수께끼에 관해 '척척이'가 뭐라고 하는지 귀를 기울였다. 이어 똑같은 방법으로 잠재인격 하나하나의 견해를 끝까지 들었다. 캐런의 재취업과 전업주부를 두고 그들의 견해는 흥미롭게도 거의 반반으로 나뉘었다.

'척척이'는 화를 냈다. "시간 낭비 그만해. 이리 나와서 필요한 일을 하라고. 당장 크레이그리스트 체크하고 옛날 보스한테도 연락해! 아는 사람들 다 동원하고 인터뷰 잡아."

'당당이'는 망설였다. "그렇게 할 순 있는데, 내가 억대 연봉 가치가 있는지 잘 모르겠어. 그렇게 주고 날 고용할 사람이 있을까."

'번뜩이'는 빨리 시작하고 싶어 안달이다. "긴장 따위 집어치우고 그냥 들이밀어! 두 가지 목표 다 이룩할 수 있는 혁신적인 방법을 내가 생각해낼 테니까."

'꼼꼼이'는 좌절에 빠졌다. "우리 옆길로 새고 있어. 이쯤에서 질서를 찾고 나아가야 된다니까."

'차분이'는 단지 신체 건강만을 위해서가 아니라도 운동은 일
　관성 있게 해야 한다는 걸 상기시켰다. "땀 뻘뻘 흘리고
　나면 언제나 기분이 좋아진다는 거, 잘 알잖아. 일에 더
　집중할 수도 있고 집에 돌아와서 애들과 있어도 스트레스
　를 덜 받을 거야."

'궁금이'는 직장 복귀라는 생각에 흥미 만발이다. "새로운 도
　전, 새로운 환경이라, 이거 정말 신나는 일이지!"

'까칠이'는 비판적이었다. "좋은 엄마인 동시에 뛰어난 실적까
　지 올릴 수는 없어. 지금 당장 다시 취업하면 안 돼!"

'토닥이'는 걱정이 태산이다. "애들은 대단히 민감하거든. 엄
　마가 예전처럼 곁에 없다는 걸 어떻게 받아들이겠어? '척
　척이'는 이런 점에서 너무 이기적이야!"

'큼직이'는 이 모든 걸 좀 더 넓게 봤다. "나의 웰빙을 위해선
　둘 다 필요해. 나의 연민이란 측면을 키우는 것뿐 아니라,
　'척척이'를 향한 내 욕구를 지지하는 것도 대단히 중요하
　다고."

이 이야기, 우리가 꾸며내고 있다고 생각하는가? 아니다, 이것은 캐
런과의 상담 내용을 기록한 코치 멕의 메모를 거의 그대로 옮겨놓은 거
다. 멕은 캐런이 각기 다른 잠재인격에 주파수를 맞추고 자신이 처한 딜
레마에 대한 각각의 의견과 우려를 말하게 했다. "캐런과 상담하면서 각
부분이 진짜로 독립적인 목소리를 낸다는 사실을 한 번 더 깨달았죠. 한

사람이 이렇게 다른 관점을 모두 가지고 있다니, 정말 놀랍지 않아요? 그렇지만 내가 어떤 목소리를 찾고 있는지 모른다면, 그냥 하나의 목소리로 들리겠죠."

이 9가지 잠재인격 하나하나를 어떻게 알아볼까? 어떻게 그들이 당신한테 자기 생각을 드러내도록 만들어, 당신의 그 "옴짝달싹 못 하는" 상황이나 불안, 혹은 꽃피는 인생의 장애로부터 빠져나올 수 있을까? 이제부터 당신은 그런 걸 배우게 될 것이다.

그렇지만 우선 궁금증부터 풀어보자. 그래서 캐런은 어떻게 되었을까? 글쎄, 한참을 망설이고 꾸물댄 다음, 결국은 그녀의 '척척이'가 이겼다. 그녀는 정규직을 찾기 시작했고 오래지 않아 어느 회사의 재무담당 간부가 되었다. 괜찮은 자리였다. 보수도 짭짤하고 일도 많이 맡을 수 있었다. 그녀는 출근 전날 밤까지도 의구심을 떨칠 수 없었다. 다시 일해도 괜찮으려나? 이기적인 '척척이'가 좌지우지하는 건 아닐까 하는 두려움, 일에 너무 빠져 애들을 팽개쳐두면 어쩌나 하는 두려움에 물든 '토닥이'의 목소리가 여전히 들려왔다.

아니나 다를까, 그녀는 일에 푹 빠졌다. '척척이'에게 좀 더 주의를 기울여야 한다는 걸 이미 배웠기 때문이다. 하지만 육아의 의무에도 계속 성실히 임하려고 의식적으로 노력했다. 또 그녀가 그렇게 할 수 있도록 '꼼꼼이'와 '번뜩이'는 기꺼운 맘으로 새롭고도 효율적인 시간관리 방법을 찾아냈다. '토닥이'가 두려워했던 건 괜한 걱정이었음이 드러났다. 캐런의 두 아이는 엄마가 다시 일한다는 사실에 아주 신이 났다. 회사에서 엄마가 수천만 달러를 관리하게 됐다니, 정말 '쿨'하잖아! 게다가 엄마가 기술과 학력을 썩히지 않게 되어 더 행복해진 걸 보고 아이들도 덩달아 기뻤다.

캐런은 이제 '옴짝달싹 못 함'에서 벗어났다. 그렇게 말할 수 있어 얼마나 기쁜지! 그녀는 정서적인 교착상태 때문에 생긴 격한 감정을 잠재웠다. 일하느라 힘은 들지만, 그녀의 일상은 활짝 꽃피고 있다. 우리가 당신을 데려가려는 지점도 바로 거기다. 우선 깨어 있는 상태로, 각기 다른 이 목소리를 구분해 들을 줄 아는 상태로 인도한 다음, 결국은 그 목소리들을 통합하여 더 나은 균형과 만족을 이룩하자는 거다. 다음 챕터에서부터 그 방법을 배우게 될 것이다.

닥터 에디 :

이 사람의 '마음챙김' 사례

1977년 9월 예일대학 신입생으로 캠퍼스에 도착했을 즈음, 배움을 향한 내 열망은 뜨거웠지만, 예일의 지적인 근엄함에 기가 눌려 있었다. 캠퍼스의 장엄한 건물에 잠시 주눅이 들었으나 성채 같은 건물들이 대학 담장 너머 뉴헤이븐의 단호함으로부터 날 보호해주는 느낌이 들었다. 하지만 불과 몇 주일 후, 학교 근로자들이 파업하는 바람에 교내식당이 문을 닫았다. 어쩔 수 없이 아침을 먹으러 캠퍼스 밖으로 나가야 했다. 먹을 것을 찾아 용감하게 교실과 캠퍼스의 울타리를 벗어날 때만 해도, 거기서 앞치마를 두른 '마음챙김' 멘토를 만날 거라곤 상상조차 못 했다.

나는 올드 캠퍼스 바로 옆 '클레어의 코너코피어'라는 가게로 갔다. 내가 제일 좋아하는 곳이었다. 풍요의 뿔이라는 뜻을 지닌 단어 코뉴코피어(cornucopia)를 재미있게 뒤틀어놓은 이름이었는데, 과연 음식도 풍성했다. 카운터에 앉아 달걀을 주문한 다음, 조금이라도 시간을 활용하려고 미적분 책을 펼쳤다. 음식이 나오자 나는 고맙다고 중얼거리고 달걀과 홈메이드 감자튀김과 토스트를 열심히 먹기 시작했다. 그러면서 여전히 눈길은 절대 풀지 못할 것만 같은 수학 문제를 향하고 있었다. 내가 아무런 생각 없이 두 번째 숟갈을 뜨고 있을 때 주인아줌마 클레어가 다가오더니 내 책을 획 덮어버리는 게 아닌가? 나는 펄쩍 뛸 정도로 놀랐다. 소심하게 고개를 드는데 그때 클레어의 모습은 마치 아들이 플레이보이를 보는 현장을 목격한 엄마와 같았다.

"먹을 때는 **먹는 데 집중하고** 읽을 때는 **읽는 데 집중해야지!**"

그 순간, 나는 깨달았다. 교육이라는 것은 교실에서만 이루어지는 게 아니구나! 그래도 그렇지, 나의 첫 번째 마음챙김 선생님이 초월명상을 강의하시는 동양철학 교수가 아니라, 무뚝뚝해도 사려 깊은 동네 식당 아줌마일 거라고 누가 예견했겠는가?

그날 클레어의 식당에서 내가 오로지 맛난 음식에만 온 신경을 곤두세웠다는 것을 굳이 이야기할 필요가 있을까? 수학 문제는 나중에 풀어도 되니까. 하지만 그녀에게 받은 충격은 상당히 오래갔다. 내가 살아가는 데 미적분은 거의 무관하지만, 클레어의 '엄명嚴命'은 지금까지도 나의 분별력과 사물에의 접근법에 깊은 영향을 미치고 있다.

나는 수행하는 수도승이 아니다. 하지만 오랜 시간에 걸쳐 클레어의 충고를 따르기 위해 최선을 다했고, 매 순간 내가 실제로 뭘 하고 있는지, 어떤 존재인지, 무엇을 느끼는지 더 잘 인식하게 되었다. 세상은 머리가 어지러울 정도로 빠르게 움직이고 멀티태스킹을 무슨 주문呪文처럼 외는 판국이라, 솔직히 말해서 나는 시대에 뒤진 사람 같았다. 나는 인터넷 검색과 이메일 쓰기와 콘퍼런스 콜도 동시에 할 수 없다. 동시에 몇 가지 일에 집중하려 들기만 해도, 스트레스 받고 혼란스럽다. 그래서 인간이란 한 번에 하나 이상의 자극이 주어지면 완전히 집중할 수 없도록 설계되었다는 연구결과를 읽으며 용기를 얻기도 했다.

사실 원고 마감, 전화, 조사연구, 골치 아픈 행정 업무, 지속적인 방해 등으로 한 주 내내 스트레스를 받는 와중에도 나는 이제 깨닫고 있다. 내 환자들과 일대일로 무릎을 맞대고 있는 시간이야말로 가장 강렬하고 흡족하고 활력을 되찾아주는 직업적 경험이라는 사실을. 내가 깨어 있고 집중하고 있으며 다른 사람들과도 연결되어 있어야만 내 환자들도 '내가 말하면 들어주는구나' 하는 느낌을 갖는다. 또 이것은 나 자신의 건강과 웰빙에도 꼭 필요하다.

건강한 라이프스타일을 위해 운동이 가장 중요한 기초라고 항상 열변을 토하는 나는 '산책회의'라든지 '실내자전거 타면서 뉴스 보기' 같은 다목적 태스크(multipurpose tasks)를 채택함으로써 약속은 넘치고 시간은 없지만 그래도 신체운동량을 늘리려고 애썼다. 하지만 오래지 않아 의식을 가다듬어 운동하는 편이 산만한 마음으로 산만한 운동을 하는 것보다 훨씬 더 평화롭고 활기찬 느낌을 불러일으킨다는 사실을 깨달았다. 가령 요가라든지 (도로와 교통상황과 내 자전거와 운동 강도에 완전히 집중해야 하는) 실외 자전거 타기, 극기 훈련의 타이어 뒤집기, (내 발에 걸려 넘어지지 않도록 조심해야 하는) 줌바 댄스 같은 것들 말이다.

예일을 졸업하고 몇 년 후, 나는 존 카밧진 박사와 함께 세미나에 참석한

적이 있다. 그는 연구와 몇 권의 베스트셀러를 통해 '마음챙김'이라는 용어를 유행시킨 의사다. 그가 프레젠테이션을 하는 동안 나는 건포도 한 알을 몇 분에 걸쳐 천천히 의식적으로 씹고 삼키면서 그 감촉과 냄새와 맛을 완전히 경험하는 법을 배웠다. 이윽고 서로 이야기를 나눌 기회가 되자, 나는 내 첫 번째 '마음챙김' 스승인 클레어 이야기를 해주었다. 그는 짧은 이야기를 유심히 듣더니 이렇게 선언했다. "그거, 영락없는 선禪이네요. 게다가 그 **대담함이라니!**" 사실 클레어는 나에게 진짜로 (우리 애들의 표현을 빌자면) '들이댔고' 또 그게 많은 걸 바꾸어놓았다.

나는 좀 더 '마음을 챙기기' 위해 온갖 노력을 기울였지만, 어느 순간 궁금해졌다. "나는 환자들이 좀 더 깨어 있고 좀 더 건강하도록 최선을 다해 그들을 대하고 있는가?" 환자를 만날 땐 깨어 있는 마음으로 긴장을 풀며, 아버지처럼 온화하게 명령해야겠다고 생각했다. 분만실에서 "긴장 풀어! 숨쉬고!"를 외치며 진통 단계에 든 아내를 어루만져주는 나 자신의 (그리고 많은 예비아빠들의) 코믹한 모습이 슬그머니 떠올랐다. 나는 새로운 환자가 왔을 때 긴장 넘치는 처음 몇 분을 좀 더 객관적인 입장에서 분석해봤다. 환자는 고통과 불편이 조금이라도 나아지길 바라며 자기 이야기를 전달하려고 안달이겠지. 그런 틀을 바꿔야지, 나는 그렇게 결심했다. 환자가 들어오고 컴퓨터가 천천히 부팅되는 동안, 나는 모니터에 뜬 모래시계가 빙글빙글 돌 때쯤이면 그걸 신호 삼아 길고 편안하게 숨을 들이쉬는 버릇이 있었다. 이 작은 긴장풀기 연습을 계속해왔는데, 한 걸음 더 나아가 다음 번 환자한테는 나랑 같이 숨쉬기를 해보라고 권했다. "천천히 힘들이지 말고 숨을 쉬세요. 편안하게, 코로 들이쉬고 내쉬고." 그랬더니 환자는 눈에 띄게 편해진 모습이었으며, 말은 느려지고 다급한 태도도 줄어들었다. 고통과 스트레스를 이어주는 연결고리를 벌써 이해하기 시작한 것이다.

뉴헤이븐에서의 그 첫 아침식사 후 36년이 지나서, 나는 예일 캠퍼스를 다시 찾았다. 이번엔 학생이 아니라 초빙교수로서. 영광스럽게도 의과대학에서 병례病例 검토를 해달라는 요청을 받았던 것이다. 그건 대단한 영예였지만, 아무리 지위가 높고 대단한 사람이라 해도 구내식당에서 인생의 교훈을 배울 수는 있다는 사실을 나는 그날 다시 한 번 깨달았다.

마침 그날 기회가 생겨서 나는 식사를 하러 새로 단장한 클레어의 코너코피어로 향했다. 카운터에서 음식을 주문한 뒤, 테이블에 앉아 기다렸다. 클레어를 만나고 싶다고 했더니, 아직도 식당 주인이긴 한데 아쉽게도 쉬는 날이란다. 그래서 그녀의 "먹을 때는 **먹고**, 읽을 때는 **읽어야지!**"가 내 인생에 얼마나 지대한 영향을 미쳤는지를 얘기해줄 수 없었다. 먹는 데 집중하고 그녀의 금언을 꼭 지키자는 뜻에서, 나는 휴대폰을 집어넣고 신문도 접었다. 그리고 곧 심리학과에서 해야 할 발표에 대해 생각했다.

달걀 요리가 나오자 나는 아무 생각 없이 소금 통을 집으려고 했지만, 테이블에는 소금이 없었다. 바로 옆 테이블로 고개를 돌렸지만, 거기에도 없었다. 주변을 휙 둘러보니 저쪽 선반에 소금 통 열다섯 개가 가지런히 놓여 있지 않은가! 나는 툴툴거리면서 일어났다가 금세 생각을 바꿨다. 이거, 과연 불평해야 할 일인가? 난 웨이터가 빠릿빠릿하지 못해서 소금 갖다놓는 것을 잊어버린 거라고 맘대로 생각했다. 그러나 선반에 다가가서 보니, 클레어가 쓴 글이 거기 붙어있는 게 아닌가!

우리가 소금을 왜 여기에 두느냐고요? 우리 음식에 소금을 넣기 전에 먼저 맛을 보시라고 적극 권하고 싶어서입니다. 싱거운 음식이 혈압을 낮추는 데 좋다는 게 밝혀졌잖아요. 건강한 라이프스타일이 행복한 라이프스타일입니다.

소금을 안 넣어도 과연 달걀은 맛있었다. 내가 클레어의 코너코피어로 돌아온 것은 또 한 번 '마음챙김'을 배우기 위해서였다. 나의 마음챙김 멘토인 클레어는 그 자리에 없으면서도 다시 한 번 교훈을 준 것이었다.

소금은 나중에 뿌리고 이 순간을 맛보라.

여기 당신이 이런 '마음챙김' 상태를 성취하도록 해줄 몇 가지 조언이 있다.

1. 가령 컴퓨터가 부팅될 때 모니터에 빙글빙글 도는 원이나 운전할 때 만나는 빨간 불처럼 자주 접하는 상황을 '큐(신호)'로 정해놓고, 그 큐를 보는 즉시 숨을 깊게 천천히 들이마시고 주변 상황과 그때 당신의 가장 주된 감정에 마음을 쓴다. 이렇게 짤막짤막한 마음챙김 연습을 자주 하다보면 서로를 북돋워 더욱 수월해진다.

2. 혹시 통증이 있거나 신체적으로 불편하다면, 잠시 쉬면서 당신의 스트레스 수준을 평가하고 (즉, '차분이'의 목소리를 듣

고) 그런 다음 버릇처럼 진통제를 찾기 전에 나머지 여덟 가지 목소리를 경청한다. 아마도 약을 줄이고도 견디거나 심지어 아예 먹지 않아도 된다는 걸 알게 될 것이다.

3. 이런저런 사건, 논평, 상황에 즉각 대응하지 말자. 대신 마음으로 '일시정지 버튼'을 누르고 '깨어 있는 순간'을 허락해보라. 귀가 먹먹하게 시끄러운 불협화음을 비상飛翔하는 음악으로 변모시키는 것은 바로 음과 음 사이의 일시적 침묵이다. 그러한 짧은 순간이 나중에 후회할 반응을 예방해줄 뿐 아니라, 흔히 스트레스의 뇌관雷管을 없애주기도 한다.

TWO

점호 시간!
나의 내면가족, 그 명부를 들춰보니

베로니카 로쓰(Veronica Roth)가 베스트셀러 〈다이버전트〉에서 묘사한 미래에서는 사회 구성원을 이타심, 평화, 정직, 용맹 혹은 지식 등의 다섯 분파로 나눈다. 그리고 누구든 열여섯 살이 되면 반드시 적성검사를 거쳐 자신이 어떤 사회성 유형 및 성격 유형을 지니고 있는지, 따라서 어느 분파에 들어가게 될지를 알아내야 한다. 태어날 때부터 특정 분파에 소속된다고 확고하게 믿는 자들은 자신의 특성을 자랑스럽게 내보인다. 예컨대 용감무쌍한 개인들은 '분파선택 세리머니'에 올 때 용기를 과시한답시고 달리는 열차에서 뛰어내린다. 어떤 관리는 신참들에게 이렇게 말한다. "미래는 소속을 알고 있는 자들의 것이야!"

하지만 이 시리즈의 여주인공은 다섯 분파 중 어느 하나로 분류될 수 없고 몇 개 분파의 상징적인 특성을 모두 보여주는 일종의 이탈자(다이버전트)다. 진정 인간적이라는 것이 무엇인지를 깨달은 자다. 단 하나의 특성—미덕—감정이 인간을 규정하게 될 정도로 심하게 그것에 휘둘리는 사람은 거의 없다는 것이 이 소설의 교훈이다. 소설 속 미래사회와 여주인공이 지닌 다양한 성격과 각 분파 사이에 형성된 아슬아슬한 균형과 긴장은, 내면가족체계 모델과 우리 책의 핵심 소재인 정신의 아홉 개체(잠재인격들) 사이에 실제로 벌어지고 있는 경쟁을 보여주는 섬세한 은유다.

이 잠재인격들과 그들의 욕구 표현 수단인 정서는 하루아침에 나타난 게 아니다. 수만 년에 걸쳐 진화해왔을 것이다. 그 대부분은 단지 인간에게만 있는 것도 아니다. 아마 당신은 자신이 지구상에서 가장 단순하고 오래된 생명 형태 중 하나인 박테리아와 공통점이 많다고 생각해본 적이 없을 거다. 그렇지 않은가? 놀라지 마시라, 인간과 박테리아는 약 7%의 유전자를 공유한다. 여기에 둘 다 공통으로 지니는 생리현상이 있는데, 그건 단세포 미생물 박테리아가 주변 상황에 따라 열리고 닫히는 구멍을 갖고 있다는 사실! 만약 환경이 호의적이면 구멍이 열려 양분을 빨아들이고, 독성이 있으면 구멍이 닫힌다. 이는 안정 혹은 '항상성恒常性(homeostasis)'을 원하는 유기체의 기본 욕구 충족을 보여주는 가장 근본적인 예인데, 항상성이란 '파괴적 변화를 보충하려는 성향을 통해서 동물의 대사代謝 평형을 유지하는 것'으로 정의된다. 항상성은 인간의 생존에도 매우 중요하다. 소화, 순환, 호흡 등등 인간의 모든 생리 시스템은 균형을 유지하는 데 맞춰져 있고, 피돌기, 심장 박동, 폐의 숨쉬기,

근육 수축에는 리듬이 있다.

흥미롭게도 사전을 찾아보면 항상성의 또 다른 정의가 나온다. '사회 단체나 개인 등의 내부 균형을 유지하는 것'이라는 뜻이다. 안정에 대한 욕구가 유기체 수준을 넘어 학교와 회사, 팀, 군대, 혹은 온갖 인간의 조직체까지 확장된다는 얘기다.

항상성은 인간이 지닌 한 차원 높은 의식과 집단의식에도 스며들어 있다. 개이이든 집단이든 인간의 가장 오래된 기본 욕구에는 안전과 불변을 향한 욕구가 포함되는데, 우리로 하여금 "하지 마!"라고 외치게 만드는 것이 바로 이 욕구다. 친구한테 이렇게 말할 수 있다. "에베레스트 등반에 가지 마!" 아이들에겐 "눈보라 칠 때 밖에 나가지 마!"라고 할 수 있고, 남편(아내)에겐 "새 직장 구하지 말고 집에 그냥 있어."라고 할 수도 있다. 그리고 어떤 집단을 향해서는 이렇게 말할 수도 있다. "괜히 잠자는 사자를 깨우지 말라고!"

말하자면 위험 감수와는 정반대로 위험을 회피하는 것인데, 이건 인간이 진화해온 모체인 유기체만큼이나 오래된 전략이다.

인간의 경우, 안전과 균형과 항상성에 대한 그런 욕구는 우리가 '차분이'라는 이름을 붙였던 잠재인격으로 나타난다.

이 지점에서부터 좀 복잡해진다. 심리학자 에이브러햄 매슬로(Abraham Maslow)와 몇몇 학자들이 상정한 욕구의 위계질서에서 그다음 단계는 위험 감수의 욕구, 즉, 안전을 바라는 욕구와 완전히 반대다. 박테리아는 상황에 따라 영양분을 얻거나 거부하기 위해 단순히 구멍을 열거나 닫을 뿐, 영양분을 찾아 이리저리 다니지는 않는다. 그러나 좀 더 복잡한 유기체는 무엇이든 필요한 게 있으면 찾아 나선다. 이처럼 찾아다니는 행위는 위험 감수의 한 형태이며 그 역시 우리 유전자에 내재되어 있다. 아마도 초기 인간이 사냥을 할 수 있었던 것도 이런 욕구 때문이었을 것이다.

인간이 진화하면서 이 위험 감수 능력은 여러 방식으로 나타났다. 새로운 계곡과 새로운 대륙과 달을 탐사하도록 우리를 부추겼다. 그리고 한껏 보수적인 '차분이'가 "노!"라고 할 때조차 에베레스트 산을 오른다는 생각에 "예스!"를 외치게 만들었다.

우리의 유형분류 체계에서는 이런 위험감수자, 이 혁신적이고 모험적이며 실험적인 잠재인격을 '궁금이'라고 부른다.

진화의 어느 시점에 이르면 생존을 위해 다른 유기체를 공격하고 죽이는 유기체인 포식자가 나타난다. 포식에 필요한 건 뭘까? 힘과 권력의 과시다. 이빨을 드러내든, 주름이나 깃털을 잔뜩 부풀리든, 귀가 먹먹하도록 포효하든, 포식자는 크고 힘센 모습을 과시하고 먹잇감을 공포로 몰아가는 방법을 안다. 포식욕구 및 그와 연관된 여러 특성 때문에 사자는 정글의 왕이 된 것이다. 가장 크지도, 가장 빠르지도, 가장 세거나 가장 똑똑하지도 않은 동물인데도 말이다. 하지만, 그래, 사자는 '당당이'가 넘치고, 그런 '당당이'를 어떻게 보여주는지 안다니까.

인간도 이런 특성을 보여주기는 마찬가지다. 특히 지도자들은 그런 특성이 풍부하다. 인류사를 통틀어 추장, 왕, 여왕 그리고 권위를 지닌 다른 지도자들은 백성들의 마음에 최대한의 공포감과 존경심을 주입시키기 위해 어떤 행동거지를 취하고 어떤 모습을 보여야 하는지를 잘 알고 있었다. 오늘날의 전형적 CEO들도 그런 특성을 지닌다.

이것이 우리가 **'당당이'**라 부르는 잠재인격이다.

하지만 이 잠재인격을 훌륭하게 관리하면, 자신의 능력과 한계에 대한 개인의 인식이 그를 적절히 조정한다. 사냥에 성공했던 고대인들은 아마도 깨달았을 것이다, 여러 명이 협력하지 않는 한 아무리 욕을 퍼붓고 창으로 찔러대도 호랑이를 잡지 못한다는 것을. 이는 공통의 관심사를 가진 이들이 한데 모여 공동체를 만드는 능력을 보여주는 일례다. 사실 공동체는 인간이 처음 시작한 게 아니다. 꿀벌을 보라. 그들 나름의 복잡한 사회적 서열이 존재한다. 그 속에서 어울리고 먹을 걸 충분히 얻으려면, 꿀벌은 자신의 역할이 뭔지, 자신이 얼마나 일을 잘 하고 있는지를 알아야 한다. 그렇지 않으면 엉덩이를 걷어 채여 쫓겨날 테니까. 인간도 마찬가지다. 결국은 내 부족, 내 마을, 내 집단, 내 조직의 서열 어디쯤에 내가 위치하고 있는지 끊임없이 평가하는 것이다. 그리고 다음 세 가지 질문을 던짐으로써, 주어진 서열 속에서 자신의 수행능력을 판단한다.

내 실력은 충분한가?

내 역할을 충분히 잘 수행하고 있는가?

사회의 서열에서 내 자리를 유지하거나 한 단계 올라가려

면 어떻게 해야 하나?

남들과 무난히 섞이고자 하는 욕구, 섞이기 위해 필요한 것과 견주어

볼 때 난 어떤 자리에 있는지를 확인하려는 욕구는 깊이 내재되어 있다. 내가 무의식적으로 처리하고 있는 많은 것들은 내가 얼마나 쌓아가고 있는지의 문제다. 내가 살고 있는 지금의 세계에서 내 지위는 가진 돈이 얼마나 많은지, 내가 얼마나 '쿨'하다고 생각되는지, 얼마나 성공했는지, 내가 속한 조직에서 얼마나 많은 영향력과 세력을 갖고 있는지 등으로 측정된다. 그런 평가는 다른 사람들과 대비한 자기인식에 너무나 중요하다. 그 결과, 사람들이 흔히 말하듯, 나에 대한 가장 냉혹한 비판은 바로 나 자신이 하는 것이다.

우리 내면의 이 비평가는 우리가 '**까칠이**'라 부르는 잠재인격이다.

어떤 종種이든 진화에 성공하는 열쇠는 새끼들이 모쪼록 더 많이 살아남아 집단의 구성원 모두를 보호할 수 있게끔 보살피는 것이다. 새들은 둥지를 틀고, 일부 포유류는 서로서로 보호하는 무리를 만들며, 인간은 가족과 공동체를 형성한다. 인간은 상호관계에 공을 들이며 다른 사람들을 사랑하고 북돋워주고 지원하고 배려함으로써, 그러니까 연민을 나타냄으로써, 가족과 공동체가 제 역할을 하도록 만전을 기한다. 이것이 '**토닥이**'라 불리는 잠재인격이다.

그러나 어린 새도 영원히 둥지에 머무를 순 없다. 아이가 항상 부모를 따르기만 할 수는 없잖은가. 새끼가 둥지를 떠나 풋내기 어린 새로 변하고자 하는 그 충동, 독립하고 싶어지는 그 충동이 인간에게도 분명히 있다. 그 욕구는 청소년기에 나타나기 시작하기 때문에 이때 부모와 자식은 자주 충돌한다. 아이들은 어떤 형태로든 둥지를 박차고 나오길 원하지만, 그걸 두고 혼란 속에서 여러 해를 보내기도 한다. 떠났다가 다시 돌아오는 아이들도 있다. 그러나 어느 시점이 되면 대부분은 날개를 펴고 날아가야 한다는 걸 느낀다.

그런 욕구, 그런 동인, 그리고 그걸 행동으로 옮기는 용기가 '**척척이**'라 불리는 잠재인격이다.

여기 '내재된' 갈등이 하나 더 있다. 항상성 혹은 안정을 원하는 기본욕구를 기억하는가? '척척이'를 향한 추동은 그와 정반대다. 그것은 변화와 파격을 향한 것이고, 어른이 아이를 보살피는 균형 잡힌 가족 질서를 뒤엎고자 하는 마음이다. 구성원들이 각자 역할을 잘 이해하는 질서정연한 공동체의 판을 다시 짜고 싶은 욕구다.

그리고 우리네 내면가족에는 또 다른 갈등이 있다. 태생적으로 서로서로 부딪히는 것은 '척척이'와 항상성뿐이겠는가, '척척이'와 '토닥이'도 마찬가지다. 이 갈등은 둘로 압축된다. 자신을 위한 것('척척이')이냐, 아니면 다른 사람을 위한 것('토닥이')이냐?

이런 긴장감은 태생적인 것이지만, 해결하지 못할 일도 아니다. 두 개인의 타협 혹은 절충을 상징하는 결혼을 생각해보라. 결혼으로 하나된 두 사람은 각자 나름의 이해관계와 동인을 갖지만, 상호관계를 무난히 유지하려면 때로는 원치 않은 일도 해야 한다는 걸 안다. 따라서 만약 중요한 축구시합이 벌어지고 있는데도 남편이 주방에 붙일 벽지를 보러 가겠다고 따라나선다면, 그가 '척척이'의 반항에도 불구하고 '토닥이'의 욕구를 받아들여 내면의 갈등을 해소했다는 뜻이다. 물론 모든 남편들이 축구를 좋아하는 것도 아니고 모든 아내들이 벽지에 관심 있는 것도 아니어서, 모든 부부가 다 똑같은 방식으로 갈등을 해소하는 것도 아닐 거다.

우리가 물려받은 유전자에 인생 경험이 더해지면 잠재인격과 벌이는 흥정도 아주 사적私的인 문제로 둔갑한다. 그렇기에 타인에게 좀 더 연민을 느끼는 사람도 있고, 타인의 욕구보다는 자신의 욕구를 더 앞세우는 사람도 있는 거다. 더러는 어린 시절을 보낸 조그만 고향을 안 떠나려고 하는가하면, 더러는 기회만 있으면 대도시로 뛰쳐나가는 이유 또한 거기 있다. 여기에 '옳다' '그르다'는 없다. 연민과 '척척이'와 안정성 사이에서 뭐든 기꺼이 선택할 수 있는 사람들이 있어야 한다. 비록 경쟁하기 십상인 여러 가지 욕구 사이에서 갈등이 불거진다 하더라도 말이다.

따라서 만약 이 글을 읽으면서 당신의 잠재인격 중 하나가 그다지 강하지 않다고 느낀다든지, 그래서 당신에게 틀림없이 어딘가 결함이 있다고 느낀다면, 다시 생각해보라. 정말이지, 옳고 그름 따윈 없다. 그 여러 가지 욕구, 그 잠재인격들이 우리 모두의 내면에 있다는 것은 사실이지만, 그들이 똑같은 정도로 주도하는 건 아니다. 중요한 것은 균형을 유지한다는 점이다. 그리고 약한 욕구라고 해서 완전히 침묵시킨다든지 억눌러선 안 된다는 점이다. 그들 모두 기여하는 바가 있으니까.

그러나 지금은 욕구의 위계질서 중 그 다음 단계를 살펴보자. 이번엔 조직적인 것을 향한 욕구다. 이 욕구는 우리네 인간의 전매특허가 아니다.

댐과 집을 짓는 비버를 떠올려보라. 그들은 나무를 자른다. 그 토막을 어디에 놓고 쌓아올리고 배열해야 하는지를 알아낸다. 그게 조직이고, 할 일을 해내는 거다! 우리 인간도 댐이며 집을 짓는다. 아니, 훨씬 더 많은 걸 만든다. 우리는 주변 환경이 운명을 결정짓도록 내버려둘 만큼 수동적이지 않으니까. 진화의 초기 단계부터 인간은 수렵·채집인들의 무리로 조직을 갖추었다. 그런 다음 공동체를 형성했고, 그 공동체들이 마침내 군대와 정부와 기업들을 만들어냈다. 우리 삶과 타인과의 상호작용에서 명확성을 바라는 이 욕구, 혼란에서 벗어나 질서를 만들려는 이 욕구를 우리는 '꼼꼼이'라고 부른다.

잠재적 갈등 주의보! 이 '꼼꼼이'랑 걸핏하면 정면충돌 하는 잠재인격 등장! 문제해결사 겸 인습을 벗어나 색다른 생각을 좋아하는 주인공 등장! 쓰레기 같은 인습을 의미할지도 모르겠다. 맞다, 비버의 강점인 조직도 그렇지만, 문제 해결 또한 인간의 전유물이 아니다. 당신의 고양이가 책장 꼭대기에 올라가기 위해 거실 가구며 상자며 램프며 벽까지 탈 수 있는 영리한 방법을 알아내고, 또 거기서 웅크릴 수 있는 아늑한 구석자리까지 찾아냈다면, 그 고양이는 이니셔티브가 뭔지를 보여준 셈이다. 그렇지만, 아뿔싸, 비버가 금문교를 건설할 수는 없는 노릇이고, 당신의 고양이가 심포니를 작곡하거나 새로운 핸드폰 앱을 고안하는 일도 절대 없을 것이다. 둘 다 문제를 똘똘하게 해결할 수는 있겠지만, 인간의 혁신 능력을 갖고 있는 건 아니다. 그저 예술 분야에서만이 아니라 일상생활에서도 마찬가지다. 이것이 바로 '번뜩이'라고 하는 잠재인격이다.

'꼼꼼이'와 '번뜩이'는 왕왕 갈등을 일으킨다. 이 둘 모두가 더할 나위 없이 중요한 것으로 간주되는 광고에이전시, 미디어기업, 하이테크 디자인회사 같은 데서 일하는 사람들한테 물어보면 안다. 조직이라는 연속체에서 그 둘은 극과 극이다. '번뜩이'는 질서 없이 산만하기 십상이다. 창의는 대개 즉흥성을 요구하고, 즉흥이란 충동성을 뜻하며, 충동은 계획성이나 신중하게 숙고한 접근법과는 완전 반대니까.

인간이 지닌 '꼼꼼이'와 '번뜩이'의 정도는 각양각색이다. 코치 멕이 고객들과 만날 때 자주 목격하는 현상이다. 재능이 넘치는 혁신가임에도 불구하고, 걸려온 전화에 회답해주는 걸 깜빡깜빡 잊어먹거나 회의시간에 늦거나 지출명세 보고를 소홀히 하는 바람에 직장생활이 엉망인 경우가 있다. 그런가하면 꼼꼼하고 정확한 매니저이면서도 업무방식을 제때 개선하지 못한다든지, 철저한 분석부터 하지 않고 섣불리 대응하거나, 도통 바뀌지 못하는 사람도 있다.

마지막 잠재인격은 오직 인간만이 지닌 것인데, 이걸 저주라고 부르는 이들도 있다. 다른 종들과는 달리, 인간은 모든 생명이 소멸한다는 걸 깨달을 정도까지 진화해버렸다. 그러한 잔인한 깨달음은 의미를 찾고, 좀 더 고매한 힘이나 목적을 추구하고, 자신보다 더 위대한 것을 믿으려는 동인動因을 제공했다. 물론 '의미 찾기'는 대개 해답보다는 질문과 더불어 이루어지는데, 거기서 그 나름의 갈등이 생긴다. 이 임무를 담당한 잠재인격이 바로 '큼직이'다. 이를 무시하려는 이들도 있고 받아들이려고 애쓰는 이들도 있을 테지만, 암튼 '큼직이'는 우리 내면가족의 파워풀한 구성원이다.

'큼직이'도 때로 다른 잠재인격과 갈등을 일으킨다. '깨어 있는 자아'란 관조할 수 있고, 현재에 있을 수 있으며, 자신의 욕구로부터 뚝 떨어져 있을 수 있는 마음 상태라고 했다. 기억하는가? 그런 자아는 자유의지의 궁극적인 표현이라고 말할 수 있다. 왜냐하면 그것은 어느 한 순간을 (즉, 당신의 반응과 생각과 욕구를) 최대한 통제한다고 주장하기 때문이다. '큼직이'는 반대의 관점을 소개한다. 가령 내가 언젠가는 죽을 거란 사실이나 나의 숙명처럼 나의 통제 밖에 있는 것을 받아들이고 인정하는 것이다. 그리고 이를 위해선 인생을 관조하는 좀 더 긴 안목이 필요하다.

그래서 갈등이 생기는 것이다. **또 하나의** 갈등이.

자, 이렇듯 당신은 각기 다른 아홉 개의 '어젠더'를 다뤄야 한다. 이들 잠재인격은 하나같이 충돌의 가능성을 푸짐하게 안고 있다. 그래서 완벽한 극기克己가 그토록 어렵다는 사실이 전혀 놀랍지 않다. 마치 아이들이 아홉이나 되고 각자 필요한 것도 다르고 원하는 것도 다른 가족을 닮았다. 게다가, 맙소사, 녀석들이 모두 내 머릿속에 들어있으니!

어떤 날이든 잠재인격 가운데 몇몇은 기분이 좋은데 다른 몇몇은 기분이 꿀꿀할 수 있다. 어느 순간이든 내 기분은 이 모든 잠재인격의 총화總和다.

당신도 아마 눈치 챘겠지만, 우리는 이 잠재인격들을 진화의 타임라인 속 등장 순서에 따른 서열로 소개했다. 그러나 우리의 경험으로는, 어느 한 잠재인격이 유난히 소란스러울 수는 있지만 결국 그 아홉은 똑같은 무리라고 해야 할 것 같다. 지금 당신이 겪고 있는 것과는 다를 수 있지만 말이다. 사실 이 잠재인격들의 어젠더가 서로 충돌한다 하더라도 우리에겐 그 모두가 필요하다.

활짝 꽃피우는 인생의 비결은 이런 갈등을 제거하지 않는 것이다. 이미 보았듯이 그런 갈등은 타고난 거니까. 우리 유전자에 내장돼 있고 경험으로 강화된 거니까. 아니다, 언제든 당신이 (혹은 좀 더 정확히 말해 당신의 일부가) 고통 받거나 불행한 것은 예기치 못한 바가 아니다. 따라서 우리가 배우고 싶은 것은 이들 내면의 갈등을 관리하고 중재하는 방법이다. 그래야만 경쟁하는 내면의 목소리가 서로 다른 음역音域에도 불구하고 화음을 이루며 노래할 수 있다.

소설 〈다이버전트〉와 거기 담긴 디스토피아 사회로 돌아가 볼까. 미래는 이타심, 평화, 정직, 용감, 지식 가운데 자신이 속한 하나의 분파만을 잘 아는 사람의 것이 아니다. 미래는 자신이 누구인지 알고, 자기 성격의 구성요소들을 인지하는 사람의 것이다. 그러니, 자, 여러분이 자신의 성격을 좀 더 잘 알도록 도와주는 우리의 탐험을 계속해보자.

내면의 조화에 이르는 자기 상담

우리는 당신의 감정과 (그러니까 당신의 잠재인격이 드러내는 표현과) 그 잠재인격의 생물학적–진화론적 기초를 탐사하는 데 많은 지면을 할애했다. 자신의 감정을 이해하면 할수록 부정적 감정은 더 잘 해소하고 긍정적 감정은 더 거두어 늘릴 수 있다고 믿기 때문이다. 아홉 가지 잠재인격을 이해하면 특정 조합의 세력이나 역할도 더욱 잘 이해하게 될 것이고, 감정 상태라는 암호도 풀 수 있을 것이다. 일단 그 방법을 익히고 나면 "어떻게 해야 내 욕구를 더 잘 충족시킬 수 있을까?"라는 질문도 숙고할 수 있고, 일생일대의 결정도 내릴 수 있게 된다. 아니면 그런 결정을 내리지 않거나. 가령 당신이 아주 심각한 관계에 빠지게 되면, '척척이'를 약간 잃게 되겠지만 반대로 '토닥이'의 능력은 좀 늘어나리란 것을 안다. 그래서 당신은 언제나 묻게 된다, 어떻게 해야 내 욕구가 충족될까, 아니, 충족될 수 있기나 한 건가?

어느 날이든 하루를 골라보자. 그날 당신의 모든 욕구는 얼마나 충족되고 있는가? 모든 욕구가 항상 충족되는 사람은 거의 없다. 당신이 의미를 만들지 않으면 구멍이 생길 수 있다. 모험심을 갖지 않아도 구멍이 생길 수 있다. 그것만 이해한다면, 여러 잠재인격의 끊임없는 불화로 인한 불안을 달래주는 이상의 효과가 생긴다. 그렇게 되면 당신이 할 수 있는 것과 더 평온한 마음을 위해 필요한 것에 이르는 로드맵이 드러나리라.

자, 그럼 당신의 잠재인격들과 좀 더 친해질 시간이다. 물론 당신은 이미 그들을 잘 알고 있다. 어쨌든 당신의 일부니까. 그러나 이어지는 내면의 대화 속에서 각각의 목소리를 골라낸다든지, 욕구(혹은 욕구의 부재)를 표현하는 여러 가지 정서를 가려내는 일에 능숙한 사람은 거의 없다.

당신이 할 일은 코치 멕이 고객들과 하는 일이랑 똑같다. 멕의 말을 빌자면 이렇다. "한창 꽃을 피우고 있거나 고통 받고 있는 당신의 부분들과 어른스럽게 대화를 해야겠죠. 말하자면 자기 자신과 인터뷰를 하는 겁니다."

이제부터 몇 페이지에 걸쳐 코치 멕이 자기와의 인터뷰를 이용해서 어떻게 고객을 도왔는지 보여주겠다. 이 케이스는 앞에서 설명했던 흔한 갈등, 그러니까 충동적이고 혁신적이지만 두서없는 사람의 내면에서 진행 중인 갈등을 다룰 것이다. 혹은 잠재인격이란 측면에서 보자면, '번뜩이'와 '꼼꼼이' 사이에 내적인 논쟁이 벌어지고 있는 사람의 경우다.

기억하라, 창의적인 사람들은 즉흥적이다. 규칙이라든지 책에 적힌 대로 일하는 걸 참지 못한다. 차라리 책을 찢어버리는 편이 낫다. (그래도 지금 당신이 보고 있는 이 책은 안 돼!) 업무에 있어서조차 재미있게 놀고 싶다. 그렇다고 성실하게 열심히 일하지 않는다는 얘기는 아니지만, 그들은 일조차 일종의 재미난 놀이로 본다. 안장도 굴레도 없이 내달리고 싶은 말처럼 자유와 충동을 중요시한다는 얘기다.

'꼼꼼이'는 이와 정반대다. 극도로 질서정연한 사람들, 삶에서 '꼼꼼이'가 큰 목소리를 내는 사람들은 체계도 잘 잡혀 있고 조직적이다. 적어도 일터에 오면 그들은 밖에 나가 놀지 않는다. 또렷하고 정확함을 추구하며 의사결정도 신중하다. 엄격하고 통제된 체제와 원칙 위에서 꽃피는 사람들이다. '번뜩이'가 주도 세력이 되면, '꼼꼼이'는 무시되기 십상이다. 그뿐인가, 전반적 분위기에 영향을 주는 다른 일곱 가지 잠재인격도 잊지 말자.

이런 상황은 상당히 전형적이다. 작가, 그래픽 디자이너, 영화제작자 같이 창의적인 사업가에게 문제가 생기는 것은 충동성과 자유를 향한 욕구가 책임감을 앗아가기 때문이다. 또한 그처럼 '자유롭고' 창의적인 개성 때문에 사람이 엉성하고 산만하게 되어, 심지어는 업무와 개인생활이 힘들 정도가 된다.

그런 사람들이 코치 멕의 도움을 요청하러 오는 경우가 많다.

이쯤에서 피트 이야기를 하자. 피트는 코치 멕의 셀프 인터뷰로 혜택을 본 사람들 중 하나다. 30대 중반인 그는 광고에이전시의 디자인 디렉터. 광고업계의 큰 상을 몇 차례 받을 만큼 대단히 창의적이면서도 도무지 질서라고는 없었다. 어찌나 심했는지 업무와 결혼생활에 악영향을 끼칠 정도였다. 그러다 어느 날 오후 피트가 중요한 고객과 약속을 해놓고는「매드맨」의 돈 드레이퍼처럼 사라지는 사건이 터졌다. 이게 결정타가되어버렸다. 완전히 멍 때리는 가운데 다른 프로젝트를 위한 촬영 장소를 섭외한다면서 나가버렸다가, 머리끝까지 화가 치민 상사의 전화를 받고서야 황급히 돌아왔다. 그가 이 이슈에 대해 손을 써야겠다고 결심한 것은 바로 그때였다.

피트는 코치 멕을 찾아왔고, 그의 이야기를 들은 멕은 잠재인격이란 걸 설명해주었다. 멕의 이야기를 들어보자. "일단 그가 성격의 또렷한 부분들을 이해하자, 나는 이제 그 모든 부분들이 참석하는 회의를 개최할 거라고 말했죠. 이건 그가 지각하고 싶어도 할 수 없는 회의였어요. 그의 머릿속에서 벌어지고 있는 모든 것들의 회의니까." 피트의 9가지 잠재인격이 모두 내면의 대화에 기여하기 때문에 우린 그들 모두가 회의에서 발언하도록 부추겼다. 이걸 우리는 '출석점호(Roll Call)'라 부른다.

이런 모임은 저세상의 영혼을 불러내는 부두교나 교령회交靈會나 엑소시즘이 아니다. 그저 우리 마음에서 진행되고 있는 내면의 대화에 이미 한몫을 하고 있는 목소리를 찾아내는 것, 그리하여 그 목소리한테 기본적으로 하고 싶은 말을 하라고 부탁하는 것이다.

코치 멕은 피트한테 이렇게 말했다. "자신과 원탁회의를 한다고 상상해요. 직장상사가 회의를 열어 업무성과를 논의하고 부서마다 진행 중인 업무나 지원 방법을 묻는 거랑 비슷해요. 여기서 우리가 하는 게 그런 거죠. 잠재인격 하나하나, 당신의 욕구 하나하나를 이해하는 겁니다. 이 문제가 그들에게 미치는 영향과 그 상황에서 무엇을 할 수 있을까에 대해서 말이죠."

여기서 이 문제란 고삐 풀린 피터의 '번뜩이', 또 그 때문에 못 지킨 약속, 대혼란, 답하지 못한 이메일, 기타 여러 가지 무질서 등이었다. 모든 잠재인격들에 귀를 기울이고 그들이 하는 말을 전해달라고 멕이 부탁했더니, 피트가 내놓은 피드백은 대충 이랬다.

'척척이' : "이렇게 우왕좌왕 뒤죽박죽인 상태로 계속 살다가는 목표도 못 이루고 앞으로 나가지도 못할 거야. 좀 더 질서정연해야 해."

'차분이' : "이런 무질서는 정말 스트레스야. 건강하지 못 하다고! 잠도 못 자겠어. 잘 먹지도 못 하고. 이거 고쳐야 해."

'당당이' : "그렇게 여러 번 데드라인 넘기고 약속을 망쳐버리는 바람에 우리 보스나 집사람이나 난리도 아냐. 내 '당당이'에 상처를 입었어. 제대로 일하려면 뭔가 체계적으로 정리할 방법을 찾아내야겠다고 느껴."

'궁금이' : "더 조직적으로 움직이자는 아이디어, 달갑지 않아. 별로 모험 같이 들리지 않거든. 그렇지만 만약 좀 더 차분하게 데드라인을 맞춘다면, 토요일에 일하러 나가지 않아도 될 거고, 벌써 몇 년 동안 하고 싶었던 암벽타기도 할 수 있겠지."

'꼼꼼이' : "남이 내 목소리 깔고 뭉개는 건 넌덜머리가 나. 이
바닥에서 벗어나게 해줘. '번뜩이'란 녀석이 맨날 나서는
바람에 내가 잘하는 걸 해볼 기회가 없다고."

'토닥이' : "넌 믿음성이 없어서 인간관계를 엉망으로 만들고
있어. 와이프는 화가 나 있고 친구들은 짜증을 내. 축구교
실에서 애들 픽업해야 된다는 걸 잊어버리거나, 친구들과
점심약속을 꼭 막판에 취소할 때마다 얼마나 그들을 불편
하게 했는지, 생각해봐!"

'까칠이' : 좀 더 많은 성과를 거두려면 체계를 세워야 해. 재
능은 훌륭한데, 성취가 충분하지 못하잖아."

'큼직이' : "넌 자신에게 재능이 있다는 것도 알고, 이 일을 할
숙명이었다는 것도 알아. 하지만 조금만 더 체계적으로
변한다면 더 잘할 수 있을 텐데."

자, '번뜩이' 혼자 여덟 개의 목소리에 맞선 형국이었다. 피트의 성격
에서 '번뜩이'가 주도적인 목소리였다는 데는 의심의 여지가 없지만 이제
수적으로 열세라, 성질을 죽이지 않을 도리가 없었다. 코치 멕은 피트에
게 '꼼꼼이'의 말을 경청하라고 조언했다.

일단 내면의 회담 혹은 출석점호를 한 다음, 피트가 자신의 '엄벙덤
벙'을 어떻게 해결했을까, 여러분은 궁금할 것이다. 다시 코치 멕의 말을
들어보자. "그는 해결책을 찾아낼 능력이 있었어요. 다만 그 목소리가 일

러주듯이, 그걸 무시하면 안 된다는 점을 배워야 했죠." 해결책은 간단했다. 피트는 며칠이나 몇 시간이 아니라 단 몇 분만 (좀 더 구체적으로는 서너 시간마다 10분씩을) 할애해서 생활과 업무의 질서라는 측면에 신경을 쓰기 시작했다.

그리하여 신나는 업무 도중 커피 타임을 갖는 대신, 이제 그는 "질서를 위한 휴식"을 갖는다. 그때 이메일을 체크해서 답장도 보내고, 다이어리도 확인하며, 미처 못 받은 전화에 응답도 해준다. 기본적으로 만사를 제대로 다독이는 법을 배운 것이다. 시곗바늘 같은 효율성과 물샐 틈 없는 체계는 절대로 피터의 강점이 되지 않을 테지만, 중요한 건 그게 아니었다. 코치 멕의 마무리는? "피트의 '번뜩이'는 앞으로도 여전히 주도적인 목소리, 그의 인생을 이끄는 동력이자 욕구일 것입니다. 달라진 게 있다면, 이젠 오직 '번뜩이'의 목소리만 듣지는 않을 거란 점이죠."

너 자신을 찾아내라!

「사실은 (To tell the truth)」이라는 TV 프로그램이 있었다. 미국 텔레비전 역사상 가장 오래, 가장 성공적으로 방영된 게임쇼였다. 유명인사 네 명이 패널로 나와서 범상치 않은 직업이나 경험, 혹은 뉴스거리가 될 만한 직업이나 경험을 지닌 참가자를 찾아내는 게임이었다. 수십 년간 참석자 중에는 중요하고도 유명한 인사들이 많았다. 다만 대중에게 얼굴이 알려지지 않았을 뿐이었다.

참석자 한 사람마다 가짜 두 명이 붙어 앉아서 패널들이 쏟아놓는 질문에 교묘히 대답하면, 패널은 세 사람 가운데 누가 그 이야기의 주인공인지 찾아내야 한다. 그리고 마지막에 진행자가 주인공에게 패널과 청중한테 모습을 드러내달라고 부탁하면서 대단원의 막을 내린다. 이때 진행자는 항상 같은 식으로 부탁했던 것이 기억에 생생하다. "자, 그럼, **진짜** 로자 파크께서 자리에서 일어나주시겠습니까?" 헌터 톰슨, 알렉스 헤일리, 베리 고디, 토니 라루사 등이 모두 그 쇼의 참석자로 나왔고, 다른 모든 참석자들처럼 마지막엔 그런 요청을 받았다. 이후 "**진짜** ○○○께서는 자리에서 일어나주시겠습니까?"는 하나의 유행어가 되었고, 래퍼 에미넘은 이 말을 노래 가사에 쓰기도 했다.

모타운 레코드 창업자 베리 고디를 가려내기가 어려웠던 것처럼, 당신의 '꼼꼼이'나 '당당이'의 목소리를 구별하기도 마냥 쉬운 게 아니다. 매일 같이 그 목소리가 끼치는 영향을 당신이 알고 느낀다 해도 말이다. 내면의 대화를 구성하고 행동을 야기하는 다양한 목소리를 구별하려고 맨처음 시도할 때, 이 점을 기억하라. 마음이 깨어 있는 상태에서 당신은 자유롭게 질문을 던져야 한다. 「사실은」에 나왔던 바로 그 질문을 던져야한다. 조용하게, 혹은 그래도 괜찮다면 큰 소리로. 이렇게.

"**진짜** '꼼꼼이'는 자리에서 일어나주시겠습니까? 주도권을 잡고 싶은 나의 **진짜** 일부는 이제 자리에서 일어나 스스로를 드러내주시겠습니까?"

"나의 '척척이'는 일어나주실래요? 그 목소리 좀 들어볼까요?"

이들 목소리는 이미 거기 존재한다. 무시로 재잘재잘 지껄이고 있다.

우린 그 목소리들을 가지런히 정렬시켜, 어느 목소리가 무슨 말을 왜 하고 있는지 알아내려고 애쓰는 중이다. 당신이 읽은 것처럼 우리 대부분에겐 적어도 9가지가 다 있고, 두어 개는 유독 당신에게만 있을지 모른다. 처음 귀를 기울일 땐 아무 소리도 안 들릴 수 있다. 적어도 또렷이 들리진 않을 거다. 코치 멕의 얘기를 들어보자. "때론 고객들이 물어요. 그 목소리가 어떻게 들리느냐고. 그 목소리가 영국식 발음이나 고음으로, 또는 다른 누군가가 말하는 것처럼 들릴 거라고 예상하는 모양이죠." 아니, 그렇게 드라마틱하진 않다. 자고 있을 때가 아니면 항상 듣고 있는 목소리라는 점을 기억하자. 그 목소리들은 당신처럼 들릴 것이다. 그들이 **바로 당신이니까.** 혹은 당신이 지닌 여러 측면이니까.

더러는 크고 또렷할 것이다. 이런 목소리는 당신 성격의 지배적인 측면, 말하자면 당신의 내면 가족 중 가장 '시끄러운' 멤버로서, 당신의 가장 큰 욕구와 강점을 반영한다. 처음 귀 기울이기 시작할 땐 가장 요란스러운 이 목소리들만 인식할지 모르겠다. 다른 목소리는 자기주장을 해본 적이 없어서 처음엔 '입을 열지 않을' 수 있기 때문이다. 그러나 당장은 그렇더라도 그들 역시 할 말이 있다. 이처럼 귀를 기울이는 순간이야말로 당신이 균형을 잡고 충족되지 않은 욕구를 좀 더 깨달을 기회이며, 시간과 약간의 인내심과 연습이 필요하겠지만 마침내 그들의 메시지를 듣게 될 거다.

한 가지 예를 들어보자. 피트니스 전문가들은 '자기 몸에 귀 기울이기'란 말을 입에 달고 다닌다. 자아, 동네 헬스클럽의 퍼스널 트레이너가 이걸 알고 있든 아니든, 그가 가리키는 것은 우리가 '차분이'라고 부르는 것임을 이제 당신도 안다. 만약 당신이 제대로 못 먹고 제대로 운동을 못 한다면, 혹은 스트레스를 잔뜩 받고 잠을 설친다면, 분명히 당신의 이 부분이 주목을 못 받고 있다는 얘기다. 다른 욕구에 묻혀 있다가 지금에야 이 목소리가 커졌다는 얘기다. 그러나 그게 주도적이든 온순한 것이든, 그 관점만큼은 당신이 들어줘야 한다. 내면의 대화를 한 번도 이해하지 않고 계속 살아가지 말고 경청하는 편이 현명하다는 것도 바로 그런 이유에서다.

시간이 흐르면 당신도 알게 된다, 당신 성격의 어떤 부분은 만족을 느끼고 다른 부분은 그렇지 못하다는 것을. 떨치고 나아가 삶의 커다란 성취를 이룰 수 있도록 돕는 에너지는 제 기능을 잘 해내고 있는 부분으로부터 나온다. 제대로 움직이지 못하는 부분이 있다면, 당신 자신도 뭔가 삐걱대고 있다는 얘기다. 내면의 능력을 완전히 활용할 때, 당신도 더 행복하고 더 건강하며 더 성공할 것이다.

성격 중 가장 주도적인 목소리는 영락없이 드러나지만, 그 외의 목소리들을 알아듣는 데는 시간이 걸린다. 당신 성격의 여러 측면을 어떻게 가려낼 것인가? 그 측면들은 무슨 말을 할까? 그리고 더 중요한 건, 그렇게 얻은 정보로 당신은 뭘 할 것인가? 이런 질문들을 바로 다음 장에서 다뤄보자. 9가지 주요 잠재인격 하나하나를 좀 더 자세히 들여다볼 요량이다.

THREE

내 안의 여러 '나'를 만나보면

문학작품, 노래, 심지어 인터넷에서도 감정은 억울하게 비난을 받곤 한다.

"감정이 제일 잘하는 짓은 우리가 길을 잃고 헤매도록 하는 것!" 오스카 와일드는 이미 고전이 된 1891년의 소설 〈도리언 그레이의 초상〉에 그렇게 썼다.

롤링 스톤즈는 1980년 앨범에 포함된 「감정의 구원」에서 '정서적으로 당신을 구하기 위해' 온다고 노래한다. 마치 인간이 자기 감정으로부터 구원받아야 하는 것처럼 말이다.

어떤 인터넷 포럼에서 한 젊은 여성이 묻는다. "저는 왜 이렇게 감정적일까요?" 그러자 네티즌들은 마치 그녀의 고민이 입 냄새나 세포 염증 같은 거라도 되는 것처럼 그런 증상에 대처하는 갖가지 제안을 내놓는다.

자, 우리는 인간의 감정에 대해 색다른 관점을 제시하고자 한다. 감정을 본질적으로 나쁘거나 해로운 것으로 간주하지 않는 관점, 감정을 통제하거나 극복해야 한다고 고집하지 않는 관점, 감정을 부끄럽게 여기지 말아야 한다는 관점, 혹은 정반대로 보고 듣는 능력보다도 감정을 훨씬 더 자랑스럽게 생각해도 좋다는 관점을! 우리를 세상으로 안내하는 다섯 가지 감각을 고맙게 여겨야 하는 것처럼, 여러 가지 감정에도 감사해야 한다. 만약 우리가 사용 방법만 터득한다면, 감정도 시각이나 청각처럼 확실하게 우리를 안내하기 때문이다.

켈트너(Dacher Keltner)와 에크먼(Paul Ekman)은 2015년 7월 뉴욕 타임즈에 기고한 「인사이드 아웃의 과학」이란 논평에서 이렇게 썼다. "서구 사상사는 감정을 이성의 적이며 서로 협력하는 사회관계를 해치는 것으로 간주해왔다. 그러나 감정은 이성적 사고를 해치는 게 아니라 반듯하게 정리해준다." 캘리포니아 대학의 심리학자였고 2015년 픽사가 애니메이션 「인사이드 아웃」을 만들 때 과학자문위원이기도 했던 두 사람은 이렇게 지적한다. "감정의 진짜 목적은 세상에 대한 우리의 인식, 과거에 대한 우리의 기억, 그리고 옳고 그름에 대한 우리의 도덕적 판단까지도 가이드해주는 것인데, 이는 어김없이 지금의 상황에 대한 효율적인 반응을 가능하게 해준다."

노스이스턴 대학의 페일(Katherine Peil)은 감정을 마치 또 하나의 감각인 것처럼, 혹은 그녀의 표현대로 '생물학적 자기 조정을 이끄는 하나의 온전한 감각체계'인 것처럼, 훨씬 더 근원적인 것으로 본다. 그녀는 2014년 의학저널에 게재한 논문 「감정: 스스로를 규제하는 감각」에서 감정을 인간의 무슨 질환이나 약점으로도 묘사하지 않고, 때때로 어리석고 후회할 만한 말이나 행동을 유발하는 인간 심리의 불편한 면으로도 묘사하지 않았다. 오히려 그녀가 '자아 관련' 정보라 이름 붙인 것을 지속적으로 제공해주는 시각이나 청각이나 촉감과도 같은 일종의 감각(지각)체계로 묘사했다.

이러한 정서체계의 목적은 스스로를 규제하는 것이라고 그녀는 주장한다. 우리 행동을 컨트롤하거나 지시한다는 얘기다. 그리고 그 지시는 우리의 욕구에 기반을 둔다. 요컨대 페일의 주장은 그런 욕구가 무엇인지를 말해주는 것이 바로 감정이란 것이다. 우리 유전자가 우리 욕구를 추동推動하고, 그 욕구가 감정을 통해 우리한테 전달된다는 얘기다.

그런 욕구는 너무도 명백해 보일지 모른다. 먹거리나 살 곳 같은 기본 욕구는 우리 모두에게 공통분모다. 그 외의 욕구들은 중요성의 정도가 각양각색인데, 우리는 매일 그런 욕구를 드러낸다. "새 차가 필요해," "휴가를 가야지," "레시피를 정리할 좀 더 나은 시스템이 있어야 돼."

휴가에 대한 우리의 조언은 이렇다. 버뮤다는 일 년 중 지금이 가장 멋지지만, 농담이 아니라 그런 거야 굳이 책의 도움이 필요 없다. 때때로 여러분의 욕구가 내면의 아주 깊은 곳, 자주 찾지 않는 곳에서 머리를 쳐든다는 사실, 그리고 그런 욕구에 따라 행동하기 전에 이런 곳들을 탐사하여 그 메시지를 풀어 이해해야 한다는 사실을 여러분이 꼭 알고 있으면 좋겠다. 바닥에 깔린 이런 욕구들이야말로 살아가면서 수많은 다른 걱정을 갖게 되는 근본 원인이요, 까닭 모를 불만에 사로잡히는 원인이기 때문이다.

가령 창의력처럼 인간의 숭고한 자질을 예로 들어보자. 당신만의 특별한 창의성은 필시 일군一群의 유전자들을 기반으로 생겼을 것이다. 어쩌면 엄마의 음악적 재능과 할아버지의 글쓰기 재능을 물려받았을지 모른다. 혹은 '비창의적' 분야에서 벌어지는 상황을 창의적으로 바라보는 누군가의 능력을 물려받았을지도. (국세청 직원들이 이 책을 읽고 있는지도 모르니까 '비창의적' 분야에서 회계는 얼른 제외시키자!) 그 모든 것들이 당신의 창의성에 한 몫을 한 것이다.

이 유전자들의 무리는 기본적으로 힘이자 동인이고 욕구다. 이걸 그냥 놀려서는 안 된다. 이 유전자들은 가만히 잠들어 있거나 억눌리길 원치 않는다. 자기 몫의 일을 하고 싶어 한다! 그러니 한번 상상해보라, 이처럼 '창의적'인 유전자 조합을 지니고 있는데도 판에 박힌 일상과 틀에 얽매여 창의성이라곤 생각하기도 힘든 환경에서 살거나 일한다면 어떻겠는가? 그런 환경에서는 이 창의적인 욕구가 충족될 리 없다. 그럼 당신은 무슨 느낌이 들겠는가? 틀림없이 불행하고 불만스럽지 않을까.

그렇다, 바로 그거다. 당신의 여러 가지 감정은 당신이란 인간의 구성요소 중 가장 깊은 데서 느껴지는 욕구를 당신과 소통하고 있는 것이다.

엄마와 할아버지 혹은 누군가에게서 물려받은 그 '번뜩이' 유전자 덩어리로 말하자면, 그것들은 정서의 언어를 통해 우리가 앞서 논의한 9가지 잠재인격 중 하나로 표현된다. 조금 전의 예에서 당신의 정서 '감각'은 단순히 이렇게 말하고 있는 게 아닐까. "우린 다른 환경으로 옮겨야 해. 좀 더 창의를 펼치는 활동을 찾아야 한다고." 그런 메시지가 그리 노골적이지도 않고 이해하기 어려운 경우도 많지만 말이다. '번뜩이'는 충동성과 밀접하게 엮여 있다. 따라서 '번뜩이'가 업무에서 좌절하게 된다면 당신의 욕구는 다른(어쩌면 긍정적이지 못한) 방식으로 표현될 수 있을 것이다. 예컨대, 음식이나 온라인 쇼핑이나 대화에 있어서 충동적으로 행동할 수 있다는 얘기다.

감정의 감각적 역할 및 자기규제의 역할에 대한 페일의 이론이 잠재인격이란 개념과 연결되는 대목이 바로 여기이며, 그 개념은 바로 앞 챕터에서 자세히 들여다보았다. 당신도 기억하겠지만 '번뜩이'는 이들 9가지 잠재인격 중 하나다. 이들 잠재인격은 상당히 파워풀한 동인이며, 만약 좌절되면 그로 인한 부정적 감정이 우리에게 그런 사실을 알려준다.

감정이라는 파이프를 통해 어떻게 잠재인격이 자기 욕구를 또렷하게 밝히는지를 보여주는 또 하나의 실례가 있다. 코치 맥의 고객인 에이미는 의료서비스업에 종사하고 있었다. 그녀의 생활력은 대부분 자율을 향한 욕구에서 나왔다. 코치 맥은 에이미의 잠재인격 목록을 만들면서 '척척이', '번뜩이', '궁금이'가 가장 강력한 동인이라고 사실상 결론지었다. 그런데도 에이미는 그 셋 중 어느 것도 사용하지 않고 있었다. 특히 '척척이'는 몇 년 동안 억눌려 있었다. 맥의 설명을 들어보자. "에이미가 하고 있던 일은 '척척이'와 연관된 자질을 단 하나도 가치 있게 봐주지도 않았고 북돋워주지도 않았죠. 그녀의 목소리에서 그걸 느낄 수 있었어요.

에너지가 눌려있었단 말이죠. 어쩔 수 없이 '꼼꼼이'가 모든 걸 꾸려나가게 되었는데, 이런 생명의 힘들, 이 주된 능력들에겐 표현의 기회를 주지 않고 있었던 겁니다."

이건 또 하나의 중요한 포인트로, 우리도 대개 경험으로부터 알고 있는 거다. 때때로 감정이 우리에게 전해주는 메시지는 서로 상충하고 갈등하기도 한다. 자율규제의 감각이 엉망이어서 그런 건 아니다. 오히려 내면의 동인 및 능력과 우리 삶의 현실 사이에 조화가 이루어지지 않음을 반영하는 경우가 많은 것 같다. 모두가 꼭 해야 한다고 느끼는 일을 한다든지, 우리 재능과 능력이 십분 발휘될 수 있는 상황에 놓여 있는 것은 아니다. 아니, 그런 사람은 거의 없다. 그럴 수밖에 없는 이유가 있을 테지만, 그래도 실생활은 (잠재인격을 통해 표출되는) 내 유전자의 내재된 동력을 억누르지 않을 것이다. 이건 유전자가 실용적이지 않아서가 아니다. 그저 그렇게 설계되었을 뿐!

이렇게 상충하는 목소리와 감정을 풀어놓고 보면 마음의 거친 파도를 누그러뜨릴 수 있으며 좀 더 충만하고 행복한 삶을 향해 나아갈 수 있다.

에이미의 경우로 돌아가자. 감독도 심하고 자율성도 거의 없는 직장에 그녀가 남아있는 이유는 그럭저럭 보수가 괜찮고 일자리가 안정되어 있기 때문이다. 어린 두 자녀의 양육에 충분한 돈을 벌어야 하는 상황에서 그건 매우 중요한 조건이었다. 그렇지만 그녀는 우울했고 좌절했다. 지금 직장에 남아있는 게 이성의 선택이라는 건 알고 있지만, 너무나 강한 '척척이' 욕구를 충족시키지 못하는 업무를 하다 보니 부정적인 정서가 자주 생겨 때로는 그녀를 압도했다.

코치 멕은 뭘 제안했을까? 갈수록 떠들썩해지는 '척척이'의 요구를 충족시키기 위해 직장을 그만두고 자영업을 하라고 제안하진 않았다. 그렇게 되면 '척척이'야 얼마든지 충족되겠지만, 예측 가능한 고정수입이 보장되지 않기 때문이다. 아이들이 더는 엄마에게 의존하지 않게 될 때는 그렇게 할 수 있을 테지만.

대신 코치 멕은 자율적인 경향이 제 몫을 다할 수 있는 다른 방안을 제시했다. 혹은 페일의 표현을 빌자면, 이런 감정들이 균형을 찾고 서로 조정하는 일을 하라고 제안했다. 에이미의 경우, 그것은 자율성을 좀 더 갖도록 일을 변형한다든지, 좀 더 독립성과 자율을 보장해주는 새 직장을 찾는 것이었다.

새 직장 찾기는 쉽지 않았기 때문에, 에이미는 좀 더 자율성을 가질 수 있게 업무 범위를 바꿔달라고 직속상관에게 제안했다. 보스는 이에 동의했고, 이젠 에이미의 강한 '척척이'가 업무를 이끄는 정도는 아니어도 최소한 그런 성향이 완전히 침묵하진 않는다. 덕분에 그녀의 '척척이'가 업무에서 좀 더 큰 역할을 수행하고 있어서, 더 이상 불안하거나 사는게 그렇게 불만스럽진 않다.

페일이 너무도 탁월하게 이론화해놓은 것처럼 감정을 자기규제 시스템으로 간주하면, 우리는 다른 관점에서 감정을 볼 수 있다. 감정을 부담이나 불편함으로 보지 않아도 되고, 우리를 억누르는 짐이나 꼭 난처할 때만 골라서 고개를 쳐드는 것으로 보지 않아도 된다. 맞다, 진작 그래야 했는데, 이제야 우리는 감정을 (특히 부정적인 감정을) 메신저로 볼 수 있게 된다.

노스캐롤라이나 주립대학 채플힐 캠퍼스의 바버러 프레드릭슨(Barbara Fredrickson) 사회심리학 교수는 생물학과 긍정적인 감정의 영향을 연구했다. 그녀의 연구조사는 두뇌가 제대로 기능하고 신체 건강을 유지하려면 여러 가지 감정의 균형이 반드시 필요함을 보여준다. 긍정과 부정의 감정들이 어떤 비율로 섞이는 게 이상적인지는 여전히 논쟁의 대상이지만, 긍정적 감정이 훨씬 우세한 가운데 둘 다가 필요하다는 의견이 일반적이다.

긍정의 정서는 우리의 지평을 넓히고 큰 그림을 볼 수 있게 해주며, 유동적인 상황에 좀 더 유연하게 적응하도록 해준다. 긍정의 정서는 초점을 더 잘 맞추게 해주며, 격앙된 심사를 누그러뜨리고 전략적 사고를 돕는다. 좀 더 근본적인 생리의 단계에서도 도움이 될 수 있다. 프레드릭슨과 동료들의 연구는 긍정의 정서가 신경 및 심혈관계 기능 향상 및 정신적 복지 개선이나 심지어 장수와도 연관됨을 보여준다.

프레드릭슨은 자칭 '긍정 정서의 확장-구축 이론(broaden-and-build theory)'을 통해 긍정의 감정에 대한 연구를 발전시켰다. 긍정의 정서는 또 다른 긍정의 정서를 불러와 결국 그런 감정의 저수지를 이루고, 필요할 때 언제든 사용할 수 있다는 이론이다. 그녀는 동료인 미셀 투가드, 리자 펠드먼 베럿 등과 함께 2004년 저널 오브 퍼스낼러티에 게재한 논문 「심리적 탄력성과 긍정적 감정의 입자」에서 이를 상세히 설명했다.

긍정 정서의 확장-구축 이론에 의하면, 긍정의 감정은 순간적으로 사고의 범위를 넓혀주고 유연한 관점을 지니게 하여, 결과적으로 인간의 웰빙을 증진할 수 있다. 시간이 흐르고 긍정의 감정을 거듭 경험하면, 이처럼 넓어진 마음가짐은 습관이 된다. 결과적으로 긍정의 감정을 경험하게 되면 각 개인의 자원이 증가하는 효과가 따라오기 마련이다. 긍정의 감정으로 생산된 개인의 자원이란 무기고는 필요할 때 의지할 수 있고, 앞으로 좋은 성과를 내기 위한 계획에 사용될 수 있으며, 이는 건강한 행동을 수월하게 만든다는 의미에서 소중하다.

그런데 긍정의 정서가 현재와 미래의 강력한 힘이 될 수 있는 반면, 부정적 감정 또한 정신건강과 웰빙에 중요하다. 우리가 '감정은 또 하나의 감각'이라는 페일의 가설을 따른다면, 부정적 감정을 막으려 하는 것은 마치 언짢은 걸 볼 때마다 눈을 감아버리는 것과 비슷하다. 뭐, 그게 자연스런 반응일 수도 있지만, 세상을 피하지 말고 맞닥뜨려야 하며 만사를 부정하면서 살아서는 안 된다는 걸 우리 모두 잘 알지 않는가. 마찬가지로 부정적인 감정도 기본적으로는 우리에게 뭔가가 (인생의 새로운 모험이든, 영양에 대한 새로운 접근법이든, 아무튼 뭔가가) 필요하다는 신호다.

자, 우리 감정에 대해 알아야 할 것이 하나 더 있다. 긍정의 감정은 건강에 중요하지만 덧없이 지나가고 만다. 부정적 감정은 더 끈질겨서, 우리한테 찰싹 달라붙어 잘 떨어지지 않는다. 따라서 '정서지능'을 키움에 있어 어려운 문제 중 하나는 긍정의 정서를 더 많이 만들어내 (혹은 최소한 우리가 가진 걸 향유하는 법을 배워) 그걸 다른 사람들과 나누는 것이다. 나의 긍정성을 나눈다면, 나의 기분뿐만 아니라 다른 사람들의 기분도 좋게 만든다면, 긍정의 정서는 신체건강도 증진시킬 수 있다. 프레드릭슨의 연구가 이를 보여준다.

긍정의 정서에 담긴 또 하나의 '긍정적인 측면'은 떠날 줄 모르는 부정적 감정에 좀 더 수월하게 대처할 수 있다는 점이다. 부정의 정서는 사람의 진을 빼고 텅 비게 만들 뿐 아니라, 심지어 물리적으로 고통스러운 경우도 있다. 그러나 아무리 아프고 괴로워도, 우리에게 돌파구를 선사한다든지 삶을 송두리째 바꿔버리는 깨달음에 이르도록 하는 것도 흔히 부정적인 정서다.

우리는 부정적인 감정을 영원히 쫓아버릴 수 있다고 말하지 않는다. 이 점을 주목하자. 당연히 그럴 순 없잖은가? 이 책의 목적은 긍정적인 내면의 '컬처'를 만들자는 것이며, 그 과정에서 격정을 달래고 좀 더 행복하고 생산적이며 만족스런 삶이 되도록 돕자는 것이다. 부정적인 감정을 깡그리 없애버리자는 게 아니다. 절대 그렇게 할 순 없으니까. 그런 감정은 구름과도 같아서 쫓아버려도 돌아온다. 어떤 날은 청명하고 햇살 쨍쨍하며, 어떤 날은 구름이 잔뜩 뒤덮고 있을 거다. 다 그럴 만한 이유가 있다. 충족되지 못한 욕구는 언제나 있기 마련이고, 욕구는 언제나 변하며, 이 모두가 감정으로 표출된다. 어떤 건 극심한 교통체증처럼 당시의 상황과 관련 있고, 어떤 건 깊은 내면의 문제일 수 있다.

진짜 질문은 이것이다. 긍정이든 부정이든 이런 감정들이 전달하려는 메시지는 정확히 무엇일까? 충족되었든 그렇지 못했든, 내 마음, 내

가슴, 내 DNA 깊숙한 데 자리 잡은 그 욕구들은 대체 무엇일까? 그것이 음식이나 물이나 쉼터를 향한 욕구를 충족시키는 것처럼 쉽다면, 냉장고 나 물병을 연다든지 추운 날 난방을 트는 것처럼 쉽다면, 얼마나 좋을까! 혹은 길이 막혀 엉망일 때 다른 길을 찾는 것처럼 쉽다면! 음식, 물, 쉼터 혹은 스트레스 없는 출퇴근길 등을 향한 기본적 욕구야 삼척동자라도 알 수 있다. 그런 경우의 메시지는 명백하고 절박하다. 하지만 인간 정신의 좀 더 높은 단계에 있는 '행동의 복잡함과 가변성可變性'을 이야기할 때 는 명백하지도 절박하지도 않다.

그럼에도 우리는 그런 감정들을 **찾아내는** 법을 배울 수는 있으니, 이 는 내면의 욕구를 해석하는 핵심 단계이며, 결국 '내면에 있는 당신'을 (당신의 잠재인격과 내적 대화가 벌이는 그 복잡한 상호작용을) 환한 빛 아래 드러내는 핵심 단계다.

이제 그 방법을 보여주겠다.

감정을 해석하는 여섯 단계

당신의 '감정일기예보(emotional weather forecast)'를 한번 살펴볼 까? 여섯 단계로 나눠서 해보자. 감정의 일기예보를 살핀다고 해서 반드 시 허리가 쑤시는 이유를 알려준다는 얘기는 아니다. 그러나 던져지는 질문을 (그러니까, 느껴지는 감정을) 인지할 수 있다면 훨씬 더 나아질 것이다.

'예보'는 언제 어디서든 할 수 있지만, 앞서 우리가 논의했던 '마음챙김' 상태로 들어가야 한다. 그러니까 앉아서 긴장을 풀고 지금 이 순간에 집중하자. 스스로에게 물어보라. "지금 내 기분은 어떤가?" 그 대답이 당신을 첫 번째 단계로 안내할 것이다.

1단계: 감정을 인지하고 거기 이름을 부여하자

오케이, **지금 내 기분은** 어떤가? 이 질문에 대한 대답 속에 드러난 감정을 인지하고 그것에 이름을 붙인다. "화났어." "불안해." "평온해." 그런 감정의 강약을 측정해보자. 나, **진짜로** 불안한가? 아니면, 왠지 슬그머니 걱정되거나 동요하는 정도인가? 그 감정을 제대로 알고 가능한 한 자세히 묘사해보라. 그리고 '마음챙김' 혹은 '깨어 있는' 상태로 모든 것에 접근할 때처럼 '옳다 그르다'를 판단하지 말고 객관적으로 묘사하라.

2단계: 받아들이자

감정을 확인하고 이름까지 부여했다면, 이제 긴장을 풀고 호흡하면서 받아들이자. 어째서 이런 기분인지 묻지 말고, 그 감정을 거부하지 말자. 판단도 하지 말자. 이게 지금 내 기분일 뿐. 그 때문에 자신을 책망할 것도 없다. "패닉에 빠지지 않으면 좋겠는데. 스트레스 안 받으면 좋을 텐데. 이런 기분 아니면 좋겠는데." 따위는 잊어버리자.

기억하자, 이 감정은 메신저다, 메신저를 죽이고 싶진 않겠지! 그뿐인가, 부정의 감정을 억지로 밀쳐내면, 더 부정적인 다른 감정이 생기거나 심지어 불리한 생리 반응이 나올 수도 있다. 뱃속이 뒤틀리거나 진땀이 날 수도 있고, 진짜 그 때문에 병이 생길지도 모른다. 그러지 말자! 이런 감정을 마구 밀쳐내지 말자. 그런 감정도 받아들이고 그 것이 나에게 뭔가를 소통하려 한다는 것도 받아들이자. 그리고 내가 그 정보를 바탕으로 곧 행동을 취한다는 사실을 이해하자.

3단계: 인정하고 감사하자

감정이 시각–청각–촉감처럼 하나의 감각일 수 있다는 페일의 이론, 기억하는가? 눈과 귀와 손가락에 고마움을 느끼지 않는가? 당연히 고마워해야 한다. 마찬가지로, 정말 우리 기분을 좋게 만들어주려고 고안된 이 정서체계에도 고마움을 느껴야 할 일이다. 잠시 짬을 내 우리 감정에 고마움을 표하자. 감정은 우릴 돕고, 안내하고, 등도 밀어주고, 뭐가 필요한지도 알려준다. 두뇌가 이런 메시지를 보내주고 있으니, 얼마나 고마운가! 이렇게 고마움을 알면 그 감정을 받아들이기 쉽고, 적절한 마음의 틀 속에서 감정에 휘둘리지 않고 차분하게 효율적으로 감정을 다룰 수 있다.

4단계 : 기억하자, 너나 나나 마찬가지

"웃어라, 온 세상이 너와 함께 웃을 것이다. 울어라, 아무도 함께 울어주지 않을 것이다." 아주 멋진 속담 아닌가? 게다가 멋진 속담이 다 그렇듯이, 거기엔 진실도 담겨 있다. 프레드릭슨의 생각처럼 긍정의 정서는 공유할 때 가치가 있다는 의미에서 말이다. 하지만 사실은 우리가 울때 홀로 운다든지 홀로 불행한 건 아니다. 그래, 정도의 차이는 있을망정 누구에게나 부정적인 감정은 있다. 살아 있는 인간이라면 어찌 일말의 후회나 죄책감이나 불안 등등을 단 한 번도 안 느낄 수 있겠는가! 게다가 1단계에서 당신은 이름까지 부여하지 않았던가. 지금 어떤 감정을 느끼고 있든, 당신 혼자만 그렇게 느끼는 건 아니라는 사실을 기억하자.

텍사스 주립대의 크리스틴 네프 박사는 자기연민의 세 가지 구성요소 중 하나로 '이어져 있음(connection)'을 든다. 다른 두 요소는 '마음챙김'과 '스스로에 대한 친절'이다. 마음챙김에 대해선 앞에서 이미 논의했고, 스스로에 대한 친절은 언제나 좋은 생각이다. 그러나 자신과 타인에게 친절하고 연민을 갖는다고 해서, 우리 모두 함께 슬프니까 모닥불 주위에 모여 손에 손을 잡고 「쿰바야」나 부르자는 뜻은 아니다. 단지 별이 총총한 우주에 당신 혼자만 뚝 떨어져 나온 절망의 블랙홀이 아니란 점을 상기시킬 뿐이다. 누구나 이런 감정들을 갖는다. 그건 인간이 되는 기능이니까. 많은 이들이 이해를 구하고 좀 더 행복하고 만족스러운 삶을 성취하기 위해서 그런 감정을 헤쳐 나왔다. 당신도 할 수 있다.

5단계 : 공감하자

부정의 감정이 아무리 섬세하다 해도 (때로는 수준 높은 인간의 가장 복잡한 욕구를 표현하기도 하니까) 그건 칭얼대는 아기와 다르지 않다. 당신의 주의를 끌고 싶고, 안아주길 원하며, 안전하길 원하고, 홀로 있기 싫어하며, 관심받고 있다는 걸 알고 싶어 한다. 따라서 그저 두 손을 가슴 위에 올려놓거나, 마음으로 살포시 안아주거나, 등을 가볍게 토닥거리거나, 하이파이브만 해도 도움이 될 수 있다. 어리석게 들릴지 모르지만, 이 과정에선 자신의 고통이나 불행에 연민을 느끼는 능력이야말로 가장 중요한 단계라고 주장할 수도 있으리라. 실제로 2013년 하버드 의대 콘퍼런스에서 틱낫한은 이렇게 말했다. "깨어 있으면서 느끼는 연민은 어떻게 해야 고통을 잘 견디는지를 가르쳐줍니다." 이 '잘'이라는 단어에 주목하자. 스스로의 마음을 위한 약간의 연민은 이런 부정적 감정이 지닌 날카로움을 무디게 해주기 때문이다.

6단계 : 호기심

이제 우리는 이 감정이란 것의 의미를 자세히 살펴볼 수 있다. "왜 내가 이렇게 느끼는 거지? 다르게 느낄 수 있는 건 없을까?" 지금 우리는 내면의 가족에게 귀를 여는 과정, 우리의 여러 감정과 9가지 잠재인격을 연결해보는 과정을 시작하고 있다. 당신은 지금 어떤 욕구가 주목받지 못하는지, 왜 그런지 생각하기 시작할 것이다. 다시 말하거니와, 여기엔 옳고 그르다는 판단이 개입되지 않는다. 이런 기분을 느끼게 만든 원인을 두고 자책하진 말 것이며, 남들을 비난하는 것 또한 나쁘다. 그냥 하나의 단계니까, 이렇게 넘어가자. "흠흠……."

오케이, 이제 끝났다! 자, 당신이 하던 일로 되돌아가면 된다. 기분이 약간이나마 좋아졌고 좀 평온하다면 더 바랄 나위 없겠다. 지금 당장 이 문제를 해결할 필요는 없다. 이런 감정 때문에 격해지거나 얼어붙은 느낌이 들지 않도록, 우선 만사를 아주 차분하게 정리하고 싶지 않은가. 위의 여섯 단계를 따르면 바로 그렇게 할 수 있다. 또 그 과정은 우리가 여러 가지 걱정의 근본 원인을 깊이 살펴봄에 있어서, 좀 더 생산적인 사고의 기반을 닦아줄 것이다.

감정이란 암호를 푸는 여섯 단계가 어떻게 나쁜 상황을 완화하거나 전환점을 마련하는 데 도움이 될까? 그 실례가 여기 있다. 당신이 아이와 논쟁을 벌인 직후라고 가정하자. 당신은 아이의 말에 제대로 귀를 기울이지 못했던 자신에게 화가 났다. 충동적이었던 데다 해서는 안 될 말도 했으니 그런 자신이 짜증스럽기만 하다. 좀 전에 아이한테 그랬던 것처럼 화가 나 있다.

우선, 감정에 이름부터 붙여주자. "너무 화냈어. 내가 과잉반응을 보인 거야. 그렇게 하지 말았어야 했는데."

그런 다음 받아들이고 인정하기. "내 행동이 옳지 않았어. 그래서 지금 기분이 안 좋아. 부인하는 건 아냐. 그냥 그렇게 됐으니까. 그 순간엔 최선을 다한 거지. 핑계를 대진 않을 거야. 사실을 피하지 않고 어떻게 했으면 더 나았을지, 객관적으로 곰곰 생각할 거야. 그래, 나 자신에게 화났다는 건 알아, 당연하지. 난 이런 경험에서 교훈을 얻을 거야. 그래야 다음번에는 똑같이 반응하지 않을 테니까."

이제 연결해보자. "귀 기울이는 능력이 떨어지는 게 나뿐인가, 뭐!"

다음은 자기연민의 단계. "자신에게 화를 내는 건 안 좋아. 아이랑 사이좋게 지내고 싶을 뿐인데, 오히려 아이와 다투기만 하고 지금은 우울해. 이거, 영 꿀꿀하단 말이야."

그리고 호기심. "다음엔 어떻게 해야 더 잘할 수 있지? 아이는 아직 자기 정체성을 찾는 중이고 어디까지 뻗대도 되는지 테스트하고 있지만, 그래도 최선을 다하려고 노력 중인 것 같아. 나중에 애랑 이야기하고 지나치게 반응한 것은 사과할 거야. 그리고 또 이런 상황이 생기면 어떻게 더 잘할 수 있을지 생각해봐야지."

자, 더 앞으로 나아가기 전에 우선 몇 가지 포인트를 우리가 제대로 연결했는지 챙겨보자. 제1장에서는 '마음챙김'의 중요성을 논의했다. 방금 보여준 것처럼, 그것은 자신의 감정을 좀 더 평온하고 객관적으로 들여다보는 길이다. 감정은 소위 내면가족과 엮여 있는데, 이 잠재인격에 대해서는 서론에서 개략적으로, 제1장과 2장에서 좀 더 상세하게 설명했다. 나의 내면가족 아홉 식구 중 어느 것이 부정적 감정과 연관되어 있을까? 정신의 아홉 가지 개체 가운데 하나가 감정이라는 매개체를 통해 나한테 뭔가 말하려는 걸까? 만약 불행하거나 불만족이라면, 나의 어느 부분이 그런 감정을 느끼는지 찾아보자. '척척이', '번뜩이', '큼직이', 혹은 '궁금이'? 만약 '당당이'가 부족하다면, 스스로 의심하는 부분이 무엇인가? '꼼꼼이', '까칠이' 혹은 '토닥이'인가? 지금 나는 내면의 광분을 이해하기 시작했다. 그걸 달래는 데 필요한 게 무엇인지 깨달았으니까. 감정 상태는 복잡한 것이므로, 우리는 다음 장에서 그 하나하나를 어떻게 다루는지 보여줄 것이다.

마지막으로, 감정의 힘을 기억하라. 우리는 감정을 하나의 감각 시스템으로 간주했다. 평범한 감각체계가 훼손되었기 때문에 감정을 통해 세상을 읽고 경험하는 법을 배워야 했던 한 여성의 통찰을 떠올리자. "세상에서 가장 아름답고 좋은 것은 보거나 만질 수 없죠, 그저 마음으로 느낄 수 있답니다." 헬렌 켈러는 1891년 편지에 그렇게 썼다.

닥터 에디:

감정이 지닌 치유의 힘에 대한 사례 연구

2013년 사이언티픽 아메리칸 마인드에 실린 기사 「통증은 마음의 구성요소인가?」에서, 신경과학자 스티븐 매크닉(Stephen L. Macknick)은 여러 가지 최신 연구를 기반으로 통증이 생리반응 이상의 것이라는 흥미로운 사실을 알아냈다. 그건 감정이기도 했다.

　만약 그렇다면, 통증(그것도 아주 극심한 통증) 때문에 나를 찾아오는 환자들은 엄청 감정적이다. 물리요법과 재활치료 전문인 나는 쑤시는 무릎, 아픈 등, 뻣뻣한 목을 치료한다. 나는 그나마 걸을 수 있는 환자들이 천천히 진료실 안으로 들어서는 모습을 관찰한다. 그들은 무의식적으로 팔을 머리 위로 들어 올리거나 재킷을 걸치면서도 어깨 염증으로 인한 날카로운 통증을 느끼며 움찔한다. 단순한 재채기에도 요통으로 찔끔하면서 숨을 가쁘게 몰아쉰다.

　환자가 아픈 것은 이런 병증으로 인한 육체적 통증 때문만이 아니다. 육체적 통증이 짐처럼 떠안은 복잡한 감정과 연결될 때 고통을 느끼는 거다. 그들은 육체의 배신에 분노하고 심해지는 통증과 줄어드는 기능에 두려움을 느낀다. 통증이 잠을 방해할 때 피곤하고 짜증스러우며, 온갖 수단을 동원해도 불편이 해소되지 않을 때 좌절한다. 심지어 평상시 온화하고 쾌활한 사람조차 통증이 생기면 짜증을 내고 퉁명스러워진다. 스포츠를 즐기거나 애완견과 산책하거나 편안하게 앉아 영화를 볼 수 없게 되어 비탄에 잠긴다. 치료가 수포로 돌아가고 의사들이 고개를 절레절레 저을 땐 자신감도 사라진다. 통증 치료법을 배운 나도 고통과 연관된 환자의 감정 문제를 해결해야만 그런 고질적 통증을 가라앉힐 수 있다. 그래서 나는 환자가 자기 삶의 통제력을 되찾도록 그의 내면가족을 불러낸다.

　최근에 방문한 52세의 대학교수 캐서린의 경우, 고질적인 요통이 줄어든 자신의 경험을 이렇게 묘사했다. "가장 끔찍한 건 절망에 빠지고, 그저 다음 몇 시간조차 견딜 수 있을지 확신할 수 없다는 거죠." 어떤 면에서 보면, 그녀의 '차분이'가 괴로워하며 큰소리로 비명을 지르는 통에 다른 목소리는 안 들렸던 모양이다. 다음 진료에 오려면 애써 기운을 내야만 했다. 진료실에 들어갔더니 캐서린은 마치 콘크리트로 고정된 사람처럼 꼼짝 않고 앉아있었다. 그러고는 이렇게 설명했다.

"움직이면 아파요."

나는 잠시 멈춰 서서 악수를 한 다음, 그녀의 눈을 들여다보았다. 그녀가 입을 반쯤 열고는 형식적으로 인사했다.

"어떠세요?"

나는 약속시간에 좀 늦었기에 이렇게 대답했다. "어떻긴요, 좀 늦었죠. 아무튼, 뭐 새로운 소식 있나요?" 잔뜩 풀이 죽은 그녀에게 이처럼 농담을 시도하자 어색한 분위기가 약간 풀렸다. 그녀의 얼굴에 희미한 미소가 떠오르고 긴장한 표정이 부드러워졌다. 마음이 열리고 약간은 창의적으로 변하면서 부자연스러운 딱딱함도 누그러졌다. 자, 무얼 도와드릴까요, 나는 그렇게 물었다.

"절 낫게 해주신다면 그게 최고죠. 하지만 제 이야기를 들어주시기만 해도 시작으론 괜찮아요."

내가 해줄 수 있는 간단한 치료법은 오래전에 이미 다 써먹은 상태였다. 그녀의 아픔을 줄여주고 통증 때문에 인생이 어긋나버렸다는 생각을 없애기 위해서는 '척척이'와 '당당이'부터 되찾아야 했다.

내가 기분이 어떠냐고 묻자 그녀는 조용히 속마음을 털어놓았다. 무슨 짓을 해도 도움이 안 될 것 같은 느낌이 점점 강렬해지고 있다는 것이었다. 하지만 물리치료사가 또 다른 새 치료법을 제시하겠다고 열정적으로 덤벼든 것에 화를 내고 좌절할 때는 오히려 생기가 돌았다. 그녀는 이렇게 고백했다. "어떤 면에서는 절대 좋아지지 않을 거라고 절망에 빠져있을 때보다 치료사한테 화를 낼 때가 훨씬 더 나아요."

나는 캐서린이 마음을 열고 아이디어를 만들어내도록 그녀의 '번뜩이'와 '궁금이'에게 접근을 시도했다. 그러면서 통증 완화와 기능 향상을 위해 바꿀 건 없는지, 옵션은 없는지, 알아보기 시작했다. "지금까지 여러 가지 치료법으로 통증을 줄이고 활동력을 높이려고 애썼는데, 그런 물리치료 가운데 가장 좋은 게 무엇이었죠?"

그녀는 잠시 생각했다. "글쎄요, 그렇게 물으시니까 생각나는데, 실내용 자전거를 타면 적어도 몸을 움직이게 되었죠. 그렇게 한참 페달을 밟으면 옛날의 나로 돌아간 기분도 들고."

그 대답은 우울의 검은 구름이 약간 걷혔다는 의미로 들렸다. "그럼, 이제 어떻게 하시겠어요?" 그렇게 물으면서 나는 그녀의 자율성과 자립심을 북돋웠다.

"글쎄요, 옆집에 사용하지 않는 자전거가 있는데, 빌리는 건 문제없어요. 집에서 한번 해볼까요?"

과연 캐서린은 심각한 통증에도 불구하고 집에서 느리지만 규칙적으로 실내자전거를 타기 시작했다. 다음 상담에서는 통증이 사라진 건 아니지만 혼자서 뭔가 좀 더 할 수 있었고 기분도 좋아졌다고 말했다. 그녀는 자전거 타기로 지구력이 향상된 덕분에 이제는 오랫동안 편안하게 앉아있을 수 있어서 자율성도 많이 개선되었다고 인정했다. 그래서 나는 그녀의 내면가족을 좀 더 개입시키기로 했다.

"다음 학기에 최소한 한 과목이라도 다시 맡으시려면 뭐가 필요할까요?"

그녀는 자기 경력의 대부분을 쌓아 올렸던 캠퍼스와 교실을 떠올리며 미소를 띠었다. "일주일에 세 번씩 학교까지 차를 몰고 갈 수 있을지는 모르겠지만, 학생들과 다시 어울리는 건 정말 좋아요. 너무 혼자 머리 썩히는 건 벗어날 수 있겠죠." 그녀가 단호하게 고개를 끄덕이곤 나를 똑바로 바라보았다. 이거 혹시 '당당이'의 목소리 아닐까? "그래요, 학생들 앞에 다시 서고 싶어요."

그녀는 학생들과의 교류를 간절히 원했지만, 체력적으로 감당할 수 있을지 자신이 없었다. 대신 '번뜩이'의 힘을 빌어 집에서 온라인 코스를 맡고 일주일에 한두 번만 운전해서 학교 도서관에 간다는 임시방편을 찾아냈다.

만성 요통은 계속되었지만 이제 그녀는 나머지 내면가족과 다시 소통하게 됐고, 덕분에 가르침에 대한 사랑도 되찾을 수 있었으며, 먼저 '척척이'와 자립심을 키워야 한다는 점도 인정하게 되었다. 잠시 멈추어 귀를 기울일 수 있었기에, 그녀의 '번뜩이'가 여러 가지 옵션을 제공했으며 '당당이'는 그런 제안들을 즐겁게 시도하고 있었다. 이제 머지않아 그녀는 많은 학생들에게 영감을 불어넣는 선생님이 되지 않을까? 그렇게 되면 기분도 훨씬 더 좋아질 테지.

이 환자가 깨끗이 나은 것은 아니다. 전혀 그렇지 않다. 어쩌면 완치되는 일은 앞으로도 없을지 모른다. 그러나 그녀가 이루어낸 것은 시사하는 바가 크다고 생각한다. 코치 멕도 모든 고객에게 그렇게 조언할 것이다. 틀림없다.

◆ 위에서 예로 든 내 환자의 '차분이'가 그랬던 것처럼, 내면의 목소리

중 하나가 외치는 소리를 극복해야 한다. 그래야만 다른 목소리도 들을 수 있다. 격한 기분을 누그러뜨리고 감정을 좀 더 잘 다스리는 비결은 바로 당신 '내면가족'의 온전한 합창 속에 들어 있다.

• 자신의 다양한 모든 감정에 마음을 열어놓자. 내면의 목소리들이 이런 감정을 표현한다. 심지어 두려움과 분노 같은 부정적 감정들도 활력을 주고 행동을 촉발할 수 있다.

• 약간의 유머는 열린 마음과 호기심을 높여준다.

• 큰 목표 세우기를 두려워 말자. 가령 내 환자가 다시 교단에 섰던 일처럼 말이다. 그러면서 한 단계씩 차근차근 올라가자. 예컨대 그 환자의 실내자전거 타기처럼.

• 한 발짝씩 내디디면 희망의 빛이 보이고 자신의 효능도 개선될 수 있다.

PART 2

내 안의 진짜 "나", 지금 만나러 갑니다

FOUR

알아서 뚝딱 '척척이'

로체스터 대학의 심리학자 에드워드 데시(Edward Deci)와 리처드 라이언(Richard Ryan)은 30년 넘게 인간의 동기動機라는 주제를 연구했다. 인간은 학교성적, 연말 직무평가, 등급부여 체계, 타인의 의견 같은 외부적 요인에 의해 움직이게 되는 걸까? 아니면 우리의 동기는 자신의 관심, 호기심, 가치관 등 개인의 내부로부터 오는 걸까?

데시와 라이언은 아마도 그 둘이 모두 옳을 거라는 결론을 내렸으며, 그 과정에서 인간 행동을 유발하는 추진력과 관련된 메타 이론을 제시하여 큰 반향을 일으켰다. 그들은 자신들이 운영하는 웹사이트에 이렇게 적었다. "개인에게 작용하는 외적 요인과 본능에 내재된 동기 및 욕구 사이의 상호작용은 자기결정이론의 영역이다."

앞서 소개했던 유명한 학자들의 이론처럼, 데시와 라이언의 자기결정이론(SDT: self-determination theory)은 이 책의 근간이 될 뿐 아니라, 감정을 다스리고 광란을 달래어 활짝 꽃피는 인생이 될 수 있도록 도와주는 우리 접근법의 근거이기도 하다.

자기결정이론의 핵심 원칙은 사회적으로나 인지적으로 건강한 발달과 기능을 이룩하려면 기본적으로 세 가지 심리학적 욕구가 꼭 필요하다는 것이다.

능력 있음, 혹은 우리가 이 책에서 '당당이'라고 부르는 것.
얽혀 있음, 혹은 우리가 '토닥이'라고 부르는 것.
자율적임, 즉 활짝 꽃피기 위해서 엄청 중요한 것.

데시와 라이언은 또 이렇게 적었다. "이들 욕구가 꾸준히 충족되는 한 사람들은 효과적으로 발전하고 기능을 발휘하며 웰빙을 경험할 테지만, 그런 욕구가 좌절된 사람들은 불행한 데다 기능도 최적이 못 됨을 보여줄 것이다."

물론 자율성은 중요하다. 하지만 도대체 자율성이란 게 무엇일까? 메리엄-웹스터사전 개정11판은 자율성을 이렇게 정의한다. "스스로를 다스릴 수 있는 자질이나 상태, 특히 스스로를 통제할 수 있는 권리." 데시와 라이언은 2000년에 발표한 논문 「목표 추구의 본질과 이유: 인간 욕구와 행동의 자기결정」에서 이렇게 썼다. "자율성이란 자유의지, 그러니까 경험과 행동의 틀을 스스로 짜고 온전한 자아감에 부합된 행동을 하려는 유기체의 욕구를 가리킨다.”

자율성은 대중문화에서도 표현된다. 그런 예는 헤아릴 수 없이 많다. 예컨대 1960년대 말 가수 새미 데이비스 주니어가 우렁찬 코러스를 배경으로 「내 뜻대로 살 거야!(I've gotta be me)”」라고 외쳤던 히트송은 그야말로 자율성의 주제가였다. 이 노래가 1969년 빌보드 핫100 차트에서 11위를 기록하는 등 히트를 친 것은 놀랄 일이 아닐지 모르겠다. 우리 모두의 내면에 있는 무언가를 향해 힘차게 이야기하니까.

가족 안의 '척척이'

우리 내면가족의 9가지 잠재인격은 내면의 대화를 제공해 우리의 행동을 촉발하는데, 그 가운데 '척척이'가 제 1 요인이 아닐까 한다.

우리는 스스로 결정하길 원한다. 자기실현을 원한다. 자신을 찾길 원한다. 자신만의 리듬을 가지려고 한다. 진짜가 되려고 한다.

'척척이'는 청소년들이 집을 떠나 대학에 가고, 입대하고, 아프리카로 자원봉사를 떠나고, 혹은 여름에 유럽대륙을 이리저리 돌아다니는 동기가 된다.

'척척이'는 대규모 조직에서 일하던 중년의 어른들이 자신의 직업선택에 의문을 던지고, 서열이나 관료주의 구조에 넌덜머리를 내고, 자신만의 창업을 꿈꾸도록 만든다.

'척척이'를 향한 욕구 때문에 혁명이 일어나고 사실이 폭로되기도 한다. 어느 날 아침 우린 잠에서 깨어나 드디어 결심한다, 이젠 더 참지 않겠노라고. 그 대상이 뭐든 무슨 상관이랴!

자율에의 욕구는 역사의 방향을 바꾸기도 했다. 1776년 북아메리카 식민지의 일부 주민들이 모국의 억압과 통제에 반기를 들고 독립을 선언한 것도 이 욕구 때문이었다. 많은 사람들이 유럽이나 다른 대륙의 고국을 버리고 신대륙의 좀 더 나은 삶을 찾아 떠나게 만든 것도 그 욕구였다. 적어도 이론적으로는 부모나 가족의 지위가 아니라, 개인의 장점에 따라 판단 받을 수 있는 삶을 말이다. 스티브 잡스라는 이름의 대학 중퇴자와 그의 친구 스티브 워즈니악으로 하여금 어엿한 대기업을 하찮게 보도록 만들었으며, 잡스가 어린 시절을 보냈던 집 차고에서 새로운 컴퓨터를 (아니, 새로운 사회라고 해도 좋으리라) 만들어내도록 영감을 준 것도 그 욕구였다.

이런 여러 가지 사례가 보여주듯, 자율성은 미국 사회에서 유난히 파워풀한 동력인 것 같다. 그렇지만 세상은 갈수록 서로서로 의존하는 쪽으로 가고 있는데, 우리가 자율성을 지나치게 많이 누리고 있다고 주장하는 사람들도 더러 있다.

그런 논쟁은 문화이론가와 거시경제학자에게 맡겨두자. 코치 멕은 고객들이 제시한 첫 번째 이슈가 그것이라고 한다. 그녀는 이렇게 말한다. "우리의 코칭이나 이 책에서 항상 목표로 삼는 것은 사람들이 흐드러지게 꽃피는 삶을 주는 거지요. 그건 충족되지 못한 욕구를 찾아낸다는 뜻이죠. 무엇이 욕구불만일까요? 흔히 그 가운데 중요한 게 바로 '척척이'랍니다."

둘러앉은 가족 :
9가지 잠재인격을 향한 4개의 질문

　내면가족의 나머지 여덟 식구도 그렇겠지만, '척척이'에게 우선 몇 가지 질문을 던져보는 것이 좋을 것 같다. 그 중엔 곧바로 대답할 수 있는 질문도 있다. 하지만 제1장에서 자세히 논의한 마음챙김 상태로 들어가 내 자아의 이 부분, 이 잠재인격을 '소환해야만' 답할 수 있는 질문도 있을 것이다. 다시 말해, 진정성과 자율성을 추구하는 그 부분에 초점을 맞춰야만 답할 수 있는 질문들 말이다.

　이렇게 감사하는 식의 질문을 던져보는 것은 나 자신과 더 친숙해지는 훌륭한 방법이다. 더구나 나 역시 다른 사람들처럼 이 다양한 잠재인격들로 구성되어 있고 그 잠재인격 하나하나가 내 기본 욕구의 표현임을 알고 있으니까. 이건 비판이 아니다. 다른 사람들에게 충분히 신경 써주지 못한 채 자율을 향한 내 욕구가 너무 강하다고 해서, 또는 호기심이 부족하다거나 이런저런 것이 부족하다고 해서, 자신을 꾸짖으면 안 된다. 이건 누군가를 책망하자는 게 아니기 때문이다. 내면가족 구성원 모두에게 고마워하되, 동시에 그들과 친구가 되자. 내가 살아오면서 그들이 미친 영향을 되짚어본다면, 그게 훌륭한 출발점이 될 수 있다. 그들이 나의 일부라는 사실은 이제야 깨달았을지 모르지만, 그렇다고 그들이 허공에서 뚝 떨어진 건 아니잖은가! 이들 잠재인격 뒤에 숨은 기나긴 진화의 역사는 이미 앞에서 이야기했었다. 그들과는 아주 오랫동안 알고 지낸 사이였다! 우선은 내 삶의 방향 설정에 그들이 어떤 역할을 했는지부터 이해하자. 내 성격의 여러 부분 가운데 바로 그 조종간을 움켜쥔 것이 바로 '척척이'임을 기억하자.

내면가족에 귀 기울이고 자신의 감정을 이해하려면 이 4가지 질문을 던져보라:

1. 이 잠재인격은 내 인생에서 어떤 역할을 맡고 있으며, 지금까지 나에게 어떤 영향을 끼쳤는가?
2. 내 삶을 위한 이 잠재인격의 가장 커다란 공헌을 잘 보여주는 스토리는?
3. 지금 이 잠재인격의 욕구는 얼마나 잘 충족되고 있으며, 그 욕구는 나의 행복에 얼마나 중요한가? 1에서 10까지 점수를 매긴다면?
4. 어떻게 해야 이 잠재인격의 욕구를 좀 더 충족시킬 수 있을까?

---

[1] '척척이'는 내 인생에서 어떤 역할을 맡고 있으며, 지금까지 나에게 어떤 영향을 끼쳤는가?

당신의 숱한 유전자들, 그리고 '척척이'의 형성에 도움 되었던 경험들. 그 둘 사이의 상호작용이라는 것을 좀 더 잘 이해하려면, '척척이'가 당신을 위해 어떻게 움직이는지, 그리고 그것이 얼마나 엄청난 추진력인지(혹은 아닌지)를 알아야 한다. 따라서 "'척척이'는 지금까지 나를 위해 뭘 했는가?"를 생각해보면 도움이 된다.

자, 청소년기로 돌아가보자. 전형적으로 자기실현의 욕구가 처음으로 모습을 드러내는 게 바로 청소년기 아닌가. 가령 나는 고등학교 때 내고집대로 행동하길 원했는가? 청소년들은 흔히 같은 또래가 좌우하기 쉬우니까, 늘 몰려다녔던 친구들을 생각해보자. 나는 60년대 용어로 '군중' 속의 하나였는가, 혹은 21세기 용어로 '아웃라이어'였는가?

그런 다음 20대인 나 자신을 따라 가보자. 전공이나 첫 직장이나 커리어를 선택할 때 자율을 향한 동력이 큰 몫을 했는가? 자율성이 넉넉지 못하다는 이유로 직장이나 커리어를 바꾼 적이 있는가? 어쩜 다른 사람에 비해 나한테는 '척척이'의 역할이 그리 대수롭지 않았을지도 몰라. 뭐, 그래도 좋다. 우린 9가지 잠재인격 하나하나를 다 이해하고 알아줘야 한다. 목소리가 크지 않고 지배적이지 않아도 마찬가지. 각각의 가치를 아는 것이 중요하다. 결국 **나를 나답게** 만드는 것은 그 9개의 잠재인격이니까.

[2] 내 삶을 위한 '척척이'의 가장 커다란 공헌을 잘 보여주는 스토리는?

잠재인격은 추상 개념이 아니라 내 삶에 실질적으로 존재하는 생생한 추진력으로 봐야 한다. '척척이'가 큰 영향을 미쳤을 때를 생각해보자. 자신에게 이야기를 들려주자. 아니, 파트너한테 얘기해주면 더 좋다. (내 잠재인격을 배우자나 친구 등, 다른 사람에게 설명해주는 것은 내면가족을 인지하고 이해하는 데 참 좋은 방법이다.) 혹은 내 '척척이' 스토리를 일기장에 적어보자. 얼마든지 자세하고 풍부하게 묘사해도 된다. 케이스 스터디 모델이 대학원에서 비즈니스 경영 원리를 이해하는 데 도움 되었던 것처럼, 이 사적인 '케이스 스터디' 접근법도 잠재인격이 어떻게 나의 동지도 되고 적도 되는지를 일깨워준다.

여기 '척척이' 스토리의 예가 있다. 코치 멕의 고객인 아일린이 최근에 전해준 얘기다. 이제 30대의 패션 디자이너이자 엄마인 아일린은 '척척이'가 그녀의 인생행로를 어떻게 바꿨는지, 이렇게 들려주었다.

난 대학 시절, 한 학기 동안 이탈리아에 가고 싶었다. 왜, 안 될 것도 없잖아? 내 전공은 미술사였는데, 미술과 역사라면 이탈리아만한 데가 어디 있어? 난 이탈리아의 문화와 음식이 너무 좋았다. 이탈리아 영화라면 눈에 띄는 대로 다 봤고, 유명한 르네상스 화가들과 조각가들은 모조리 알고 있었다. 내 인생에서 이제야말로 이탈리아에 가볼 때라고 생각했다. 나 혼자만의 대학에 어딘지 갇혀버린 느낌이었으니까. 처음 2년은 필수과목을 들었지만 대부분 내가 하고 싶은 것과는 관련이 없어 보였다. 아니, 솔직히 뭘 하고 싶은지조차 확실하게 몰랐다. 미술사는 그리 현실적인 전공이 아니잖아? 우리 아빠가 늘 그랬거든. 그래서 약간은 아빠의 압력도 있고 해서, 2학년 초에 난 전공을 미술교육으로 바꿨다. 여전히 험난한 길. 어떤 형태로든 미술교사 자리는 구하기 어려웠다.

게다가 미술 가르치는 일은 나한테 맞지도 않았다. 숨이 턱턱 막혔고, 교육이론은 따분하기 짝이 없었으니, 항상 꿈꿔왔던 나라에서 한 학기를 보낼 기회가 왔을 때 난 '예스'라고 말할 수밖에 없었다. 그래, 이탈리아! 생각하고 자시고 할 게 없잖은가!

아빠는 반대했다. 외국에 가는 것 자체가 불안했고, 국제적 긴장이 한창일 때 젊은 미국 여자가 나선다고 걱정이었다. 게다가 아빠는 내가 잠시 이탈리아 간다고 해놓고는 한 학기짜리 봄방학이나 느긋한 휴가로 둔갑하는 건 아닐까, 하는 우려도 했다. 우리는 전화로 티격태격했다. 마침내 아빠는 내가 외국에서 한 학기 공부할 비용은 대줄 수 없다고 말했다. 나는 이렇게 쏘아붙였다. "좋아요, 내가 알아서 하지, 뭐." 돌이켜 생각하면, 그건 아버지를 향한 독립선언이었다. 어쨌거나 난 그렇게 하겠다고 결심했다. 정말이지, 내 눈으로 시스틴 대성당과 레오나르도 다빈치의 작품이며 다른 거장들의 작품을 직접 보고 싶었다. 그리고 맞다, 솔직히 고백컨대 나는 외국에서 모험도 하고 싶었다.

나는 그해 여름에 아르바이트를 두 개나 뛰면서 돈을 모았고, 3학년 2학기에 이탈리아로 떠났다. 아빠는 떠나는 날 아침까지 날 공항에 데려다주지 않겠다고 버티다가 결국은 양보했고, 공항 보안 게이트 앞에서 나를 꼬옥 껴안아주었다.

드디어 이탈리아에 도착! 그곳 자매학교의 미술사 프로그램은 완전 훌륭했다. 나는 르네상스 예술에 대해 많은 걸 배웠으며, 특히 카라바조에 푹 빠졌다. 그러던 중 색다른 경험을 하게 됐다. 예정에 없던 밀라노 여행을 떠났는데, 친구들과 더불어 어떤 패션쇼에 초대받은 것이다. 우리는 난생처음 유명한 디자이너들과 패션산업을 접하게 되었다. 칵테일 리셉션에서 몇몇 디자이너를 만났던 기억이 난다. 그들이 하는 이 패션이라는 일이 정말로 예술적인 노력임을 나는 깨닫기 시작했다. 그리고 이탈리아는 5백 년 전 그림과 조각에서 그랬던 것처럼 패션의 규범 확립에 한몫했다는 사실도 알게 되었다. 정말이지, 나는 옷을 좋아했다. 그러나 옷을 예술로 생각한 적은 한 번도 없었다. 누군가의 커리큘럼에 질질 끌려가는 대신, 나 스스로 디자인을 창조할 수 있다는 건 생각만 해도 매혹적이었다.

나는 그 학기를 마치고 이탈리아와 화려한 패션 세계에 흠뻑 취해서 돌아왔다. 새로운 목표도 가슴에 품었다. 전공을 패션 디자인으로 바꾸겠다는 나의 선언은 아버지와 다른 가족들과 친구들을 화들짝 놀라게 했다. 전공을 바꾸고 다른 대학으로 옮기고. 할 일이 많았다. 또 그것은 한 학기 더 대학에 다녀야 하고 그 비용은 내가 알아서 조달해야 한다는 뜻이기도 했다. 그래도 상관없었다. 나를 찾았잖아? 나는 드레스며 양복이며 이런저런 옷을 디자인함으로써 자신을 창조적으로 표현할 수 있었다. 게다가 모든 사람이 그걸 볼 수 있다니! 나는 아무도 봐주지 않을 그림을 그리는 대신, 누구나 필요로 하는 것을 창조하고 있었다.

　대충 그렇게 된 거다. 나는 패션 디자이너가 되었고, 패션 디자이너로서 행복하다. 아, 참, 내가 만든 맞춤 양복 한 벌은 아빠의 옷장에 걸려있다. 아빠는 크리스마스만 되면 그걸 입는다. 그리고 가족이 다 모이면 그 양복이 얼마나 잘 어울리는지 칭찬하지 않고는 못 배기게 사람들을 닦달한다. 그런 다음 신나게 자랑한다. "이거, 우리 딸내미가 디자인한 거야. 그래, 우리 딸내미라니까!"

　흐뭇한 이야기다, 그렇지 않은가? 하지만 거기엔 더 많은 게 숨어 있다. 아일린의 '척척이'는 "오래오래 행복하게 잘 살았더래요."가 아니었다. 그런 경우는 극히 드물다. 아일린이 코치 멕을 찾아온 데는 그럴 만한 이유가 있었지만, 그건 잠시 후에 알아보자. 지금은 우선 기본 질문으로 돌아가기로 하자.

[3] 지금 '척척이'의 욕구는 얼마나 잘 충족되고 있으며, 그 욕구는 나의 행복에 얼마나 중요한가? 1에서 10까지 점수를 매긴다면?

　자, 당신은 자동차 백미러를 들여다보듯 자신의 과거를 분석했다. 이제, 자기를 현재로 데려오자. 오늘은 '척척이'를 향한 내 욕구가 얼마나 충족되고 있는가? 나의 이 부분, 그러니까 이 내면가족 멤버는 잘하고 있는가? 나는 원하는 대로 살 수 있을 정도로 자유롭다고 느끼는가? 아

니면 혹시 다른 이들의 리듬에 기꺼이 보조를 맞추고 있는가? 나의 남편
(아내), 혹은 파트너, 혹은 직장상사의 리듬에?

스냅사진 찍듯이 이런 부분들을 포착해보자.

A. 1에서 10까지 점수를 매긴다면, '척척이'의 욕구는 지금 나의 웰빙에 얼마나 중요한가?

여기에 정답 오답이 있는 건 아니다. 다만 '나다운 내가 되고
자' 하는 욕구가 얼마나 강렬한 동인인지, 순전히 그걸 기반으
로 점수를 매겨야 한다는 점만 명심하자. 데시와 라이언의 말
처럼, '척척이'란 동력은 누구에게나 중요한 동기를 부여한다.
나에겐 안 그럴지 몰라도, 어떤 사람에게는 '척척이'야말로 바
로 추진력 그 자체다. 만약 나의 대답이 5 이상이면 난 이 욕
구를 잘 지켜봐야 한다.

B. 1에서 10까지 점수를 매긴다면, '척척이'의 욕구는 지금 얼마나 충족되고 있는가?

내 인생행로를 내가 택하고 스스로 의사결정을 할 자유가 있
다고 느끼는가? '난 거짓되지 않다'고 느낄 수 있게끔 자신과
내 능력을 자유롭게 표현하는가? 원하는 프로젝트를 마음대
로 떠맡을 수 있는 돈 많은 영화제작자나 소프트웨어 디자이
너 혹은 건축가라면 10에 가까운 점수를 줄 것이다. 다른 사
람들은 대개 점수가 좀 낮겠지만.

위 A와 B에서 나온 두 숫자의 상호작용이 열쇠다.

만약 두 질문에 대한 대답이 모두 10이라고? 그럼 축하, 축하! 당신은 분명 대단히 자율적인 삶을 살아가고 있다는 얘기니까. 만약 대답이 그 반대라면? 자, 여기서 조심해야 한다. 만약 당신이 '척척이' 욕구의 중요성에 2점을 주고 그런 욕구가 얼마나 충족되었느냐는 질문에도 비슷한 점수를 주었다면, 약간의 조정이 필요할지 모르겠다. 이걸 목소리라는 측면에서 말하자면, 설사 그 욕구가 당신의 내면가족 가운데 가장 시끄럽지 않더라도 당신이 그 목소리를 경청한다는 느낌을 줄 필요가 있다.

만약 누군가의 인생이 진짜로 활짝 꽃피고 있다 해도, 모든 잠재인격에 대하여 질문 A에 높은 점수를 주진 않을 터. 사람마다 성격의 주도적인 부분은 다르기 때문이다. 그러나 질문 B에는 대개 높은 점수가 나올 것이다. 그다지 주도적이 아닌 잠재인격조차도 관심을 요구할 때가 있으니 말이다.

여기 상황을 좀 더 복잡하게 만드는 요소가 하나 더 있으니, 위에서 말한 점수들은 늘 변한다는 점이다. 특히 질문 B의 경우는 더욱 그렇다.

내 삶에서 '척척이' 만점이었을 때

'척척이'를 얻고자 하는 동력에 영향을 미치는 몇 가지 중대한 삶의 변화가 있다.

첫째, 앞서 언급했던 청소년기다. 한창 '자아'라는 감각을 키워나가고 있으며, '내가 누구인지'를 알아내려고 안간힘을 쓰는가 하면, '나와 부모 사이의 경계선'을 긋는 시기다.

두 번째는 성인의 삶을 시작할 때. 어른이 된다는 것은 인간이 맞이하는 가장 두려운 일 중의 하나다. 저 바깥의 세상은 너무도 크고 엄청 복잡하며, 이제 아늑했던 둥지를 떠날 참인데 뭐가 뭔지 알 수가 없다. 그런 순간이 대학에 들어갈 때 오든, 자라온 집을 떠날 때 오든, 첫 직장을 시작할 때 오든, 어쨌거나 인생의 변곡점이다.

그다음 커다란 변동은 좀 시간이 지난 후에 온다. 한창 경력을 쌓아나가고 있는데, 어느 날 아침에 갑자기 일어나 외친다. "이거, 내가 원했던 삶이 아냐. 내가 하고 싶은 게 아니라고!" 물론 모든 사람한테 벌어지는 일은 아니다. 그러나 많은 이들에게, 특히 '척척이'가 가장 중요한 경우, 이건 중대한 이슈다. 어느 날 잠에서 깨 갑자기 "나, 이거 정말 지겨워!"라고 소리치는 당신은 변호사일 수도 있고 사업가나 은행가일 수도 있다. 커리어가 무엇이든 일어날 수 있는 일이다. 코치 멕의 말로는, 교사나 의사나 심지어 사회복지사들도 이런 딜레마를 들고 찾아온단다.

이런 불만의 원인은 흔히 자율성 부족이다. 아이들이 채소를 안 먹으려 하거나, 엄마아빠가 그만 자라고 해도 말을 안 듣거나, 엄마아빠가 원하는 것과는 항상 반대로 가려 한다면, 녀석들은 필시 자율성을 주장하는 것이다. 중년의 어른들이 바람을 피우거나, 약물을 남용하거나, 다른 무분별한 행동을 하는 것도 십중팔구 자율성이 없다고 느끼기 때문일 거다. 말하자면 그들은 뚜껑이 덮인 유전이고, 바로 그 밑에서는 "내 인생 내 맘대로 살고 싶어!"의 압력이 부글부글 끓고 있는 거다.

하나 더 있다. '척척이'의 외침이 터져 나오는 또 다른 시기, 즉, 노년기다. 이제 더는 운전을 한다든지 독립해서 살 수 없을지 모른다. 젊을 때 잘했던 일을 이젠 못하게 된 거다. 노인들이 약을 안 먹겠다고 버틴다든지, 실버타운이나 요양원에 들어가는 건 아예 말도 못 꺼내게 하면, 우리는 그게 고집이나 심술이라고 생각한다. 하지만 단지 그것만은 아니다. 그건 반항이요, 저항이다. 그들의 자율성, 여전히 생명력의 강렬한 부분인 '척척이'가 좌절당해서 외치는 목소리다.

스스로에 대한 평가로 되돌아가 보자. "척척이'의 욕구가 지금 얼마나 충족되고 있는가?' 하는 질문 B에 대한 점수는 '척척이'를 바라보는 인식을 바탕으로 하여 삶의 단계마다 바뀔 것이다.

집과 학교에만 묶여 있고 (어떻게 보면 그런 의사결정을 할 준비가 안 되어서 그렇기도 하지만) 거의 발언권이 없는 상황에 놓인 반항적인 10대라면, '척척이'의 중요성을 물을 때 A에는 높은 스코어를 줄 것이고 그 충족의 정도에 대한 질문 B에는 매우 낮은 점수를 줄 것이다.

그러다가 20대에 접어들어 일단 스스로 생활하게 되고 그것이 편안해지면, 그리고 운이 좋아 자신한테 잘 맞고 자기 재능도 넉넉히 표현할 수 있는 직업을 찾게 되면, 그 점수는 아마도 빠르게 올라갈 것이다.

그렇지만 점수는 또다시 변할지 모른다. 아일린의 예를 생각해보라. 미술사를 전공하던 이 아가씨, 아빠의 뜻을 거슬러 이탈리아로 떠났다가 거기서 뜻밖에 패션 디자인이라는 새로운 목표를 찾지 않았던가? 그때 언급했듯이, 아일린은 제대로 성공한 패션 디자이너가 되었다. 그러는 도중 그녀는 전국적으로 체인을 가진 의류회사의 어떤 젊은 바이어를 만났다. 둘은 데이트를 했고 사랑에 빠졌고 결혼해서 아이도 가졌다. 몇 년 전만 해도 그녀의 '척척이' 점수는 9~10이었으나 코치 멕을 찾아왔을 즈음엔 3~4로 뚝 떨어져 있었다.

이유는? 엄마가 되었으니까. 그건 '척척이'가 깎일 수 있는 또 다른 삶의 한 단계였으니까. 커리어를 추구하는 수많은 젊은 엄마들처럼, 아일린도 어려운 결정을 내려야만 했다. 그의 경우는 어린 아들을 돌보기 위해 회사를 휴직했다. 아이를 사랑했고 책임감 있는 엄마가 되고 싶었지만, 이젠 '척척이'가 낮아져 버렸다는 느낌을 지울 수 없었다. 어떻게 그런 느낌이 안 들 수 있겠는가?

그런데 이 역시 아들이 자라면서 바뀔 것이다.

여러 가지 욕구가 얼마나 충족되느냐 하는 것은 삶의 기복이나 상황에 영향을 받는다. 코치 멕은 이 여러 잠재인격이 어떤 상태에 있는지를 30일마다 점검하라고 권한다.

'척척이'의 욕구가 얼마나 충족되고 있느냐는 질문에 낮은 스코어를 매길 수밖에 없는 이들에게 그 질문은 이렇게 변한다. "그럼 당신은 어떻게 그 상황을 개선할 것인가?"

[4] 어떻게 해야 '척척이'의 욕구를 좀 더 충족시킬 수 있을까?

소진돼버린 '척척이'를 회복하는 방법은 말할 것도 없이 각자 처한 상황에 달려 있다. 위에 나왔던 좌절한 열일곱 살 소년에게 자기실현을 위해 학교를 그만두고 가출하라고 말할 수는 없잖은가! 그러나 그 소년이 미래를 계획할 때, 고등학교 졸업 후에는 집에서 떨어진 다른 도시의 대학에 들어가는 게 좋겠다고 조언할 수는 있을 거다.

직장에서나 아이를 키울 때나 급격한 변화 없이 좀 더 '척척이'를 찾으려면, 소위 '살금살금 우회하는' 방법을 잘 찾아내야 한다. 일에서 만족을 얻지 못하는 경우엔 취미생활로 자기실현의 정도를 높일 수 있다. 아이 엄마라면 주로 양육에 초점을 맞추면서도 할 수 있는 프리랜스 혹은 파트타임 일을 맡으면 어떨까? 아일린도 바로 그런 일을 찾았다. 코치 멕과 이야기를 나눈 후, 아일린은 전에 다니던 디자인회사의 파트타임 프로젝트를 맡기로 했다. 일주일에 이틀 정도 출근했으며, 덕분에 베이비시터를 고용해야 했다. 맞다, 가외로 비용이 들긴 했다. 하지만 대학 시절 이래 그녀를 이끌어왔고 앞으로도 평생 추진력이 되어줄 욕구를 보살펴주는 대가로는 그리 큰 금액이 아니었다.

자, 기억하자, '척척이'를 표현하는 방법이나 계기는 사람마다 다르다. 나의 경우, 그 계기는 무엇인가? 일터에서 생긴 어떤 일일 수도 있다. 가령 최소한의 감독으로 혼자서 할 수 있는 프로젝트를 찾아내 상사에게 제안할 수 있다. 혹은 주말에 혼자서, 혹은 여가 시간에 할 수 있는 일도 좋다. 산에 오르고 싶을 수도 있고, 마라톤이나 철인3종경기를 위해 훈련하고 싶을 수도 있다. 무엇이든 자신이 원하는 일, 내면의 욕구에 호응할 수 있는 일을 함으로써 좀 더 자율적이 되자! 뭐든 상관없으니까. 기억하는가, 새미 데이비스 주니어의 「내 뜻대로 살 거야!」가 바로 '척척이'를 위한 비공식 주제가다. 혹은 케이티 페리의 새로운 히트곡 「포효」를 주제가로 해도 좋겠고.

케이스 스터디 :
'척척이'

여기 두 가지 케이스가 있다. 둘 다 인생의 다른 시점에 '척척이'라는 내면의 목소리 때문에 어려움을 겪었던 사람이 나온다. '척척이'의 목소리가 아무리 커도 그 역시 내면가족의 아홉 식구 중 하나라는 걸 기억해두자. 감정을 이해하고, 격분을 달래고, 인생을 활짝 꽃피우기 위한 첫 단계는 내면가족의 구성원을 모두 만나는 것이다. 첫 번째 사례는 코치 멕의 한 고객이 '식구들 점호'를 어떻게 했는지, 두 번째는 닥터 에디의 환자가 어떻게 '척척이'를 되찾았는지 보여준다.

코치 멕 : 로라, 24세

로라는 대학을 졸업한 지 막 일 년쯤 되었을 때 코치 멕을 찾아왔다. 똑똑하고 재능 많은 그녀는 인터넷상점에서 고객서비스를 담당했지만, 업무라곤 전산화된 기록을 다루는 게 대부분이고 소비자와 실제로 대면할 일은 전혀 없었다. 그녀가 코치 멕을 찾은 것은 자신의 업무에 좀 더 인간적인 접촉이 필요하다고 느꼈기 때문이다. 경영학 전공이었던 그녀는 대학에서 그룹 프로젝트를 많이 했는데, 그런 상황이 최고의 만족과 행복감을 준다고 느꼈다. 그룹을 이끌어가고, 각자가 적절한 일을 맡도록 하며, 멤버들한테 큰 그림을 상기시키고, 모두가 협력하도록 만전을 기하는 일. 바로 그런 데 자신의 재능이 있다고 절절히 느꼈던 거다.

디시 말해서 그녀는 디고난 리더였다.

코치 멕은 로라에게 내면가족이란 개념을 설명해주고 '깨어 있음' 상태에 이르는 법을 가르쳤다. 그리고 일단 로라가 그 순간에 도달하자 잠재인격 하나하나와 가까워지라고 말했다. 그녀가 각각의 잠재인격에게 우려하는 바를 또렷이 말해보라고 하자, 그들은 뭐라고 했을까? 여기 로라의 보고서가 있다.

'척척이' : "난 행복하지 않아. 원하는 걸 못하니까 그렇지. 난 직업이 있어.
생계를 유지하고 있다고. 하지만 불같이 열정적으로 일하진 않아. 아주 신나는 일이 아니니까."

'차분이' : "잠깐! 우리 직업은 훌륭해. 저축도 하고 사회생활도 괜찮거든.
왜 멀쩡하게 잘 가는 배를 뒤흔들려는 거야?"

'당당이' : "대학 때 했던 그룹 프로젝트가 좋았다는 건 나도 알아. 하지만
지금 이건 실제상황이야. 우리가 프로젝트 팀이나 회사를 이끌 수 있을까? 잘 모르겠네."

'번뜩이' : "일을 하면서 내 욕구는 전혀 충족되지 않고 있어. 고객서비스
리포트 분석에도 '번뜩이'라곤 눈곱만치도 없거든. 따라서 이 문제에 관해서는 나도 '척척이'와 같은 편이야!"

'꼼꼼이' : "이 일은 우리가 잘할 수 있지만, 다른 구성원이 무슨 결정을 내
리든 그걸 따를 거야. 우리가 무엇을 결정하든, 난 해낼 수 있어."

'궁금이' : "이거 전부 너무 따분하구만. 모험을 좀 해보는 게 어때? 어떤
친구가 콜롬비아로 이주했는데 말이야, 거기 회사들이 간부직을 맡을 수 있는 똑똑하고 젊은 미국인을 찾는다고 하더라고. 가서 그거 하

재!"

'토닥이' : "난 사람들과 끈을 이어가야 해. 남을 돕는 게 좋거든. 고객서비
스를 맡고 있으면서도 고객과 얘기 한 번 나눌 수가 없다니, 이거 좀
이상한 거 아냐?"

'까칠이' : "여기서도 팀을 꾸려나갈 준비가 되어 있는지 아리송한 판국에,
뭐, 남미라고? 그들이 24살짜리 애송이 말을 들을 것 같아? 콜롬비아
는 무슨 콜롬비아, 스페인어도 거의 못 하면서! 그리고 잊지 마, 누가
이 업무에 대해 뭐라고 입방아를 찧든, 우린 이 일을 잘할 수 있어. 여
기서 일을 시작한 후로 두 번이나 승진했고 업무평가도 아주 훌륭했
잖아."

'큼직이' : "대학 졸업하고 처음 5년 안에 완벽한 직장을 얻는 사람이 어디
있냐? 여행하고 싶다고? 그래, 좋지. 하지만 우선 여기서 꾹 참아보자
고. 지금 네가 처한 상황에 대해선 할 말이 아주 많아."

오락가락 뒤섞인 반응에도 불구하고, '출석 점호' 과정을 거치고 나니 로
라는 기분이 훨씬 나아졌다. 자신이 받은 피드백을 놓고 멕과 논의했다. 어쩌
면 '차분이'와 '까칠이'의 말이 옳을지 모른다. 충동적인 행동은 현명한 게 아
닐 테지. 직장을 관두고 새로운 길을 찾는 대신, 로라는 회사 내에서 기회를
찾기로 마음먹었다. 아울러 코치 멕의 제안처럼, 공동의 목표를 위해 일하고
있는 사람들과 함께하기 위해 주위를 둘러봤다. 그래야만 자신에게 아주 중요
하다고 느끼는 인적교류 및 공동경험을 누릴 수 있었기 때문이다. 어느 날 로
컬뉴스를 보던 그녀는 어떤 단체가 쓰레기 처리장을 자연보존구역으로 만들

기 위해 청소할 계획이라는 소식을 듣게 되었다. 그들은 기획위원회에서 일힐 자원봉사자를 찾고 있었다. 로라는 이거야말로 사람들과 함께하면서 명분도 좋고 팀의 일원으로 일하는 만족감도 누릴 수 있는 멋진 기회라고 생각했다. 로라는 마침내 위원장으로 선출되는 등, 돌이켜봐도 참으로 멋지고 훌륭한 일을 경험했다.

약 6개월 후 그녀는 샌프란시스코 베이에 있는 본사의 간부훈련 부서에 자리가 났다는 말을 들었다. 로라, 관심 있어요? 남아메리카에 생긴 일자리는 아니지만 나라 반대편에 난 일자리였고, 베이 지역으로 말하자면 완전 살기좋은 곳이다. 그런 커리어의 변동은 모험이었을 뿐 아니라, 그녀가 정말로 원했고 자신에게 안성맞춤이라고 믿는 일자리를 향한 출발점이었다. 물론 로라는 좋다고 대답했고, 결국 그 일자리를 얻어 지금 캘리포니아 북부에 살고 있다. 아니, 아주 활짝 꽃피는 중이다.

닥터 에디 : 패트릭, 49세

잘 나가는 첨단기술 창업회사 CEO인 패트릭이 날 찾아왔을 당시, 그는 몹시 아프다고 했다. 내면의 목소리나 정서가 무슨 갈등을 일으켜서 아픈 게 아니라, 무릎이 엄청 아프다는 것이었다. 그러나 나는 수년간의 경험으로 알고 있었다. 관절이 나빠지거나 뼈가 부서졌을 때 환자가 대처하는 방식은 흔히 그의 사적인 욕구나 충동의 내적인 좌절에 긴밀하게 연관되어 있다는 것을.

몇 달 전 그의 형이 내게 소개해준 패트릭은 짬을 내서 갈수록 나빠지는 무릎을 검사해야 했지만, 일이 바쁘다는 핑계로 도저히 참을 수 없게 될 때까지 미루기만 했었다. 내가 진료실로 들어갔더니 패트릭은 한쪽 바짓가랑이를 걷어 올린 채 앉아서 노트북과 핸드폰으로 일하고 있었다. 그는 인사 대신 무슨 말인지를 마구 쏟아놓았는데, 처음엔 나한테 말하는 건지 아니면 전화로 누군가에게 지껄이는 건지 (아니면 둘 다에게 하는 건지) 확실치 않았다.

"새로운 앱 출시 계획 때문에 미치도록 바쁜데, 이놈의 무릎이 너무 아파요. 자전거 타기는 고사하고 잠도 제대로 못 잡니다. 운동을 못 해서 몸무게도 늘었고요. 도와주세요. 어떻게 해야 할지 정말 모르겠어요. 전 어떻게 해볼 수 없는 것 같아요."

진단은 어렵지 않았다. 패트릭의 진행성 통증, 부종, 뻣뻣함, 그리고 X-레이. 이 모든 것이 명백히 무릎관절염을 주범으로 지목하고 있었다. 패트릭이 스스로 뭔가 할 수 있다는 느낌을 갖도록 돕는 것이 어려운 과제였으며, 병원에 가는 걸 대체로 가부장적으로 (때로는 위신 깎는 것으로) 보는 상황에서나마 그의 강력한 '척척이'를 지원하는 것 또한 만만치 않은 과제였다.

"자, 좋은 소식부터 알려드리죠. 당신의 신경, 근육, 관절 등을 체크해봤더니 모두 정상이라는 겁니다." 나는 그에게 말했다. "모든 증상을 볼 때, 분명 무릎관절염이에요. 그 중에도 아주 흔한 마모성이고, 그 때문에 오른쪽 무릎에 통증이 생긴 거죠. 이제부터 어떻게 치료를 진행할지, 몇 가지 선택을 해야 돼요." 나는 치료 목록을 그에게 읽어주었다. 통증과 부종을 줄이는 알약. 얼음찜질, 버팀대, 무릎에 바르는 연고, 다리를 강화하는 물리치료, 혹은 빠른 통증 감소를 위해 무릎에서 물을 빼는 주사. 몸무게를 좀 줄여도 무릎에 가해지는 압력이 줄어들 것이다.

"어떤 게 가장 좋을 것 같습니까?" 내가 되물었다. "어떻게 진행하고 싶어요?"

패트릭은 노트북과 전화기를 옆으로 치우고 한참 생각에 잠기더니 이윽고 답했다. "글쎄요, 선생님이 뭐가 문제인지 잘 알고 계신 것 같아 마음이 놓입니다. 하지만 어떻게 해야 하는지는 의사 선생님이 환자인 나한테 말해줘야 하는 것 아닌가요?"

나는 애써 웃음을 참아야 했다. 전에도 들어본 말이었다. **무엇을 해야 하는지 내게 말해줘요, 의사선생님. 내 몸이고 내 생명이지만, 결정은 당신이 해주세요.** 그래서 내가 설명했다. "이건 목숨이 오락가락하는 응급상황이 아닙니다. 그러니까 어떻게 해야 할지 함께 결정할 시간이 좀 있어요. 어떤 방법이 가장 좋게 들리는지, 당신이 나한테 말해주면 가장 좋을 겁니다. 하지만 만약 그 결정을 나한테 맡기기로 한다면, 그렇게 할게요."

패트릭은 이런저런 대안을 궁리했다. 그러고는 말했다. "글쎄요, 나랑 자전거 같이 타는 한 친구도 똑같은 문제가 있었는데, 주사를 맞고 나서 훨씬 나아졌다고 하더라고요. 주삿바늘도 안 무섭고, 통증이 빨리 가라앉으면 좋잖아요. 그런 다음 물리치료로 무릎을 강화하고, 운동을 할 수 있게 되면 몸무게도 분명히 줄어들 테죠. 알약은 위장에 자극을 주는 경향이 있지만, 무릎에 바르는 크림은 괜찮은 아이디어겠죠."

"그거 괜찮은 계획 같군요." 내가 대답했다. "만약 주사나 크림이나 물리치료로 통증이 없어지지 않더라도 다른 방법을 찾을 수 있어요."

패트릭의 통증은 심각했고 그의 무기력증은 눈에 빤히 보였지만, 그래도 나는 최선을 다해 그의 '척척이'를 지원해주고 싶었다. 보나마나 그의 내면가족 구성원들이 목청 높여 논쟁을 벌였을 것이다. 하지만 그 후 패트릭은 먼저 그 권력을 내려놓고 의사에게 대신 결정하라고 양보했다. 자기주장이 강한 '척척이'가 나중에 비난할 수도 있을 결정을 말이다. 하지만 내가 약간 물러나 (적어도 무릎에 관한 한) 자신의 운명은 자신이 통제할 수 있다는 걸 알려주자, 패트릭은 스스로 결정하는 좀 더 편안한 자세로 재빨리 돌아왔다.

이는 내면가족이란 개념이 어떻게 일상적인 상황에서 작동하기 시작하는지를 보여주며, 일단 그 움직임을 인지하면 자신뿐만 아니라 타인도 얼마나 더 잘 다룰 수 있는지를 보여주는 한 예다. 몇 가지 치료법 가운데 하나를 택해서 심한 통증을 줄이고 그의 기능을 개선하는 것은 오히려 단순한 측면이다. 그러나 이 책의 아이디어를 충실히 배운 나는 패트릭의 '척척이'를 지원함으로써 "내가 할 수 있는 거라곤 하나도 없군!"이라는 아픔을 줄여줄 수 있다는 걸 깨달았다. 그 결과 패트릭은 훨씬 유순한 환자가 될 터였고, 그건 어떤 약 어떤 치료만큼이나 장기적 진단에 고스란히 영향을 줄 터였다. 그리고 결과적으로 그는 스스로 일상의 습관을 통제하여 체중도 조절하고 체력강화 운동도 지속할 것이었다.

주사와 물리치료는 무릎관절염의 심각한 통증을 완화해주었다. 그리고 '꼼꼼이'와 '당당이'와 '까칠이'의 도움으로 '척척이'가 확실히 주도권을 잡은 가운데, 패트릭은 체중감량과 체력강화 훈련이라는 장기적 임무를 떠맡았다. 내가 이 글을 쓰고 있을 즈음, 그는 이미 15파운드를 줄였으며 순조로운 진행을 보이고 있었다. 아, 참, 그가 만든 앱은 성공적으로 출시되어 고객들의 문의가 이어졌다. 그는 앱 판매의 옵션도 치료 방법을 선택했던 식으로 고려했고, 사업에 관해서도 스스로 컨트롤하리라 다짐했다.

그거, 조금도 놀랄 일이 아니었다.

FIVE

안전제일 '차분이'

숨을 들이마신다. 숨을 내쉰다.

잠을 잔다. 잠에서 깨어난다.

심장은 수축하면서 혈액을 펌프질하고, 이완하면서 혈액으로 채워진다.

우리 몸의 기능을 유지하는 모든 순환과정은 인간의 가장 오래되고 기본적인 능력의 일부이니, 그것이 바로 '차분이'다.

실내 온도의 오르내림에 자동으로 맞춰지는 온도조절장치처럼 '차분이'는 언제나 변함없이 조용히(그리고 효율적으로) 자기 할 일을 한다. '차분이'는 리듬과 규칙성을 즐긴다.

우리 내면가족의 한 멤버인 '차분이'는 마치 시계처럼 움직이면서 매일 똑같은 일상을 따라간다.

'차분이'는 안정을 좋아한다.

'차분이'는 변화가 달갑지 않다.

'차분이'에겐 안전이 최고다.

사실 유기체가 내부의 안정을 유지하기 위해 외부 환경에 맞춰 적응하는 과정인 항상성은 '차분이'의 원초적인 역할이었다. 세포 수준에서 볼 때 그것은 반투막을 통해 특정의 물질을 세포로 들여보내거나 내보냄으로써 이루어진다. 삼투滲透(osmosis)라고 알려진 이 과정에서 물 분자가 세포막 안으로 흡수되는 것이다. 세포를 키우고 유지하고 보호하는 것과 똑같은 안전 메커니즘이 '차분이'에 내재해 있어서, 외부 환경이 변해도 항상성을 유지하도록 도와준다. 더울 때 땀나고 추울 때 몸을 떠는 것은 '차분이'가 외부조건의 변화에 맞춰 조절한다는 것을 보여주는 예에 불과하다.

그러나 안전을 향한 '차분이'의 욕구는 주변 온도에만 국한되지 않는다. 하나의 종으로서 여전히 진화해온 인간을 살아있게 해준 그 목소리는 이제 경고와 자기보존의 목소리로 들린다. 신체의 욕구와 충동에 단단하게 묶여 있으면서도 말이다. 토요일 밤에 집에서 편히 쉬고 싶어 하는 마음은 바로 이 목소리다. 요란한 파티도 싫고, 비행기도 타고 싶지 않고, 그 어떤 위험도 감수하기 싫고, 어떤 경계선도 넘고 싶지 않은 그 마음 말이다. 그래서 '차분이'는 안전하지 않은 곳으로 가고자 하는 인간의 욕구와 자주 갈등을 빚는다. 남극이나 달이나 낯선 도시의 새 일자리 같은 곳으로 가려는 욕구와 종종 실랑이를 벌이는 것이다.

중대한 결과를 가져올 수 있는 일상의 의사결정에도 '차분이'는 한몫한다. 예를 들어보자. 어떤 사람들은 우리가 '차분이'한테 좀 더 귀를 기울이기만 해도 우리나라의 비만이 줄어들 거라고 믿는다. 대체로 식욕과 포만감 사이의 균형은 아주 미세하게 맞춰져 있어서 우리 몸은 언제 그만 먹어야 하는지를 알고 있다. 하지만 풍성한 음식, 자신을 달래거나 보상하려는 욕구, 음식과 관련된 다른 감정들이 끼어들게 되면 그 균형은 무너지고 만다. 그러고는 더 많이 먹거나 몸에 필요하지 않은 것들을 먹게 된다.

에이브러햄 매슬로의 이론을 배운 사람이라면, 그가 1943년에 처음 제시한 동기부여의 이론인 저 유명한 '욕구의 서열' 가운데 최초의 두 단계가 바로 '차분이'에 해당함을 잘 알 것이다. 매슬로가 제시한 욕구의 5단계에서는 음식과 물과 피난처 등을 원하는 생물학적 욕구가 가장 근원적인 것으로 간주돼 첫 단계를 차지한다. 두 번째 단계는 안전하고자 하는 욕구다. 의사소통 이론가 엠 그리핀(Em Griffin)의 글에 의하면, 안전을 향한 욕구는 생물학적 욕구와 달리 대체로 심리적이다. 그의 저서 〈첫눈에 반한 커뮤니케이션 이론〉에는 이런 대목이 나온다. "누가 막대기로 눈을 찌르려고 하면 우리는 당연히 피하려고 한다. 그러나 일단 어느 정도 신체의 편안함을 얻은 다음엔, 혼돈의 세상에서 안정과 일관성의 확립을 추구할 것이다."

오늘날 우리가 사는 세상의 혼란과 숨 가쁜 변화를 감안할 때 그건 상당히 무리한 요구가 아닐까! 그렇다면 '차분이'는 제법 폭넓은 욕구와 동기를 아우르고 있는 셈이다. 먹어야 하는 원초적 욕구는 말할 것도 없거니와 좀 더 고급스런 욕구, 즉 음주운전 차량에 타기를 거부한다든지 신용카드 정보를 비밀에 붙이려는 동기 혹은 직관력을 부여해주는 욕구까지 아우르는 것이다.

하지만 안정의 화신인 '차분이'의 목소리는 다른 요소에 묻혀버리기 십상이다. 그렇기 때문에 우리는 음주운전 차량에 타기도 하고, 샐러드 대신 치즈버거와 감자튀김을 택하기도 하는 것이다. 하기야 '차분이'의 지시를 곧이곧대로 따라도 문제가 될 수 있다. 그리핀이 매슬로의 안전 욕구를 논하면서 언급했듯이, "이 단계의 욕구에 꽉 묶여서 마치 언제든 엄청난 재앙이 닥칠 것처럼 행동하는 어른들도 많다." 어떤 행동을 취하거나 어떤 결정을 내리기가 두려운 것은 때로 '차분이'가 너무 주도적이어서 무슨 수를 써서라도 주의를 촉구하며 안전하고 확립된 관습에만 집착하기 때문일지도 모른다.

그래, 때로는 위험을 감수할 필요가 있다. 흔히들 말하듯이 나의 안전지대(내 '차분이'가 확립해놓은 경계선)를 벗어날 필요가 있다. 이 목소리를 지나치게 경청하면 집에서 단 한 발짝도 못 나갈지 모른다. 때로는 신중을 기하자는 지혜의 목소리이지만, 동시에 "안 돼, 넌 할 수 없어! 이건 하지 마! 저것도 하지 마!"로 변할 수도 있다. 항상 거기에만 귀를 기울이다간 아무 것도 못하게 된다. 개인적으로나 일에서나 성장은 멈춰버릴 것이고 내 잠재력에도 충분히 이르지 못해, 그냥 틀에 박혀버릴 것이다.

그래도 '차분이'의 말을 어찌어찌 안 듣고 넘어가는 것이 전형적인 모습이다. 특히 건강 문제에 관해선 더 그렇다. 인체는 구조가 잘 짜인 일상을 바탕으로 할 때 가장 건강하다. 규칙적으로 운동하고 건강한 식습관을 따르며 잠을 충분히 잔다면, 본인이 의식하든 말든 '차분이'의 말을 잘 듣는 사람일 가능성이 높다. 몸이 그 모든 걸 원하기 때문이다. 몸은 몇 시간동안 꼿꼿하게 앉아있길 원치 않는다. 움직여야 한다. 속이 텅 빈 허울뿐인 칼로리가 아니라 훌륭한 연료를 원한다. 휴식을 원한다. 균형을 원한다. 그게 '차분이'다.

제정신이라면 이 목소리를 경청해야 한다. 건강의 유지와 개선을 위해 꼭 해야 할 일들을 그 목소리가 말해주기 때문이다. 그런데도 다들 얼마나 쉽게 이 목소리를 무시하는지! 과식하거나 자제력 없거나 소파에 누워 TV만 보는 이들의 경우, '차분이'의 비명소리가 악다구니 소음에 묻혀버리는 악순환이 계속돼왔다. 코치 멕의 말을 들어보자. "과체중인 사람들에게서 이런 현상을 많이 봅니다. 내면에서 치열하게 비판하는 '까칠이'는 어쩌면 이 지경이 되도록 내버려뒀느냐고 화를 내거나 '넌 루저야!'라고 소리치죠. 그러면 이번에는 '당당이'의 목소리가 내면의 기준을 충족시킬 수 없다면서 슬퍼해요. 그렇게 되면 분노와 슬픔이 그를 나락으로 밀어 넣고, 그나마 기분을 달래주는 건 케이크 한 조각뿐이란 말입니다. 절대로 '차분이'가 원하는 게 아니죠!" 휘몰아치는 부정의 정서가 '차분이'의 목소리를 삼켜버리고 마는 것이다.

인체의 조정에 대한 또 다른 반응은 소위 주말전사週末戰士 신드롬 (weekend warrior syndrome)에서 찾아볼 수 있다. "일주일 내내 운동을 안 하다가 주말에 몰아서 '오버'하는 사람들 있죠? 아파서 끙끙대며 죽어라고 운동하잖아요." 이 같은 운동 역시 '차분이'의 목소리를 무시하는 짓이다. 이 경우 '차분이'의 충고는 '천천히 시작하라, 지나치게 운동하지 말라, 반드시 수분을 충분히 섭취하라' 등등, 피트니스 잡지에 나올 법한 상식 수준인데도 말이다. 그러나 이런 사람을 향한 '당당이'와 '까칠이'의 목소리는 우렁차고 어조도 다르다. 코치 멕은 이렇게 말한다. "그것은 뭔가를 증명해 보여야 한다는 마초 성향의 메시지일지 몰라요. 혹은 더 잘 할 수 있다고 밀어붙이는 '까칠이'일 수도 있고요."

'차분이'의 목소리는 관심을 끌기 위한 쟁탈전에서 다시 한 번 지고 만다.

자, 당신은 '차분이'의 목소리를 경청하는가? 그것은 당신의 인생에서 어떤 역할을 하고 있는가? 문제의 일부인가, 아니면 해결책의 일부인가? 각 시나리오의 여러 가지 케이스 스터디를 살펴볼 테지만, 우선은 '차분이'를 염두에 두고서 제4장에서 논의했던 네 개의 질문을 스스로에게 던져보는 게 어떨까?

1. '차분이'는 내 삶에서 어떤 역할을 하며, 내게 어떤 영향을 주었을까?
2. 내 삶을 위한 '차분이'의 가장 커다란 공헌을 잘 보여주는 스토리는?
3. '차분이'의 욕구가 지금 얼마나 잘 충족되고 있으며 그 욕구는 나의 웰빙에 얼마나 중요한가? 1점에서 10점까지 메긴다면?
4. 어떻게 해야 '차분이'의 욕구를 좀 더 충족시킬 수 있을까?

이제 하나씩 살펴보자.

[1] '차분이'는 내 삶에서 어떤 역할을 맡고 있으며, 지금까지 내게 어떤 영향을 끼쳤는가?

당신이 건강하다면, 그러니까 규칙적으로 운동하고 잘 자고 좋은 식습관을 갖고 있다면, '차분이'가 역할을 제대로 수행하고 있다는 얘기다. 반대로 당신이 볼품없고 뚱뚱하거나 과체중이라든지, 의사가 생활방식을 바꾸라고 충고하는데도 제대로 반응하지 않았다면, 글쎄, 당신의 내면가족 가운데 '차분이'는 아마 찍소리도 못내는 것 아닐까!

[2] 내 삶을 위한 '차분이'의 가장 커다란 공헌을 잘 보여주는 스토리는?

단세포조직이든 인간이든 '차분이'의 욕구는 공통적일지 모르지만, 그렇다고 그것이 그저 원초적 본능이나 우둔한 개체는 아니다. 그 점을 기억하자. 그것은 단지 숨을 쉬어야 한다는 걸 상기시켜주는 정도를 훨씬 뛰어넘는 도움을 준다는 얘기다. 예를 들어보자. 내가 생전 처음 하프마라톤이나 철인3종 경기를 훈련하고 완주했다든지 마침내 채식주의자가 될 수 있었다면, 그걸 도와준 것은 아마도 '차분이'일 거다. 그렇게 하고자 했던 동기는 딴 데서 부여받았을지 모르지만. 서울-부산만큼이나 먼 데서 온 일자리를 성급하게 받아들이지 않도록 막아준 것도 어쩌면 안정과 안전을 추구하는 그의 목소리였을 것이다. 오, 그거, 새로 창업한 회사인데다 정말 근사하고 신나는 일자리 같았는데! 하지만 지금 하고 있는 일이 얼마나 안정적이고 확고한지를 '차분이'가 지적했단 말이지. 그땐 따분한 결정이라고 생각했을지 모르지만, 새로 창업한 그 회사가 반년도 안 되어 파산하는 꼴을 봤을 땐 생각이 달라지더군. 만약 내가 경솔하게 그 회사로 이직했더라면, 집에서 몇 천 킬로나 떨어진 데서 실직자가 됐을 것 아닌가! 언제나 날 보살펴주는 '차분이'가 그걸 막아주었으니 고마워할 일이야!

[3] 지금 '차분이'의 욕구는 얼마나 잘 충족되고 있으며, 그 욕구는 나의 행복에 얼마나 중요한가? 1점에서 10점까지 메긴다면?

만약 두 질문에 대한 점수가 모두 5 미만이라면, '차분이'의 욕구를 충족시키기 위한 노력은 전체적으로 당신의 삶이 번창하는 데 큰 도움이 될 것이다. 게다가 '차분이'라는 이 잠재인격은 건강에 직결되기 때문에, 당신은 특히 그것에 주의를 기울이고 그 욕구를 충족시켜주고 싶을 것이다!

[4] 어떻게 해야 '차분이'의 욕구를 좀 더 충족시킬 수 있을까?

2013년 존스 홉킨스 대학 조사팀이 수행한 연구 결과는 아래 네 가지를 준수하면 건강하게 장수할 확률이 획기적으로 높아질 수 있다고 했다.

◆ 담배를 피우지 말 것.

- 건강한 몸무게를 유지할 것.
- 정기적으로 운동을 할 것.
- 건강한 식습관을 가질 것. (전국을 망라한 이 연구의 대상자들은 지중해식 다이어트를 따랐다.)

이 연구가 밝혀낸 사실들은 아마도 '차분이'가 당신에게 늘 해왔던 얘기가 옳다는 것을 재확인해줄 것이다. 위의 네 가지는 바로 '차분이'가 열망하는 (아마 당신이 단 것을 좋아하거나 안락의자에 다리를 얹고 싶은 것 이상으로 뜨겁게 열망하는) 그런 태도 아닌가! 만약 당신이 이미 그런 라이프스타일에 젖어 있지 않다면, 이런 영역에서의 변화는 '차분이'의 욕구를 충족시킬 것이고, '차분이'는 다시 동일하게 보답할 것이다. 규칙성을 향한 이 욕구는 운동과 건강식의 섭생攝生을 시작하고 새로운 건강 습관을 유지하려는 당신의 노력을 도와줄 수 있을 것이다.

케이스 스터디 :

'차분이'

코치 멕 : 바비, 39세

직업소방관인 바비는 다이어트 소다를 홀짝이며 느릿느릿 코치 멕의 사무실로 들어섰다. 악수를 하는데 그의 손이 얼마나 큰지 아주 그녀의 손을 집어삼킬 것 같았다.

"정말 몸집이 큰 남자였어요."

바비는 자신의 거대한 몸집이 한 가지 문제라는 걸 알고 있었다. 당뇨 초기라는 진단을 받고서야 그는 코치 멕을 찾았다. 그의 키는 189센티미터, 몸무게는 미식축구 팀의 탁월한 하프백으로 활약했던 고교시절에 이미 82킬로그램 정도였다. 고등학교 졸업 후 해군에 입대했고, 나중에 이삼년 정도 건설현장에서 일한 다음 소방관이 되었다. 그의 몸무게가 갑자기 늘어난 건 바로 그즈음이었다. 바비의 얘기를 들어보자. "대학 들어간 첫 해에 15파운드가 늘어난다고들 하잖아요? 소방서에도 똑같은 말이 있어요." 특히 바비의 소방서에서는 더 그랬다. "우리 보스가 감자랑 베이컨 같은 거 튀기는 걸 무지 좋아하는 '아재'였거든요. 아이구, 게다가 맛은 또 얼마나 좋던지!"

2~3년 사이에 몸무게는 136킬로그램까지 급격히 늘어났다. 아이 둘을 돌봐야 하는 처지라, 이제 바비는 자신의 건강을 심각하게 받아들이지 않을 수 없었다. 변화가 필요했다. 당뇨 초기 단계라는 진단이 불을 지폈다. 바비도 의사도 체중 감량이 만만찮은 이슈라는 걸 알고 있었다. 과거에도 몇 번 다이어트를 시도했다가 실패했던 그는 결심했다. 이번에는 기필코 바로잡아야지! 의사는 체중을 줄이기 위해 건강상담사와 함께 생활양식에 변화를 주는 게 좋겠다고 제안했다. 최근 몇 년 동안 그의 체중을 걱정하던 아내의 격려도 있고 해서, 바비는 한번 해보기로 결심했다.

코치 멕은 그에게 내면가족이란 개념을 설명한 후 제안했다. '출석점호'를 한번 해봐요! 그는 반신반의했다.

"제 머리 속의 이 모든 목소리들. 거기에 귀를 기울이라고요?" 고개를 갸우뚱하며 되물었다.

코치 멕은 설명했다. "그 소리는 어디 딴 세상에서 들려오는 게 아니라 당신이 시도 때도 없이 하는 내면의 독백인 걸요, 뭐. 그게 모두 당신이라구요. 단지 당신의 성격이 가진 여러 가지 측면일 뿐이죠. 각각 다른 동력과 욕구를 대표하는 측면들."

내면의 몇몇 다른 관점과 뒤섞인 감정을 또렷이 나타내는 것들을 명료하게 표현하는 자신의 모습을 보기 전까지는 여전히 긴가민가했다. 그리고 그것들은 건강을 유지하려면 무엇이 필요한가에 대한 내면의 줄다리기에 다름 아니었다.

'척척이' : "난 남자야. 원하는 걸 맘대로 먹고 싶어. 두부는 절대 아니지."

'당당이' : "나, 삼시세끼 넉넉하게 먹어야 돼. 양상추랑 오이 샌드위치만 먹고 어떻게 불을 끄냐고? 게다가 지금 이 나이에 먹는 습관을 무슨 수로 바꿔."

'번뜩이' : "집에 무슨 일이 생기면 제법 창의적인 해결책을 생각해냈으니까, 여기서도 그렇게 할 수 있지 않을까. 난 요리하는 걸 좋아해. 건강에 좋은 새로운 요리법을 배운다면 재미있을 것 같아."

'궁금이' : "어디선가 케일이 뇌에 좋다는 걸 읽었지. 출동 명령이 내리면 난 재빨리 반응해야 돼… 그러니까 어쩌면 이 문제는 약간 다르게 생각해야 할지 몰라. 몇 년이고 맨날 같은 것만 먹어왔는데, 다른 걸 먹으면 기분이 좀 나아지겠지."

'꼼꼼이' : "온통 튀긴 음식에다 이렇게 잔뜩 먹어대니, 내가 굼벵이 꼴이 잖아. 계단만 올라가도 숨이 찬다니까. 맨날 이렇게 피곤하면 직장에서도 일을 제대로 할 수 없고 집에서도 책임을 다 할 수 없어."

'토닥이' : "동료들과 함께 있는 게 좋은데. 우리가 함께 어울리는 건 식사 시간이야. 다들 프라이드 치킨을 뜯고 있는데 나 혼자 삶은 브로콜리를 먹을 순 없잖아. 함께 식습관을 바꾸고 싶은 사람을 찾아야 할 것 같네."

'까칠이' : "며칠 전에 고등학교 다닐 때 사진을 봤어. 그땐 날씬하고 팡팡했는데. 맙소사, 어느새 뚱뚱한 중년의 사내가 되어 있다니! 에휴, 우울하다 우울해."

'차분이' : "나 죽겠어! 이 스케줄 땜에 내가 정신을 못 차린다고 줄곧 말했잖아. 교대시간 맞추는 것도 힘들어 죽겠는데. 하지만 몸이 엉망이고 항상 피곤하면 아예 제 구실도 못해."

'큼직이' : "내가 소방서 부서장이니까 리더가 될 거라고 다들 기대하지. 우리한텐 멘토인데다 요리법까지 가르쳐준 그 서장님? 정말 멋진 분이었지만. 쉰한 살에 심장마비가 와서 결국 장애인으로 은퇴했잖아, 기억해? 이건 진짜배기 리더가 될 수 있고 분위기를 바꿀 수 있는 절호의 기회야. 또 나이 들어서 휠체어 타고 교회에 앉아 있어서야 말이 되겠나? 예식장에서 딸내미 손을 잡고 신랑한테 데려다주는 아빠가 돼야지!"

출석점호가 끝나자 늘 싹싹했던 바비는 고개를 푹 숙이고 침울해졌다. 때로는 하나의 목소리가 모든 걸 바꾸기도 한다. 그의 경우, 정말로 '차분이'에게 주의를 기울인 것은 '큼직이'의 말을 듣고 나서였다. 리더로서의 책임이라든지 가족에 대한 책임은 말할 것도 없고 대원들의 건강에 대해서까지 내면의 자신이 말하는 걸 들으니, 가슴에 절절하게 다가왔던 것이다. 코치 멕의 말을 들어보자. "그에게 무슨 생각을 하고 있느냐고 물었지요. 그랬더니 '한 단계 올라가야 한다, 바뀌어야 한다는 걸 대원들에게 보여주고 싶다. 그리고 나부터 변해야 한다'고 답하더라고요."

바비는 즉시 변화에 착수했다. 영양사를 초빙해서 대원들에게 한마디 해달라고 부탁했다. 아내랑 아침 산책을 시작했다. 소방서에서 체중 감량 챌린지를 실시했고 모인 돈은 자선단체에 기부했다. 어떤 대원이 함께 자전거타기를 제안하자 바비는 기꺼이 수락했다. 자전거를 구입하고 그룹 라이딩도 주선했다. 1년 후 그는 생전 처음 100 마일 자전거경주도 해냈다. 그때 이미 14킬로그램 가량을 뺀 후였고, 혈당과 당화혈색소 수치도 정상으로 돌아왔다. 초기당뇨 단계에서도 벗어났으며, 소방서에선 진정한 리더로 자리를 잡았고, 덕분에 그 자신과 가족과 '차분이'라 불리는 그의 일부분까지, 모두 대단히 행복했다.

닥터 에디 : 로즈, 58세

이미 읽은 바와 같이, '차분이'는 인체의 물리적인 욕구를 대변하는 첫 번째 목소리다. 근육 및 골격 전문의인 나는 이 목소리를 거의 듣지 못하는 환자들을 자주 본다. 그 소리가 약하고, 관심을 못 받으며, 완전히 잠잠할 때도 있어서다.

그러다 뭔가가 완전히 삐끗해지고 나서야 비로소 비명을 지르기 시작한다.

'차분이'에게 귀를 기울이지 않으면 배가 안 고파도 먹게 되고, 피곤해도 깨어 있고, 움직여야 할 때도 가만 앉아 있게 된다. 결국 과체중, 불면증, 형편없는 컨디션이 되고 만다. 58세의 비서인 로즈가 바로 그런 경우여서, 과체중에다 비활동적이며 매일 6시간도 못 자 항상 피로에 시달렸다. "아이고, 허리가 너무 아파 앉아 있지도 못하겠어!" 한참동안 무시했던 '차분이'의 목소리가 비명을 질러대자 그녀는 비로소 진료실에 나타났다.

요통은 허리에 체중이 지나치게 실리고 등 근육이 너무 약한 데서 오는 압박이 그 근본원인이다. 예전에도 그랬었지만, 사무실을 방문할 기회가 왔을 때 나는 그녀에게 다시 부드럽게 타일렀다. 좀 더 건강한 음식을 좀 적게 먹고, 복부와 등의 근육 강화운동을 시작하며, 평일에는 주기적으로 일어나 걸음으로써 요통을 줄여보라고. 그와 동시에 로즈가 다시 출근할 수 있도록 통증을 '재빨리 없애주는' 약과 주사도 처방했다. 불행히도 그녀는 잠시 통증이 사라지자마자 '차분이'의 목소리를 다시금 꺼버렸다. 물론, 나도 그 즈음엔 이미 이런 사태가 올 줄 알고 있었다. 그래서 말해주었다.

"로즈, 약은 임시 해결책일 뿐이죠. 정말 필요한 건 식습관을 바꾸고 내가 추천한 운동을 시작하는 거예요."

로즈는 언제나처럼 예의 바르게 대답했다. "오, 고마워요, 필립스 선생님. 그 말씀이 옳다는 건 잘 알아요. 항상 제게 좋은 조언을 해주시죠."

나는 그녀에게 소리를 꽥 지르고 싶었다. "맞아요! 근데 당신의 내면가족이 그 충고를 무시하잖아요!" 물론 진짜로 화를 낼 순 없었다. 그녀가 기능장애의 악순환을 깨지 못하는 데 좌절한 건 맞지만, 화가 난 것은 아니었다. 사실을 말하자면, 이런저런 면에서 우리는 대체로 '차분이'와 씨름하기 마련이니까.

아마도 당신은 내가 의사이니까 '차분이'에게 관심을 두기가 더 쉬우리라고 짐작할 테지만, 아니다. 나는 의대와 레지던트라는 혹독한 과정을 겪는 동안 내 건강을 예금 인출하듯 꺼내 쓰는 '상품'으로 취급했다. 어떻게 보면 나는 시험을 잘 치고 환자를 효율적으로 치료하면서도 얼마나 수면과 운동과 건강한 음식을 멀리할 수 있는지를 항상 계산하고 있었다. 내가 내 몸의 한계를 넘을 때마다, '차분이'는 요란하게 아우성치면서 내가 지쳐빠졌고 날카로워져 있다고 알려줬다. 그러다 인턴시절에 폐렴에 걸리면서 나는 최악의 시간을 보냈다. 돌이켜보면 내가 맨 먼저 의견을 구했던 내면의 목소리가 바로 '차분이'였음을 알 수 있다. 내가 아프고 고통스러울 때 가장 크고 또렷이 들린 목소리가 그것이었다. 아니, 다른 사람도 마찬가지일 거다.

의사로서의 경력을 쌓고 '라이프스타일 의학'에 한층 더 관여하면서, 나는 단순히 어떻게 해야 통증을 줄이느냐 뿐만 아니라 어떻게 하면 더 활기차고 생산적이고 행복할 수 있느냐를 '차분이'에게 묻게 되었다. 오랜 기간에 걸쳐 그의 목소리에 귀를 기울임으로써 나는 깨달을 수 있었다. 넉넉한 휴식과 좋은 음식과 충분한 신체활동을 촉구하는 그 목소리를 잘 들으면, 병에도 안 걸릴 뿐더러 나아가 에너지가 향상되고 표정이 밝아지며 좀 더 생산적이 되어 통증도 줄어든다는 것을.

요즘도 나는 건강과 활력과 삶의 즐거움을 넓히자는 이 관점을 환자들에게 전해준다. 로즈와 다른 환자들에게 '차분이'의 목소리를 경청하라고 가르친다. 허리 통증이나 다른 질병을 고칠 뿐만 아니라 건강 수준을 전반적으로 높이기 위해서 말이다. 대화는 계속된다.

SIX

자신만만 '당당이', 기준 설정 '까칠이'

"자신을 믿어라! 자신의 능력을 신뢰하라! 내 자신의 능력에 대해서 겸손하면서도 합리적인 자신감을 지니지 않고서는 절대 성공할 수도, 행복해질 수도 없다."

자아긍정의 전도사 노먼 빈선트 필(Norman Vincent Peale) 목사의 가슴 벅찬 말이다. 그의 책 〈적극적 사고의 힘〉은 1952년 처음 출판된 이래 15개 언어로 7백만 부가 넘게 팔렸다. 이 획기적인 작품의 출판사가 밝힌 수치다.

필 목사는 1993년 95세의 나이로 타계했는데, 언론인들은 그를 '인용문 기계'라고 부르곤 했다. 미국 중서부에서 신문기자로 직장생활을 시작했으니, 그다지 놀라운 일이 아닐 것이다. 이후 그는 목사가 되었고 삶에 대한 적극적인 태도의 중요성을 설파하면서 유명해졌다. 20세기 중반에 퍼졌던 그의 메시지는 지금 우리가 살아가는 냉소의 시대에 다소 진부하게 들릴 수도 있지만, 핵심을 찌르는 그의 말들은 여전히 파워풀하고 인터넷 덕택에 오늘날까지 울려 퍼지고 있다.

위에 인용한 문구는 노먼 빈선트 필의 가장 유명한 글귀로 회자하곤 하는데, 여기서 우리가 주목해야 할 것은 그가 사실상 '자신감'과 '자존감'이라는 두 개의 서로 연관된 특성을 이야기하고 있다는 점이다.

그 둘은 서로 구별되면서도 서로 연관된다. 또한 둘 다 내면가족의 주요 멤버들이다. 물론 자존감은 '까칠이'라는 다른 이름으로 불리는데, 이는 내적인 비판과 판단의 역할을 한다.

둘이 이렇듯 밀접한 관계를 갖고 있기 때문에 우리는 이 챕터에서 '당당이'와 '까칠이'를 함께 들여다볼 것이다. 그래야만 내면의 대화가 계속되는 가운데 그 둘의 관계, 서로 다른 목소리, 서로 다른 관점을 더 잘 알아볼 수 있을 것이다.

'당당이'

'당당이'를 좁은 의미로 정의하자면, 주어진 임무를 완수할 수 있을지에 대한 내 자신의 평가다. "수도꼭지에서 물이 새는데 내가 고칠 수 있을까? 배관공을 불러야 하나?"에서부터 렌즈의 각을 넓혀 "나는 원대한 의미와 목적과 만족과 즐거움이 넘치는 인생을 누릴 수 있을까?"에 이르기까지 삶의 크고 작은 모든 영역에서의 '당당이'를 고려할 수 있다.

심리학자 데시와 라이언, 그리고 그 둘의 자기결정이론을 상기해보자. 자신감은 인간의 가장 두드러진 세 가지 심리적 욕구 중 하나라고 단언했던 이론이다. 처음 몇 년 동안 자신감은 흔히 하늘을 찌를 기세여서, 아이들은 대개 자신감으로 가득 차 있다. 걷고 말하고 읽는 법을 배우고 있는데다, 그걸 **행동**으로 옮기고 있기 때문이다. 그리고 점점 더 나아진다. 성장하고 점점 강해지고 능숙하게 된다. 그렇다고 발달의 여정에서 부딪히는 법도 없고 좌절하지 않는다는 얘기는 아니다. 물론 그런 일도 생긴다. 그러나 성장이란 바로 그 속성 때문에 아이들은 자신감을 얻는 것이다. 무엇보다도 저들은 백지에서부터 시작했으니까.

세월이 흐르면서 우리는 점점 더 많은 일에 대해 자신만만하게 된다. 아이가 말하기를 배운다면, 어른은 대중 앞에서 말하는 법을 배울 수 있다. 아이가 걷기를 배운다면, 어른은 처음으로 5킬로 혹은 마라톤을 달린다. 하지만 나이가 들수록 사태는 좀 더 복잡해진다. 가령 65세의 전문가는 업무와 커리어에 관해서라면 이미 엄청난 자신감을 얻었을 것이다. 하지만 그와 동시에 신체의 능력이라든지 시대에 맞춰 변화하고 새로운 기술을 수용하는 능력과 의지 따위는 줄어들었을지 모른다.

하지만 어떤 연령대이든 자신감은 인생을 헤쳐 나가는 힘이다. 그 점은 분명하다. 자신감이 있기에 일자리도 얻고, 누구랑 관계를 맺을 용기도 내고, 부모의 집에서 나와 생전 처음 나만의 공간을 가질 수도 있다. 반대로 자신감이 부족하면 이 모든 일을 못하게 될 수도 있단 얘기다.

'당당이'는 꼭 삶의 가장 중요한 순간뿐만이 아니라, 언제나 나에게 말을 건넨다. 야구공 던지기, 음식 준비, 구멍 난 타이어 교체 등등에 대해서도 말을 건다. 좀 더 나아지고 능숙해지고 싶어 하는 이 잠재인격의 힘 덕분에 우리는 살아가면서 이 모든 기술을 축적하게 된다. 인간은 '능력 있게' 되고 싶어 하고, 그 능력을 증명하고 싶어 하며, 또 얼마나 능력 있는지를 남들에게 말하거나 보여주고 싶어 한다. 누구한테 지시 받는 걸 끔찍이도 싫어하는 '척척이'가 남들에게 지시하기는 좋아하는 이유도 바로 그거다. 내가 당하기 싫은 일을 남한테는 좋아라고 하는 것. 자아, 그게 인지적 부조화다.

능력 또는 **유능함**은 '당당이'를 이야기할 때 중요한 단어다.

사실 내면가족체계 모델을 창시한 리처드 슈워츠는 '당당이'라는 이 잠재인격에게 '유능함'이란 이름을 붙여도 좋다고 했다. '당당이'는 유능함에서 나오니까. 누구나 자신만만하고 싶은 욕구를 가질 수 있지만, 그것은 유능함에서 비롯된다. (뒤집어보면, 능력을 갖추려는 욕구가 사람을 유능하게 만들고, 그것이 다시 '당당이'를 선사한다).

자존감과 '까칠이'

자존감은 자신의 가치를 평가하는 데서 비롯되고, 남들이 날 얼마나 알아주고 존경해주며 인정해주는가에서 시작된다. 난 인간으로서 가치 있는가? 나 자신과 타인이 날 존경하는가? 그럴 만큼 나는 좋은 사람인가? 젊은이들의 자존감은 남들의 견해에 따라 많이 달라진다. 그들의 가치는 부모와 선생, 그리고 무엇보다 친구들의 평가로 결정된다. 하지만 성숙해질수록 타인의 생각에 사로잡히지 않게 된다. 거기서 완전히 벗어나는 사람들은 별로 없지만, 그래도 내가 내 자신을 어떻게 생각하는지에 더 신경 쓰게 된다. 기준을 어떻게 설정할까, 충분히 좋다는 건 무엇인가 등을 결정한 다음, 내적인 기준이나 '내면화된 외부 기준'에 비추어 내가 성취한 (혹은 성취하지 못했다고 느끼는) 바를 평가하는 것은 바로 나의 이 부분이다. 여기서 내면화된 외부 기준이란 나에 대한 자신의 평가가 가족-또래-사회 같은 타자의 평가 방법에 기반을 둔다는 뜻이다.

"난 한 번도 대단한 사람이었던 적이 없어." "내 자신에게 실망했어." "난 실패자야." '까칠이'의 목소리는 그 순간(혹은 언제나) 가혹하고 무자비할 수 있다. 반대로 그 목소리는 듣고 싶은 것만, 혹은 호의적인 사람들이 얘기해준 것만 말하면서 아첨을 떨 수도 있다. 다시 말해 자존감이 터무니없이 높을 수도 있다는 얘기다. 오늘날 우리 사회의 상당 부분이 그렇다고 믿는 이들도 많다.

2013년 BBC는 「정말로 '자신감'이 성공을 가져오는가?」라는 프로그램에서 미국 대학교 1학년생들의 자신감-자존감과 그들이 실제 성취한 바의 연관성을 조사해 보도했다. 1996년 이래 매년 대학교 1학년생 총 9백만 명을 대상으로 실시한 설문조사 결과를 분석한 결과, 자신의 학업 능력과 성취 욕구 및 자기 확신이 '평균 이상'이라고 답한 학생의 수가 최근 몇 십 년 사이에 급격히 늘었다는 내용이었다.

하지만 객관적 측정으로 나온 결과는 달랐다. 예컨대 설문조사에 응한 학생들은 자신을 재능 있는 작가로 간주했지만, 막상 시험을 보면 그들의 글쓰기 능력은 1960년대 이래 줄곧 하락하고 있음을 보여주었다. 또 다른 통계에 의하면 대다수 1학년생들의 공부시간은 줄었다고 하는데, 같은 기간에 성공을 향해 부지런히 달리고 있다고 주장하는 학생의 숫자는 그만큼 증가했다.

물론 그렇다, 책에 코를 박고 있는 시간이 늘었다고 해서 반드시 성공한다는 것은 아니다. 그래도 이런 결과들은 현실과의 괴리를 보여준다. 이 연구를 이끌었던 진 트웬지는 이렇게 말한다. "월등한 자신감과 자신을 사랑하고 믿는 것이 성공의 열쇠라는 생각. 지난 이십년 동안 이런 생각은 정말 널리 퍼졌습니다. 하지만 흥미로운 점은, 그런 믿음이 대단히 널리 퍼져있고 깊게 뿌리내리고 있지만, 전혀 사실이 아니라는 거죠."

사실이 아니라고? 높은 자존감이 성공의 전제조건이라는 생각이 틀렸다고? 노먼 빈선트 필 목사가 무덤에서 돌아누울 일 아닌가.

그러나 한 번 더 생각해보자. 어쩌면 필 같은 긍정의 전도사들이 발휘한 영향 때문에, 자존감은 지나치게 많이 강조되었고 판단의 추는 너무 한쪽으로 밀려버려, 자신의 능력과 가치를 믿는 것이 성공의 비결이며 인생의 문제를 몽땅 풀어주는 만능열쇠라는 생각을 형성한 것이 아닐까? 하긴 지금은 그 추가 오히려 반대쪽으로 너무 멀리 가버렸다고 말하는 이들도 있다. 자존감은 여전히 인간의 (물론 유일한 것은 아니지만) 주된 욕구로 남아 있다. 하지만 미국 대학생의 자존감이 너무 높다든지, 자존감이 반드시 성공에 직결되는 것은 아닐지 모른다는 이유만으로 묵

살되어선 안 된다. 활짝 꽃피는 삶은 건강한 균형, 다시 말해서 다른 욕구들이 모두 혹은 거의 충족됨으로써 달성된다. 그런 균형을 성취하려면 이들 욕구가 어떻게 작용하고 우리 삶에서 어떻게 나타나는지를 이해해야 한다.

어려서부터 '넌 정말 특별해' 같은 소리만 부모한테 들으며 자라나 엄청나게 자존감이 부풀어 오른 밀레니엄 세대는 성장하면서 자기가치에 대한 관점이 바뀔까? 참으로 흥미로운 주제다. 그들이 앞선 세대와 다름없다면, 그들의 관점도 바뀔 것이다. 인생의 오르내림 하나만으로도, 아뿔싸, 틀림없이 영향을 받게 될 터이니.

"자존감을 보면 인간이 얼마나 진화되어 있는지를 알 수 있지요." 코치 멕은 그렇게 말한다. "어렸을 땐 타인의 견해에 따라 자신의 가치를 규정하지만, 어른이 되면 자신이 공헌하고 성취한 바에 대한 스스로의 판단에 기반을 두고 가치를 결정합니다." 내 안의 그 비판자는 여러 가지 이유로 매우 자의적恣意的일 수 있다. 젊은이들의 경우 그 내면의 비평가는 사회적 지위와 외모와 '힙(hip)한' 감각(또는 그런 것들의 부족)을 가장 비판적으로 따지기 십상이다. 반면 좀 더 나이든 전문가들의 경우엔 흔히 개인의 성과, 대의大義를 위한 공헌, 지위 등을 묻는다. 깐깐하게 검토하는 대상이 무엇이든, 본질적으로 우리 자존감의 목소리인 '까칠이'는 제법 까다롭다. 내가 일을 망칠 때 화를 내는 것이 바로 이 '까칠이'며, 기회를 놓쳐버리거나 의사결정을 잘못했다고 후회할 때 가장 많이 듣는 목소리도 바로 그것이다.

"2년 전에 그 직장에 들어갔어야 하는 건데!"

"기회가 왔을 때 그녀와 결혼했어야 했어."

"좀 더 일찍 투자를 시작했어야 했어."

'꼭 했어야만 했는데' 못한 후회 때문에 사람들은 상담을 받으러 온다. 코치 멕은 이렇게 말한다. "다들 넋두리를 하죠. 꼭 해야 했었는데, 하려면 할 수 있었는데, 할 마음만 먹었더라면 했을 텐데... 나는 상담사로서 사람들이 좀 더 만족하길 바랍니다. 우린 '내가 얼마나 잘했지?'가 아니라 '어떻게 하면 좀 더 잘할까?'에 중점을 두려고 노력합니다."

그건 무슨 의미일까? 다음번엔 좀 더 열심히, 좀 더 똑똑하게, 좀 더 제대로 준비하자는 뜻이리라. 그것은 '까칠이'와 약간의 협상을 하자는 얘기도 된다. 너무 가혹한 비판은 자기가치를 낮출 뿐 아니라 '당당이'도 갉아먹어 본인만 지치게 만들어 종종 역효과를 낳는다는 것을 까다로운 감독인 당신의 그 부분한테 알려주자는 얘기다. '당당이'가 없으면 무엇이든 성취할 수 없는데, '까칠이'가 우려하는 바가 바로 그런 것이다. '당당이'와 '까칠이', 이들 두 잠재인격은 떨어져 있으면서도 그렇게 서로 영향을 미친다.

자, '당당이'라는 이 잠재인격을 좀 더 이야기해보자. 로자베쓰 모스 캔터(Rosabeth Moss Kanter) 하버드 경영대학원 교수는 2014년 하버드 비즈니스 리뷰에 기고한 「자신감을 가로막는 8가지 장벽」이란 글에서 **자신감**을 '긍정적 결과에 대한 기대'로 정의하면서 이렇게 썼다. "그것은 성격상의 어떤 특징이 아니라, 동기를 유발하는 어떤 상황에 대한 평가다."

이러한 관점은 무엇을 말하려는 걸까? '당당이'의 목소리는 (설사 그렇게 하지 말라는 압력이 있을 때라도) 주어진 상황에서 적절하고 합리적으로 행동할 동기를 얻으며 그런 행동을 두려워하지도 않음을 주장하려는 것 같다. 하지만 어떤 상황에서의 능력에 대한 평가가 언제나 정확한 것은 아니다. 누구든 과대평가 혹은 과소평가할 수 있으니 주의해야 한다. 그 두 가지를 보여주는 사례를 들어보자.

직장 동료들이 극기훈련장에 같이 가자고 당신을 초대한다. 상당히 강도 높은 훈련이다. 그들은 이미 몇 달 동안 그 훈련을 해왔는데, 당신이 퇴근 후 같이하면 훨씬 더 재미있을 거란다.

(과대)'당당이'의 목소리가 말한다. "괜찮을 거야! 실내사이클 수업을 한 번도 듣지 않은 게 뭐 어때서? 자전거 타는 법 알잖아. 몸 상태도 그리 나쁘지 않고. 자, 여기 훈련받는 이 사람들 좀 봐. 뭐, 엄청난 운동선수처럼 보여? 너도 나무랄 데 없어. 맙소사, 회계부의 헨리는 너보다 열 살이나 많아! 그리고 베티 알지, 그 여자도 전에 허리통증이 있다고 했지만 지금 훈련받는 중이고. 그들이 할 수 있을 정도면 너도 물론 할 수 있어."

(과대)'당당이'의 말에 혹해서 당신도 극기훈련을 받기로 한다. 그런데 예상보다 훨씬 힘들다. 그래도 다른 사람들, 특히 헨리와 베티한테 뒤지지 않으려고 진땀을 흘린다. 하지만 마지막엔 완전히 녹초가 되어 스트레칭도 못 할 정도. 다음날 일어나서는 다리를 절뚝거린다. 의사는 아킬레스건에 문제가 생겼다고 말하지만, 당신을 이 꼴로 만든 건 '과대' '당당이'었음을 잘 안다. 이제 몇 주 동안 운동은 꿈도 못 꾼다. 아이고 고

맙군, 이놈의 '당당이'!

함께 극기훈련 하자고 권유하는 동료의 제안에 (과소)'당당이'의 반응은 전혀 다르다. "미쳤어? 넌 이런 훈련 받을 준비가 안 되어 있어. 강아지랑 산책하는 정도는 물론 좋은 신체활동이지만 고강도 훈련은 절대 아니거든! 헨리와 베티? 아이고, 잊어버려. 마케팅 부서의 매트 알지? 그친구도 훈련받고 있는데, 대학 시절 라크로스인지 뭔지 그런 거 하던 선수였잖아. 다이애나는 철인3종경기 했고. 그 여자 좀 봐, 몸이 완전 끝내줘. 준비도 안 돼 있는데 그런 사람들과 같이 운동하겠다고? 조금씩 노력해서 서서히 몸을 만들어간다면 또 모르지. 하지만 지금은 분명히 아니야."

이런 몸으론 그런 훈련을 못 받는다는 사실을 비참하게 느끼면서, 결국 당신은 그 훈련을 안 받기로 한다. 하지만 적어도 어디 다칠 일은 없다! 이렇듯 '과소' '당당이'(혹은 '현실적' '당당이'라 불러야 하나?)의 충고에 귀를 기울인다면, 당신은 다친 아킬레스건을 치료할 일은 없을 것이다.

만약 당신이 극기훈련을 택했다면, 거기엔 아마 '까칠이'가 관여했을 것이다. 어쩌면 회사 동료에게 지지 않으려는 압박감이 (과대)'당당이'를 건드렸을지도 모른다. "이런 겁쟁이! 극기훈련 따위는 당연히 견딜 수 있어야지." 반대로 만약 당신이 훈련을 안 받기로 했다면, 아마도 '까칠이'의 엄격한 평가가 (과소)'당당이'로 이어졌을 것이다. "지난번 새 운동을 시도했을 때 넌 일주일씩 걷지도 못했잖아, 이 루저야."

객관적이면서 용기를 주는 '까칠이'는 '당당이'를 현실적으로 만들 수 있다. 그러니까 몸 상태부터 차근차근 개선하라고 북돋울 수 있는 것이다. 기초 단체운동 수업을 듣거나 식습관을 조정한다면 몸무게도 조금 줄일 수 있고 심혈관 상태를 증진할 수 있으며, 그런 다음 적당한 시점에 몸이 단련된 동료들과 더불어 훈련을 받으면 창피한 느낌이나 위화감도 없고 다치는 일도 없을 테다.

일반적으로 '당당이'가 올라가면 자존감도 함께 상승한다. 다시 말하지만, '당당이'와 '까칠이'라는 별개의 두 목소리는 서로서로 영향을 미친다.

'당당이'와 '까칠이'의 말을 어떻게 알아들을 수 있을까? 우리들의 네 가지 질문을 던져보자. 이번에는 이들 두 가지 잠재인격을 염두에 두고서.

[1] '당당이'와 '까칠이'는 내 삶에서 어떤 역할을 맡고 있으며, 지금까지 나에게 어떤 영향을 끼쳤는가?

이건 내가 삶의 어느 시점에 와 있느냐에 어느 정도 달려 있다. 우리가 본 것처럼, 자신감과 자존감은 어린 시절 내내 오르락내리락하면서 진화한다. 백지상태나 다름없는 어린 시절에 자신감 키우기라는 한바탕 혼란을 겪고 나면, 십대 및 청년들은 흔히 자신감이 없다. 자신감을 받쳐줄 만한 기반이 거의 없기 때문이다. 가령 열여덟 살짜리가 현금이나 신용카드 관리하기, 일자리 갖기, 인간관계 유지하기 같은 어른들의 삶에 해당하는 일을 무슨 수로 자신 있게 하겠는가? 그들의 자신감은 나약할 수 있고, 또 그처럼 불안한 자신감은 그들의 자존감도 끌어내리기 십상이다. 물론 이미 지적했듯이 젊은 세대의 자존감이 거꾸로 지나치게 부풀려왔다는 연구 결과도 없진 않지만.

젊은이들의 자신감과 자존감을 어떻게 쌓아줄 수 있는지를 볼 수 있는 훌륭한 실험실이 바로 군대, 특히 해병대다. 방법이 (과거만큼은 아니라도) 약간 혹독할 수는 있지만, 해병대가 매년 다양한 배경과 능력의 젊은 남녀들 수천 명을 받아들여서 훈련을 시킨 결과 신체 건강하고 기강이 잡혀 있으며 동기가 확실한 전사들을 배출한다는 사실 자체가 그들이 '당당이' 키우기를 이해하고 있다는 증거다. 수많은 젊은 해병들의 '당당이'가 소심한 목소리를 낸다고 보긴 힘들다. 그들이 막 훈련소에 도착해 버스에서 내렸을 땐 주눅이 들어 있었겠지만 말이다.

훈련소에서 '당당이'가 형성되는 동안 '까칠이'는 젊은 해병을 위해 무슨 역할을 하고 있을까? 젊은 해병에겐 롤 모델이 있을지 모른다. 가령 2014년 영화 〈아메리칸 스나이퍼〉에 나왔던 특수부대 저격수라든지, 책으로 읽었던 이오지마의 해병, 혹은 군에서 복무했던 부모나 형 같은 역할모델 말이다. 이들을 표본 삼아 젊은 해병은 뭔가 같은 것을 달성하고 성취하려는 강렬한 동기를 느낄 수 있다. 이 같은 성취의 욕망은 '까칠이'에게서 나온다. 이는 건전한 압력이 될 수도 있지만, 너무 강하거나 비판적이면 그 사람은 협박당하는 기분을 느낄 수 있다. 그렇다면 '당당이'와 '까칠이'의 목소리가 벌이는 상호작용은 섬세한 것일 터. '까칠이'는 '당당이'와 끊임없이 협상하면서 '당당이'를 안전지대 밖으로 밀어내고 있는 게 아닐까.

회사에서 일하는 어른들의 '당당이'는 어떤 모습으로 나타날까? 회의 도중 거리낌 없이 벌떡 일어나 의견을 제시하는 동료의 모습? 혹은 회사의 베스트 고객한테 "당신이 요구하는 것은 비현실적입니다."라고 대놓고 말하는 모습? 아니면 자기 컴퓨터 화면을 바꿔버렸고 컴퓨터로 하는 거의 모든 것을 바꿔버린 새로운 소프트웨어를 (사용설명서조차 없는데도 징징거리지 않고) 거침없이 덤벼들어 사용하는 모습? 여기에서도 내면의 협상은 지속된다. '당당이'가 그런 일을 하게 만들려면 건강한 자존감이 필요하다. 그러나 설사 회의에서 제시한 의견들이 실행되지 않는다 해도, 베스트 고객이 원하는 바를 고집한다 해도, 혹은 새로운 소프트웨어를 정복하려는 시도 때문에 컴퓨터가 먹통이 되는 한이 있더라도, '까칠이'를 속속들이 뒤흔들어서는 안 된다.

[2] 내 삶을 위한 '까칠이'의 가장 큰 공헌을 잘 보여주는 스토리는?

새로운 책임을 듬뿍 감당하고 새로운 기술까지 정복해야 한다는 걸 알면서도 흔쾌히 승진을 받아들였던 일? 오매불망 꿈에 그리던 이상형에게 감히 프러포즈했던 일? 혹은 그렇게 청혼하는 사람에게 '예스'라고 대답했던 일? 10킬로미터의 자선 마라톤에 참가하고 나중에 완주 기념 메달을 벽난로 위에 자랑스럽게 올려놓았던 일? 아니면 학부모회 회장으로 추대되거나 교회 주일학교 교사가 되기로 했던 일?

이 모든 노력에는 어느 정도 위험이 따른다. 좀 더 수완 있고 자신만만하게 될 뿐만 아니라 그렇게 함으로써 자존감을 키우려면 약간의 위험은 감수해야 하니까.

'당당이'는 흔히 코치들이 북돋우는 목소리다. 코치 멕은 이렇게 본다. "코치들은 성공과 실패를 판단하기보다는 배움을 중시하는 실험 정신을 격려함으로써 사람들이 능력과 자신을 갖도록 돕죠. 혹은 사람들이 현실적인 목표를 세우도록 돕기도 하고요. 그래야만 지나침 없이 자신의 능력을 조금씩 늘려나갈 수 있으니까요."

'당당이'가 낭패에 빠졌을 때 '까칠이'는 인내심의 원천이 될 수 있다. 힘든 프로젝트나 상황을 헤쳐나가게 해준다. '당당이'가 실패하고 좌절할 때마다 일어서라고 다독인다. 다만 너무 밀어붙이거나 지나치게 엄한 감독인 경우도 있어서, 이럴 땐 실패를 불러오고 자존심을 멍들게 한다. 어떤 임무나 프로젝트에서든 우리는 노력 및 능력에 대한 '당당이' 사이에서 균형을 잡곤 한다. 그것은 멈추지 않는 대화이며, '당당이'에 관한 모든 스토리에서 찾아볼 수 있다.

'당당이'는 한 단계씩 차근차근 올라가야 제대로 형성된다. '까칠이'는 그 중의 첫 단계를 오르도록 도와줄 수 있다. 또 그 성공의 수혜자가 될 수도 있으니, 능숙함을 보여주면 '당당이'뿐 아니라 자존감도 강화하고 부추길 수 있기 때문이다. 하지만 '까칠이'는 장애가 되기도 한다. 뭔가 새로운 걸 배우거나 시도하기 위해 첫발을 내디딜 때 자존감 낮은 '까칠이'는 이렇게 말할지 모른다. "뭣 하러 애써? 그래봤자 할 수 없을 텐데." 능숙함은 배움과 연습에서 나온다. '당당이'를 올리고 싶은가? 자신의 영역을 계속 늘려나가라. 새로운 것을 배우라. 색다른 방법을 시도하라. 그게 성장하는 마음가짐이다. 코치 멕의 표현은 이렇다. "아이의 걸음걸이는 작아요. 베이비 스텝이죠. 그러나 조금씩 넓혀나갑니다. 애들은 그렇게 '당당이'를 구축하는데, 이건 어른한테도 아주 잘 먹히는 방법이거든요."

　사람들 앞에서 연설하는 법을 배우든 뒷마당의 정원 가꾸기를 배우든, '당당이' 형성은 똑같은 공식을 따른다. 즉, 목표를 정하고 그걸 달성하기 위한 합리적인 계획을 세우는 것. 그런 다음 첫걸음을 떼는 것. 그걸 평가하는 것. 곰곰이 생각하는 것. 그러고는 배운 것을 기반으로 둘째 걸음을 떼는 것. 한 걸음 또 한 걸음, 능력과 수완이 생긴다. 한 걸음 또 한 걸음, 자신감이 쑥쑥 자란다. 그리고 자존감까지 성장하니, 그건 보너스다.

[3] 지금 '까칠이'의 욕구는 얼마나 잘 충족되고 있으며, 그 욕구는 나의 행복에 얼마나 중요한가? 1점에서 10점까지 메긴다면?

　자신감은 흔히 우리가 어떤 일을 할 것인지 말 것인지를 결정하는 요인이 된다. 자신감이 결핍된 사람은 무기력하게 살아갈 확률이 높다. 자신감이 없을 때 우린 할 일을 미룬다. 한 단계 올라가는 것과 정면 돌파를 꺼린다. 지나친 자신감도 문제가 될 수는 있지만, 그래도 상담사들은 고객들에게 활짝 꽃피는 인생을 위해서는 특정 임무에 대한 '당당이' 점수를 7이나 8 정도는 유지하라고 충고한다. 어떤 경우에든 5*는 넘어야 한다고 말이다.

　맞다, 그 숫자 옆에 별표(*)가 붙어 있다. 왜냐하면, 그 밖의 잠재인격들과는 달리 '당당이' 점수는 영역에 따라 종종 달라지기 때문이다. 인생의 모든 면에 적용할 수 있는 숫자란 없다는 얘기다. 부모로서의 능력이라면 자신만만하지만, 업무에서는 그렇지 않을 수 있다. 뭔가 망가진 물건은 잘 고치지만, 사람들 앞에서 말하는 건 완전 꽝일 수 있다. 골프는 자신 있지만, 테니스 실력은 엉망일 수 있다. 그리고 아마도 그런 생각은 당연하다! (물론 마음만 먹으면 테니스 실력을 올려서 그에 대한 '당당이'를 끌어올릴 수 있지만 말이다.)

'나'는 여러 가지의 집합체이다. 점수란 것도 인생의 모든 영역을 종합한 거다. 따라서 내 '당당이'가 몇 점인가를 생각할 때는 어떤 영역의 이야기인지 고려하는 게 좋다.

이 모든 점에서 '까칠이'는 어떨까? 앞서 언급한 것처럼, 이 목소리는 때로 성미가 까다롭다. 우리는 언제나 자기를 다른 사람들과 비교하면서, 어떤 점에서 남보다 떨어지고 부족한지를 들추어내기 때문이다. '까칠이'가 딱 필요한 만큼의 압력만 가하면서 심술도 안 부리고 비판도 안 하면 가장 이상적일 텐데. 당신이 본 것처럼 자존감은 '당당이'와 아주 긴밀하게 엮여 있어서, 당신이 '까칠이'에게 부여하는 점수도 '당당이'에게 부여하는 점수와 긴밀히 연결되어 있다고 할 수 있을 것이다.

[4] 어떻게 해야 '당당이'와 '까칠이'의 욕구를 좀 더 충족시킬 수 있을까?

좀 더 배운다. 좀 더 경험한다. 좀 더 노력한다. 그러나 차근차근 조금씩 해야 '당당이'가 불안을 느끼거나 압도당하지 않는다. 그렇게 하면서 자신을 너무 가혹하게 판단하지 않도록 노력한다. 만약 걸림돌을 만나면 우회하여 계속 앞으로 나아간다. 프리드리히 니체가 말하지 않았던가? "무슨 일로 죽지만 않는다면 그만큼 더 강해지는 법."

그리고 기억하자, '당당이'는 '까칠이'와 하나로 엮여 있다는 걸. '당당이'가 강할수록 자존감도 커질 수밖에 없다. 우리가 언급한 것처럼, '당당이'와 '까칠이'는 서로에게 엄청난 영향을 준다. 어떻게 그런 일이 생기는지, 당신은 나중에 나올 두 가지 케이스 스터디에서 보게 될 것이다. 때때로 이 두 잠재인격은 서로를 튼튼하게 해주기도 하지만, 항상 그런 건 아니다. 또 한쪽의 문제를 처리해주면 다른 한쪽에 어떻게 도움이 되는지도 눈여겨보라.

처음부터 끝까지 인생이란 인간으로서 좀 더 능숙해지고 좀 더 '당당이'를 키워가는 과정이다. 그러므로 당신은 삶의 이런저런 영역이나 측면에서 매일 조금씩 나아지기 시작할 수 있는 것이다. 아침식사를 더 맛있게 만들게 된다든지, 직장에서 좀 더 적극적으로 변한다든지, 혹은 집수리 방법을 배우는 것이다. 아니, 그 어떤 것이든 상관없다. 한 가지 영역을 정해서 거기에 집중하자. '당당이'가 생길 거다. 이제부터 우리가 그 방법을 보여줄 것이다.

한 걸음씩 '당당이'를 쌓아올려라

첫걸음은 능력 키우기다.

"사람들이 조금씩 능력을 배양함으로써 '당당이'를 쌓도록 돕는 것,

우리 코치들의 주된 임무 중 하나죠." 코치 맥이 말한다.

당신은 삶의 모든 면에서 능력을 드높이고, 나아가 '당당이'도 쑥쑥 키우고 싶은가?

아래와 같은 단계를 하나씩 밟아보라.

◆ **롤 모델 찾기** : 무슨 일을 하려고 하는가? 피아노 연주? 창업? 아니면 좀 더 적극적인 사교생활? 목표가 무엇이든, 우선 나랑 말이 통하고 그런 면에서 이미 능력을 보여준 사람을 찾으라. 그 사람의 내력을 연구하고, 그가 어떻게 행동하는지도 살피며, 가능하다면 그의 실제 행동을 관찰하라.

◆ **조금씩 늘려가되 지나치지 않게** : 건반이라곤 딱 두 번째 만지면서 베토벤 소나타를 연주하려고 안달하면 안 된다. 잊지 말자, 새로 시작한 사업이 하루 만에 (하루는커녕 일 년에도) 성공하는 법은 없다. 여러 사람과 섞여 있으면서 편안함을 느끼는 것처럼 이 역시 시간이 필요하다. 첫걸음을 어떻게 내디딜 것인가부터 알아내자. 작고 합리적이고 측정할 수 있는 첫걸음을 내딛자.

◆ **비판이 아니라 배운다는 마음가짐** : 위에서 말한 첫걸음, 이건 그저 실험이다. (하긴, 인생이란 게 오롯이 하나의 커다란 실험 아니겠는가?) 그런 다음 어떻게 되는지 지켜보라. 그건 당신이

딱 원하던 곳으로 안내해줄 수도 있고, 그렇지 않을 수도 있다. 어느 경우든 자신을 판단하진 말자. 비판 좋아하는 '까칠이'가 내면의 논의를 주도하게 버려두지 말자. 다음 단계를 계획하면서 경험으로 배운 바를 풀어서 거두어들이자.

◆ **더 나아질 기회 찾기** : 나를 능숙하게 만들어줄 여러 가지 경험을 '디자인'하라. 롤 모델에게 조언도 구하고, 가능하다면 선생이나 코치나 건강 전문가나 읽을거리로부터 길을 찾기도 하자. 할 수만 있다면 때를 가리지 말고 연습하자!

◆ **몇 걸음 더 나아가라. 그리고 그 위에 쌓아 올리라** : 첫걸음과 개선의 기회로부터 배운 것들을 통합한 다음, 또 한 걸음 나아가자. 그리고 또 한 걸음. 그럴 때마다 배운 것을 되돌아보고 궁리하자. 한 걸음씩 차례차례 쌓아가는 것이다.

◆ **낙관적인 사람이 되라** : 시간이 좀 걸릴 수도 있지만, 내 목표가 현실적이고 굳건한 결심과 스스로를 향한 친절함이 있다면 그 목표를 달성할 것이다. 그 과정에서 내 자신감과 자존감은 쑥쑥 클 것이다!

케이스 스터디:
'당당이'와 '까칠이'

코치 멕 : 제이슨, 21세 / 엘리자베스, 52세

대학 3학년생인 제이슨과 잘 나가는 변호사인 그의 엄마 엘리자베스가 함께 코치 멕을 찾아왔다. 드문 일이지만 가끔은 그런 고객이 있다.

신입생이 된 제이슨이 교육학을 전공하겠다고 말했을 때 엘리자베스와 남편은 괜찮은 생각이라고 받아들였다. 그러나 2년이 지난 지금 두 사람은 아들이 원래 계획을 재고해주길 바라고 있다. 엄마 아빠의 뒤를 이어 제이슨이 로스쿨에 갔으면 좋겠다는 것이다. 아빠는 아들이 자신의 법무법인에 들어와 주니어 파트너가 된다면 얼마나 좋을까 하는 꿈도 꾼다.

하지만 제이슨은 로스쿨에 관심이 없었다. 한 학기 동안 빈민지역 학교로 교생실습을 나간 후로, 오히려 교사가 되겠다는 그의 결심은 더욱 굳어졌다. 한 번은 부모와 이야기를 나누다가 이렇게 말했다. "그건 숭고한 소명이에요. 우리나라에는 좋은 교사가 필요하고, 나는 기업 변호사보다 교사로서 사회에 더 공헌할 수 있다구요."

부모는 이렇게 답했다. "현실을 직시하렴. 연봉이 좋은 교사직은 찾기 힘들어. 게다가 네가 어디로 가서 살게 될지도 모를 일이고!" 그들은 제이슨한테 로스쿨 입학시험을 쳐보라고 달랬다.

이런 식으로 의미 있는 직업이 무엇인지를 두고 열띤 토론이 벌어졌다.

제이슨의 부모는 아들의 의사결정 능력을 존중했지만, 엘리자베스는 코치 멕에게 이렇게 말했다. "우리가 학비를 대고 있으니까 우리도 한마디 정도 말할 자격은 있는 거 아닌가, 하는 것이 남편의 태도에요."

그래서 엄마와 아들이 상담 차 코치 멕을 찾아온 거였다.

코치 멕은 내면가족이란 개념을 설명한 다음, 제이슨에게 소위 '출석점호'를 해보라고 제안했고 엄마는 옆에 앉아 귀를 기울였다.

'척척이' : "엄마가 아주 자랑스럽긴 해. 무지 성공했거든. 그렇다고 내가 꼭 엄마처럼 되고 싶은 건 아냐. 엄마는 일주일에 70시간이나 일하고 스트레스도 엄청 받는걸. 그 때문에 주말에도 제대로 못 놀고. 돈이야 좋지만 난 별로 돈에 신경 안 써. 나는 그런 사람이 아니고 목표도 다르거든."

'차분이' : "난 아웃도어 스포츠가 좋아. 특히 주말에 하이킹하고 암벽등반하는 게 진짜 최고야. 변호사가 되면 그런 건 꿈도 못 꾸지. 신참들은 토요일에도 일하고 때론 일요일에도 사무실에 나오잖아. 육체적으로나 정신적으로 좋지 않을 것 같아."

'당당이' : "난 언제든지 엄마 아빠 말을 잘 들었어. 두 사람이 변호사의 사고방식을 가질 수밖에 없다는 건 잘 알아. 하지만 나는 그들처럼은 못 해. 그런 적대적이고 전략적인 마음이 나에겐…… 몰라…… 나한테는 없어. 그냥 없다고. 다른 건 다 잘하는데 그것만은 아닌 것 같아."

'궁금이' : "아이들이란 항상 모험이고, 배우는 것도 모험이야. 학교 다닐 땐 '쿨'하고 새로운 걸 배우는 게 정말 좋았지. 요즘 불우한 환경의 아이들을 도와서 그런 기분을 느끼게 할 수 있으면 얼마나 좋을까."

'꼼꼼이' : "엄마 아빠가 사건 변호를 준비할 때마다 일하는 시간이라는 건 도무지 예측할 수도 없고 미친 듯이 일해. 하지만 나는 학사일정 스타일이 좋다고. 학기는 어느 날에 시작해서 어느 날에 끝나고, 수업은 매일 같은 시각에 시작해서 같은 시각에 끝나고, 크리스마스는 이 날이고 봄방학은 저 날에 시작되고…… 아주 체계적이고 예측할 수 있는 스케줄이잖아. 난 그런 게 좋단 말야."

'번뜩이' : "잘 가르친다는 건 학생들에게 동기를 부여하는 창의적 방법을 찾는 거지. 난 기회가 주어질 때 써먹을 수 있는 멋진 수업계획 아이디어를 이미 생각해뒀어."

'까칠이' : "나는 엄마를 사랑하고, 자랑스러운 아들이 되길 원해. 그렇다고 꼭 변호사가 되어야 성공하는 건 아니잖아? 나는 세상이 필요로 하는 훌륭한 선생님이 될 수 있다고 믿어."

'큼직이' : "나는 소송에서 이기는 것보다 아이가 좋은 책에 관심을 보이게 만들고 싶어. 그게 더 큰 변화를 만드는 거야. 아이가 어떤 주제에 흥미를 갖게 만들거나, 내가 도와주었기 때문에 그냥 배우는 걸 즐거워하게 만드는 것. 이거, 얼마나 멋져?"

이런 식으로 제이슨이 점호를 하는 도중에도 그의 엄마는 몇 번이나 끼어들려고 했다. 그리고 여러 번 이렇게 말하려 했다. "아니, 그치만……."

코치 멕은 그녀에게 의견을 말할 때가 아니라 귀를 기울여야 한다고 주의를 줬다. "이런 목소리들과 그들의 욕구를 존중해야 해요. 설사 그들의 말이 다소 마뜩잖다고 하더라도 말이죠."

출석점호가 끝난 후에 엘리자베스에게도 말할 기회가 주어졌다. 그녀는 그때까지 들은 내용을 곰곰 생각하면서 잠시 침묵한 다음 입을 열었다. "와, '큼직이'의 말을 들을 때 즈음에야 선생님이 된다는 생각이 아들에게 얼마나 큰 의미인지 깨달았어요."

코치 멕은 고개를 끄덕였다. "그렇죠, 이번 출석점호는 거의 만장일치네요."

엘리자베스는 자신과 남편이 모종의 역할을 할 수는 있지만, 아들의 인생을 주도할 수는 없다는 걸 깨달았다. 이건 아들의 여정이고, 적어도 현재 시점에서 그는 가야 할 방향을 명백하게 아는 듯했다. 강요는 역효과를 낳을 수 있다.

코치 멕은 이렇게 말한다. "아들이 하고 싶은 걸 막을 수야 없겠죠. 하지만 그런 욕구를 또렷이 듣는다는 것은 제이슨에게나 엄마에게 대단히 강렬한 경험이었다고 생각해요."

이후 제이슨은 계속 교육학을 공부했고, 4학년 때 매사추세츠의 한 도심 지역 학교에서 교생으로 일했다. 코치 멕한테 보낸 이메일에 의하면, 그는 졸업 후 그 학교에서 일할 수 있을 거라고 한다. 그는 이메일에 이렇게 적었다. "전 이곳을 제대로 변화시킬 수 있을 것 같아요."

그래, 바로 이게 '당당이'의 목소리야! 코치 멕은 이메일을 읽으며 무릎을 쳤다.

닥터 에디 : 펄, 87세

교장으로 은퇴한 활발한 성격의 펄. 나는 동네 요양시설을 방문했다가 펄의 상태를 한번 봐달라는 부탁을 받았다. 독립해서 자기 집에서 살고 있던 펄은 부서진 보도블록에 걸려 넘어졌다고 시설에 알려왔다. 이웃의 도움으로 간신히 일어났단다. 다행히 골절은 없었고 약간 긁혔을 뿐이었다.

펄은 날 만나자 이렇게 말했다. "창피했지. 바로 우리 집 앞 땅바닥에 벌렁 드러누웠으니까. 이웃 사람이 도와줄 때까지 일어날 수도 없었고."

다행히 심각한 부상은 없었다. 하지만 펄은 그때부터 혼자 걸어 다닐 수 있다는 걸 믿지 않게 돼버렸다. 그 후론 아예 외출을 안 했다고 털어놓았다. 그리곤 움직이지 않으니까 얼마나 빨리 몸이 약해지는지, 깜짝 놀랐다고 했다. (전혀 놀라운 일이 아니다. 노인네들이 얼마나 순식간에 기력을 잃는지, 애석하지만 난 경험으로 잘 안다. "쓰든가, 안 써서 잃어버리든가" 같은 조언은 나이 들면서 갑절로 적용되는 것 같다.)

움직임이 둔해지는 많은 이들처럼, 펄도 어떻게든 이를 보충하려고 애썼다. "처음에는 넘어지지 않게 가구를 붙잡고는 집안을 이리저리 걸었지. 근데 며칠 지나니까 그것도 힘들더라고. 계단을 오르는데 하도 숨이 차서 침실에도 갈 수 없었어." 결국, 요양원에 올 수밖에 없었던 이유를 말하면서 그녀는 내 눈을 똑바로 보지도 못했다. "화장실 변기에서 일어서지도 못했거든." 부끄러워 어쩔 줄 모르는 표정이었다. 다행히도 옆에 핸드폰이 있어서 이웃에게 전화를 걸 수 있었다. 그렇지만 우리 집 화장실에서 살려달라고 요청하다니, 아이고 창피해라, 상상이 돼?

참 안됐다고 느꼈지만, 그녀를 진찰하기 전에 나는 뭘 알아내게 될지, 감이 왔다.

아무것도 없을 거야! 적어도 미리 예방할 수 없었던 건 하나도 없을 거야!

실제로 펄을 진찰해보니 신체적 부상은 없었다. 그저 아물어가는 찰과상과 미세한 근육 손상뿐이었다. 진짜 상처가 난 부위는 그녀의 정신이었다. 그러니까 '낙상 공포'라는 심각한 증세였다. 의학 용어로 말하자면 낙상 공포증은 '당당이'의 위기에 가장 근접한 진단이다. 그렇다. '당당이'다. 당신이 이 챕터에서 읽어왔던 그 잠재인격 말이다. 행여 넘어질까 두려운 것은 넘어지는 것 자체가 아니라 두려움에서 비롯된다. 근력을 유지하고 균형감각을 지키는 데 필요한 산책을 중단함으로써 펄은 더 약해지고 불안정하게 된 것이다. 그리고 집안에서조차 휘청거리기 시작하자, 그 두려움은 현실이 되었다.

생리학적 관점에서 볼 때 펄의 재활치료는 단순했다. 첫째 날 물리치료사가 안전하게 지탱해줄 보행기와 허리띠를 이용해 그녀가 일어서도록 도왔다. 불과 며칠 사이에 펄은 혼자 일어설 정도로 기력을 회복했고 그런 다음 보행기 없이도 걸었다. 펄은 물리치료사의 말에 성실하게 귀를 기울였고 처방받은 대로 움직이고 운동했다. 몸의 기능이 향상되자 자존감도 회복되었다. 그 후 내가 요양원을 찾았을 때 그녀는 살짝 웃으며 말했다. "이젠 스스로에 대해서 기분이 훨씬 좋아졌어." 그러니까 누가 도와주지 않아도 변기에서 일어날 수 있다는 것이었다. 그러니 기분이 훨씬 더 좋아지지 않을 수 있었겠는가.

요양원에서 몇 주일 재활치료를 하는 동안, 펄은 걷는 거리와 근력 운동량을 매일 조금씩 늘려갔다. 사실 누구든 어떤 나이든, 심지어 백 살이라도, 가벼운 무게를 들어 올리거나 의자에서 반복적으로 일어났다 앉는 등의 저항

운동을 하면 근력이 강화된다. 물리치료사는 그녀에게 스펀지 고무 위를 걷고 한 발로 서게 하는 등, 예전에 한 번도 안 해본 기본운동을 시킴으로써 균형감각을 향상시켰다. (이거, 쉽게 균형감을 키우는 방법인데, 당신은 해본 적 있나?)

그렇게 진전이 있었음에도 펄은 집으로 돌아가길 두려워했다.

흠, 이건 내면의 불협화음 때문일 거야. 난 그렇게 생각했다. 전에도 이런 현상을 본 적이 있지. 이런 상황에서 노인들은 그냥 포기해버린다. 한두 번 물리치료를 받고 나면 그들은 이렇게 말한다. "그러기엔 너무 늙었어. 난 안 돼. 너무 늦었어." 사실을 말하자면 너무 늦은 것은 아니다. 펄이 그것을 재차 확인시켜주었다.

물리치료사는 멋진 아이디어를 생각해냈다. 그녀는 펄을 데리고 치료센터 근처의 깨진 보도가 있는 곳, 펄이 집 앞에서 넘어졌던 데와 비슷한 곳으로 갔다. 마치 말에서 떨어졌다가 다시 올라타는 이야기 속의 기수처럼, 펄은 한 블록 길이를 용감하게 다시 걸었다.

마지막으로 방문했을 때, 나는 펄이 달라진 걸 눈치챘다. 그녀는 이제 집으로 돌아갈 준비가 되었다고 선언했다. 물론 나는 기뻤다. 가능하다면 독립성 회복이 언제나 우리의 목표이니까. 그래도 나는 그녀의 다짐을 받아두어야 했다.

똑바로 앉아 내 눈을 마주 보며 펄이 말했다. "확실해요, 의사선생님. 몇 년 만에 처음으로 기운이 펄펄 나는걸요."

물리치료사가 잘 해냈다는 증거였다. 하지만 그것 말고도 다른 뭔가가 있었다. 길에서 넘어졌던 때부터 의기양양하게 집으로 돌아갈 때까지의 기간 내

내 펄은 잠재인격의 여러 부분과 (특히 '까칠이' 및 '당당이'와) 활기에 찬 내면의 대화를 해온 것이다. 그녀의 치료가 성공리에 끝난 것은 스펀지 고무에서 균형 잡기를 배운 탓도 있지만, 그 못지않게 감정을 잘 관리했던 탓이기도 했다. 아니, 감정 관리가 없었더라면 균형을 잡기나 했을까?

펄의 '까칠이'는 틀림없이 그녀가 다시는 혼자 살 수 없을 거라고 통보했을 것이며, 그 화장실 사건을 증거로 사용했을 거다. 그러나 다행히 '당당이'가 목소리를 높여, 예전엔 그보다 더 높은 기준으로 살아오지 않았느냐고 알려주었다. 하긴 넘어지는 사건이 있기 전까진 혼자 힘으로 수십 년을 살아오지 않았던가? 게다가 '척척이'의 강력한 목소리도 그 토론에 끼어들지 않았을까? 그리고 그 결과, 펄은 (비슷한 상황의 다른 사람들과는 달리) 물리치료를 열심히 해보자는 결심에 이르렀을 것이다.

'당당이'는 차례로 조금씩 어려워지는 임무를 자신에게 부과하고 힘든 상황을 잘 빠져나오는 데서 비롯된다. 다른 목소리들처럼 '까칠이'에게도 귀를 기울여야 한다. 실제 펄은 낙상을 입은 다음 스스로 기준을 낮추었지만 그래도 귀를 기울였다. 그리고 일단 기준이 다시 올라가자 어려운 상황을 용케 헤쳐나갔다. 이것이 이 잠재인격을 이해하기 위한 핵심 포인트다. 고정불변의 기준이 어디 있겠는가. '당당이'를 쌓아 올릴 수 있듯이, '까칠이'도 '리셋'할 수 있다. 오늘 '당당이'가 떨어졌다고 해서 내일 다시 강화될 수 없다는 것은 아니다. 그러므로 '당당이'를 가져라! 두려워 말고 기준을 높이 설정하라!

SEVEN

호기심 만땅 '궁금이'

호기심은 우리 모두의 마음에 영원히 타오르는 불꽃이다. 호기심이 있기에 나는 아침마다 침대에서 일어나고, 그날 내가 어떤 삶의 놀라움을 누릴지 궁금해한다. 호기심은 너무도 강력하다. 그게 없다면 나는 지금의 내가 되지 못했을 것이다. 어린 시절 나는 몹시 궁금했다. "하늘은 왜 파랄까?" "별들은 왜 반짝거릴까?" "나는 왜 나인 거지?" 지금도 그런 질문을 던진다. 난 너무나 궁금한 게 많으며, 미국이란 나라에서 그 해답을 찾고 싶다. 호기심은 일상 생활을 밀고 나가게 해주는 열정이다. 질문하고 경이로움을 누리려는 욕구가 있기에 우리는 탐험가가 됐고 과학자가 되었다. 그래, 별의별 위험이 주위에 널려 있다. 그렇지만 우리는 계속 신기해하고, 꿈꾸고, 창조하고, 희망을 품는다. 우리는 세상에 대해 그토록 많은 것을 알아냈으나, 그건 여전히 너무도 적다. 인간이 모든 걸 알 수 있는 날은 절대 오지 않겠지만, 그래도 타오르는 호기심으로 그렇게 많은 것을 배워왔다.

2008년 12살의 클라라 마가 쓴 에세이다. 이 소녀는 NASA 후원으로 화성 과학실험실이 만든 탐사차(로버)를 위한 '전국 이름 짓기 콘테스트'에 이 글을 제출했다. 캔저스에 살고 있던 클라라는 이 감동적인 에세이에 호기심을 뜻하는 '큐리오시티(Curiosity)'란 제목을 붙였다. 알고 싶다는 인간의 강력한 욕구에 대한 웅변으로 클라라는 대상을 받았다. 놀라운 일이 아니었다.

그로부터 약 4년 후인 2012년 8월 6일, NASA는 탐사용 로버 **큐리오시티**를 화성 표면에 착륙시킨다. 우주선 발사에 앞서 열린 기념식에서 클라라는 우주선 안쪽에다 마커로 서명도 했다. 탐사선의 임무는 인류의 마음속에 오랫동안 간직되었던 질문, "화성에도 생명체가 있을까?"에 대한 답변을 찾는 것이었다.

지금도 진행 중인 큐리오시티의 미션을 추진하는 원동력은 그 질문을 비롯한 여러 가지 궁금증의 배경이 된 호기심이다. 아니, 인류가 우주비행 기술을 가지게 된 이래 우주탐사를 추진해왔던 힘이 바로 호기심이다. 이 로버의 이름이 그 뒤에 숨은 인간의 강력한 동기를 또렷이 보여주고 있으니, 이 얼마나 안성맞춤인가!

다른 잠재인격들이 그러하듯, 탐사하고 새로운 경험을 찾으려는 욕구라든지 새로운 것과 유별난 것에 끌리는 성향은 우리 인간을 구성하는 일부다. 바로 위험을 무릅쓰고 새로운 걸 좋아하는 당신의 한 부분 말이다.

그 폭과 깊이는 사뭇 다르지만, 누구나 호기심을 지니며 가끔은 그 호기심을 근거로 행동 여부를 결정하기도 한다. 어떤 이들은 경이로움으로, 호기심으로, 끊임없이 삶의 무대에 새로운 경험을 채우려는 욕구로 이 세상에 다가간다. 반면 현재 상태에 좀 더 신중하거나 만족하는 이들도 있다. 그러나 대개의 경우, 호기심은 선호하는 것과 관심의 대상에 따라 변할 수 있다. 축구경기 결과라든지 누가 오스카상을 탔는지를 알아내려고 안달복달하는 사람도 있지 않은가. 우리는 온갖 것에 호기심을 느낄 수도 있고, 그냥 몇 가지에만 호기심을 가질 수도 있다. 아프가니스탄 정국에는 도통 관심이 없으면서 친한 친구의 새 애인에 대해서는 어마어마하게 궁금할 수 있다.

'궁금이' 자체가 흥미롭다. 일이 잘 안 풀리고 침울할 때, 흔히 이런 질문을 던지면서 나를 우울함에서 벗어나게 해주는 건 호기심이다.

"어떻게 하면 이 꿀꿀한 기분에서 벗어날 수 있지?"

"이 상황을 바라보는 다른 방식이 있다면 그게 뭘까?"

"지금 상황이 주는 교훈이나 새로운 방향이 있을까?"

'궁금이'는 배움을 사랑하고 변화를 좋아한다. 인간에겐 삶을 향한 갈증이 있고 신기한 걸 보면 자극을 받는다. 우리는 혼자가 아니다. 안전과 균형을 향한 '차분이'의 욕구 다음으로 생명이 지닌 가장 오래된 동력에는 새로움을 추구하는 성향이 포함된다고 말하는 사람들도 있다. 원시의 생명은 그렇게 해서 안정된 환경을 넘어 확장되었다. 호기심이 없다면 원시 유기체 이상의 생명이 없을 거란 뜻일까? 그럴지도!

물론 고양이는 호기심이 많은 것으로 유명하다. 그러나 다른 피조물들도 마찬가지일 터. 진화생물학자인 마크 하우저(Marc D. Hauser)는 2000년 저서 〈야성의 정신: 동물은 정말 무슨 생각을 할까?〉에서 호기심이라고 볼 수 있는 동물들의 흥미로운 행동 몇 가지를 소개했다.

◆ 일반 실험용 쥐를 미로에 놓아두면 즉시 탐색을 시작한다. 그러면서 그 영역에 대해 자세한 지식이 생긴다. 어느 방향으로 가야 먹이를 찾고 출구를 만날지를 이해하는 과정이다. 쥐는 호기심을 통해 하나의 로드맵, 즉 공간좌표의 디렉터리를 만들어내는 것이다.

◆ 떼 지어 몰려다니는 물고기 중에는 다수의 개체가 무리의 안전을 떠나 주변을 헤엄치며 근접한 포식자의 행동을 관찰하는 종들이 많다. 이런 대담한 관찰자들은 포식자의 공격을 기다리는 게 아니라, 그 자리에 머물러 있을지 혹은 달아날지를 결정할 근거가 되는 정보를 수집하는 것이다.

◆ 애완견을 데리고 산책해보라. 매번 산책하는 길인데도 애완견

은 땅이며 나무며 소화전 따위에 코를 대고 킁킁 냄새를 맡는다. 그렇게 킁킁대면 다른 동물들이 남긴 냄새를 탐지할 수 있기 때문이다. 그리고 물론 애완견도 자신만의 독특한 서명을 항상 남겨놓는다.

하우저는 동물들의 행동을 지나치게 해석하지 말라고 경고한다. 동물에게 인간의 성격을 부여하지 말라는 의미다. 그러면서도 동물이란 '정보를 탐식貪食하는 존재'여서, 지침이 되는 행동에 유익한 관련 정보를 소화하고 저장한다고 지적했다.

그게 호기심을 정의하는 한 가지 방법이다.

인간의 경우, 호기심은 좀 더 범위가 넓고 더 복잡하다는 특성을 갖는다. 호기심은 단지 생존에 필요한 것을 찾는 데 국한되지 않는다. 반대로 태양계 행성 탐구처럼 야심만만한 계획의 뒤에는 꼭 호기심이 있어야 한다는 법도 없다. 이 내면의 목소리는 단순히 헤어스타일을 바꾸고 싶다는 목소리일 수도 있고, 시내에 막 개업한 레스토랑에 가보거나 사람들 입에 오르내리는 새로운 TV 시리즈를 보고 싶다는 목소리일 수도 있다.

'궁금이'가 강렬한 사람들은 사업가들 가운데 흔히 볼 수 있다. 새로운 삶, 새로운 커리어, 새로운 상황을 창출하면서 자신을 '재창조'하는 이들은 바로 이 잠재인격에 의해 생기를 띤다. 제임스 코치(James V. Koch) 올드 도미니언 대학교 교수는 2013년 사업가라는 잡지에 실린 인터뷰 기사 「사업가는 타고나는가, 만들어지는가?」에서 이렇게 말했다. "누가 가장 사업가 기질이 농후한지 아세요? 비즈니스 스쿨에 가서 누가 관련 강의를 듣는지를 볼 필요는 없습니다. 그보다 더 중요한 것은 개인의 성격이라든지 위기를 감내할 수 있는 능력이니까요. 유전자가 모든 걸 결정한다는 얘기가 아닙니다. 그 점을 강조해야겠군요. 전 경영, 지식, 관찰, 환경이 모두 중요하다고 생각합니다. 그러나 글쎄요, 위험의 감수를 즐기라고 누군가에게 가르칠 수 있을까요? 그건 각 개인이 애초에 품고 있는 것 같습니다."

과학기술 분야 저자인 제프리 클루거(Jeffrey Kluger)는 2013년에 발표한 에세이 「추구하는 데서 느끼는 행복」에서 오늘날의 미국인들은 유전적으로나 문화적으로 '위험 감수'의 전통을 이어받았다고 하면서, 그것이 황무지나 다름없었던 아메리카 대륙을 길들이던 시절까지 거슬러 올라가는 전통이라고 짐작한다. 그는 이렇게 썼다. "신세계로 건너온 영국 이주자들은 스스로 선택한 무리였다. 독재의 채찍이나 빈곤으로 고통받은 사람들이라고 해서 모두가 분발하여 짐 싸들고 지구 반대편으로 가서 새 출발 하는 기질을 지닌 것은 아니었다. 그렇게 했던 이들은 뭔가를 찾고(추구하고) 있었으며, '행복'이야말로 그들의 목적을 정의할 수 있는 가장 훌륭한 단어다. 그 이민자들이 일단 신대륙에서 아이들을 양육하기 시작하자, 새로운 세대에게도 그와 꼭 같은 탐구의 정신을 심어주었거나 적어도 가르쳤을 법하지 않은가.

그 점이 참 흥미롭다. 생각해보라, 19세기와 20세기 초 엘리스 아일랜드에 도착한 수백만 명의 이민자들을. 모든 것을 내버리고 그나마 수중에 남은 전부를 실질적으로 전혀 낯선 미지의 땅에다 걸 수 있으려면 얼마나 용기가 필요했겠는가! **그들이야말로** 위험을 무릅쓴 사람들이었다. 우리 대부분이 그들의 후손이고, (종종 그와 비슷한 위험을 감내했던) 수많은 새 이민자들 또한 똑같은 모험심과 똑같은 호기심과 똑같은 용기로써 새로운 삶에 전부를 거는 동력을 얻는다.

물론 오로지 미국인들만이 호기심을 갖고 모험을 꿈꾼다는 얘기는 아니다. 전혀 그렇지 않다. 새로움을 추구하는 동력이 규율에 억눌렸을 때 분노하는 것도 미국인들만이 아니다. 민주주의의 옹호자들이 모든 국가와 모든 국민은 자유로워야 한다고 말할 때, 그런 자유 중에서도 맨 먼저 언급되는 것이 호기심을 실행하고 호기심을 따를 수 있는 자유다.

호기심은 요람에서부터

심리학자이자 호기심 전문가인 토드 캐쉬던(Todd Kashdan)은 인간이 살아가는 내내 느끼는 호기심에 대해 상당한 통찰력을 보여준다. 호기심은 타고난 거다. 요람에 누운 갓난아기가 머리맡에 달아놓은 조그만 모빌을 향해 손을 내미는 모습을 생각해보라. 엉금엉금 기어 다니며 집안을 탐험하는 네 살짜리 꼬마를 생각해보라. (우린 아이들의 호기심 때문에 물건마다 안전장치를 해놓는 것 아닌가?) 아이들은 새로운 것, 신기한 것을 찾아 헤맨다. 그들의 세상은 발견과 경이로움으로 가득하다.

하지만 그 후에는 여러 가지 규율과 맞닥뜨린다.

이거 해라. 저거 해라. 그쪽으로 가지 마. 거길 넘어가면 안 돼. 엄마 아빠 말대로 하고 질문은 하지 않기. 이걸 외워라. 저것도 외워야지. 말썽은 피하고 한계를 알아야 해.

그렇다고 규율이 중요하지 않다는 얘기는 아니다. 물론 중요하다. 아이들은 경계선이 어딘지 알아야 한다. 그러나 규율이 애들 주변에 옹벽을 쌓아 호기심을 막으며 탐구하고 발견하는 능력을 꺾는 경우가 너무나 자주 발생한다. 좋은 학교, 좋은 부모, 좋은 교육자는 '집은 태워먹지 않으면서' 호기심은 활활 타오르도록 해주려고 무진 애를 쓴다.

규율에 더해지는 건 두려움이다. 물론 정당한 두려움도 더러 있지만, 부풀린 두려움도 많다. 카시트나 자전거 헬멧 따위로 아이를 꽁꽁 감싸는 밀레니얼 세대의 부모들은 어떻게든 애들의 삶에서 '리스크'를 깡그리 없애버리려 한다는 욕을 자주 먹는다. 그게 사실이든 아니든, 소셜미디어 왕따라든지 진통제 남용 같은 '신종 리스크'를 부모가 무슨 수로 막아내겠는가?

성인들도 위험을 싫어하기는 마찬가지라고 생각되는데, 거기엔 그럴 만한 이유가 있는 경우도 많다. 재무상태나 건강에 신경 쓰라는 말도 많이 듣고, 또 넘어지지 않도록 조심해라, 보이스 피싱이나 인터넷 사기에 속지 말라, 등의 분별 있는 경고도 자주 받으니까 말이다. 고분고분 그런 경고를 귀담아듣는 사람들도 많다. 그러면서도 제2의 커리어를 시작하거나, 모험심 가득한 여행가가 되거나, 철인3종경기를 시도하는 성인들에게는 보통 대담하다는 칭찬이 쏟아진다.

나이와는 상관없이, 우리 사회는 갈수록 리스크에 대해 이중적 메시지를 보내고 있다. 가령 사업가가 위험을 무릅쓰는 모습에는 독려와 찬사를 보내면서도, 삶의 다른 무대에서는 그런 걸 억누른다.

우리가 할 수 있고 또 해야 할 일은 호기심을 북돋우는 것이다. 우리 아이들의 호기심이든, 우리 자신의 호기심이든! 2006년에 나온 캐쉬던의 책 〈호기심이라고?〉는 이렇게 설명한다. "호기심이란 기를 수 있고 발달시킬 수 있다. 자꾸 연습하면 호기심을 활용해 일상적인 일도 흥미롭고 재미있는 경험으로 바꿀 수 있다. 그뿐인가, 호기심을 잘 이용하면 우리가 맞닥뜨리는 거의 모든 상황이나 인간관계로부터 경이로움, 흥미, 재미를 의도적으로 만들어낼 수 있다. 그 모든 것의 출발은 좀 더 알고자 하는 마음이다."

내면가족이란 맥락에서 호기심을 본다면, 그리고 내 삶을 활짝 꽃피우기 위해서는 욕구를 충족시켜 좀 더 나은 감정 관리를 배워야 한다는 이 책의 포커스를 염두에 둔다면, 우리는 '궁금이'의 어떤 점을 더 알아야 할까? 그렇다, 우리는 호기심이라는 목소리가 개개인의 변화를 위한 핵심이라는 걸 이해해야 한다. 코치 멕의 이야기를 들어보자. "상담이란 호기심에 불을 붙이는 겁니다. 우리 상담사들은 늘 질문을 던져요. '만약 그렇게 되면 어떤 일이 일어날 것 같나요?' 혹은 '그러면 이게 어떻게 보일까요?' 하는 식으로요. 고객과 있을 때면 내가 고개를 갸우뚱하는 호기심 많은 부엉이가 되었다고 상상하곤 한답니다."

다른 점이 있다면, 숲속 나뭇가지에 앉아 호기심으로 주변을 둘러보는 그 부엉이는 편안하게 보인다는 것이다. 하지만 변화를 꾀한다는 것은 설사 호기심이 도와준다고 해도 우리를 안전구역 밖으로 나가게 만든다. 코치 멕은 이렇게 말한다. "어떤 변화든 1단계는 호기심이에요. 그다음 2단계가 행동하는 것인데, 바로 이게 당신을 불편하게 만들 때가 많죠."

　만약 당신이 틀에 박혀 옴짝달싹 못 한 채 삶의 패턴을 바꾸지 못하는 이유가 궁금하다면, '궁금이'의 목소리가 충분히 관심을 못 끌고 있다는 것으로 설명할 수 있으리라. 아마 '차분이'의 호통에 그 소리가 눌려 있는 것일 터인데, 우리가 살펴봤듯이 '차분이'는 대체로 현재 상태에 만족하며 이미 확립된 일상과 경계선 밖으로 감히 나가볼 생각을 달가워하지 않는다.

　혹 당신이 그런 경우인가? 낙담할 것 없다. 캐시던은 이렇게 말했다. "호기심은 가장 잘 순응하는 성격이다. 호기심은 개선될 수 있다."

　그렇다, 개선할 수 있다. 그리고 우리가 그 방법을 보여줄 거다. 이제 당신의 '궁금이'가 돛을 달고 새로운 지평선을 탐험할 시간이다. 그리고 그것은 새로운 커리어처럼 머나먼 땅일 수도 있고, 영화관이나 옷가게처럼 아주 가까운 데일 수도 있다. 당신의 '궁금이'가 얼마나 건강한지, 그리고 어떻게 해야 그 탐험가가 새롭고 신나는 변화의 땅을 향해 출발하도록 만들 수 있는지, 알아보자.

　이제 예의 네 가지 질문을 던질 시간이다.

[1] '궁금이'는 내 삶에서 어떤 역할을 맡고 있으며, 지금까지 나에게 어떤 영향을 끼쳤는가?

　푹신한 소파에 드러누운 당신을 일으켜 세우고, 밖으로 나가 낯선 사람들을 만나게 하며, 새로운 음식을 맛보게 만드는 것이 바로 '궁금이'

다. 인생을 모험으로 바꾸는 게 그 친구다. 그는 예상치 못한 것, 불확실한 것을 즐긴다. 들뜬 마음의 큰 원천이기도 하다. 나의 내면에 있는 이 친구는 성탄절 아침에 눈 뜨기까지도 못 참는 아이처럼 우리를 흥분하게 만든다. 코치 멕이 '틀에 박혀 옴짝달싹 못 함'이라 부르는 상태는 바로 호기심의 결핍에서 비롯된다.

그녀의 이야기를 들어보자. "옴짝달싹 못 한다는 건 대개 내면의 목소리 중 두 개 이상이 반대하고 있다는 신호죠. 그러니까 양면적이고 뒤엉킨 느낌이랄까. 뭔가 하길 원하면서도 한편으로는 그러고 싶지 않은 거예요. 마음속 찬성과 반대가 팽팽하게 대립하는 거죠."

만약 꼼짝없이 묶여 있음을 깨닫는다면, 그런 상반된 감정의 뒤에 뭐가 있는지, 그리고 어떻게 해야 그런 교착상태에서 벗어날 수 있는지에 호기심을 가짐으로써 어느 쪽으로든 균형의 추를 기울일 수 있다.

[2] 내 삶을 위한 '궁금이'의 가장 커다란 공헌을 잘 보여주는 스토리는?

다시 말하지만, 이건 꼭 드라마틱하거나 무지막지한 영향을 끼친 이야기라야 할 필요는 없다. 호기심의 공헌 혹은 순수효과는 단순히 뭔가 새로운 것을 하는 데 있기 때문이다. 색다른 옷을 입어보거나, 어느 날 아침 스카프를 다르게 매어본다든지, 늘 입던 스웨터 대신 재킷을 걸쳐 보거나 헤어스타일을 바꾸는 거라도 괜찮다.

그런 스토리는 자신이 부정적 상황에 놓여 있음을 깨닫는 데서 시작될 수도 있다. 가령 코치 멕이 어떤 고객의 발전을 도와주었던 사례를 한

번 생각해볼까? 올리버는 수십 년간 영문학을 가르쳐온 교수였는데, 그때 덫에라도 걸린 듯 옴짝달싹도 못 하는 기분이었다. 그렇다고 당장 은퇴할 만큼 재정적인 여유도 없었다. 여름방학도 있고 훌륭한 의료혜택에다 연봉도 괜찮은 정규직을 그만둔다는 건 말도 되지 않았다. 코치 멕은 올리버가 새로운 스토리를 만들어보도록 도와주었다. 그 시작은 대학교가 주는 혜택과 장점을 인식하는 일이었다. 예컨대 그가 학생들에게 끼쳐온 긍정적인 영향, 콘퍼런스에 참석하고 논문을 쓸 수 있었던 기회, 책을 저술할 수 있게 해준 안식년 같은 것들 말이다. 그녀는 또한 올리버의 전공인 엘리자베스시대 시문학이 아닌 딴 분야에서 그의 '궁금이'를 움직여보도록 했다. 코치 멕의 얘기를 들어보자. "이렇게 되면 어떨까, 저렇게 되면 어떨까, 하는 질문을 자신에게 던져보라고 암시를 줬죠. 그런 질문에서 종종 호기심이 촉발되니까. 올리버의 경우엔 '강의실에서 새로운 접근법을 개발하면 어떨까? 전혀 다른 강의를 한다면 어떨까?' 같은 질문이었답니다."

그랬더니 올리버는…… 그래, 호기심이 생긴 거다. 그해 여름 그는 온라인 강의를 어떻게 시작하는지 배웠고, 이어서 난생처음 컴퓨터를 통해서 앵글로색슨 시대부터 존 밀튼 시대까지의 영국 문학을 가르쳤다. 또한 '강의실에 꽉 붙들려 있는 듯한' 자신의 느낌을 학교 이사장에게도 털어놓았다. 이사장은 다음 가을학기 필수과목인 퍼블릭 스피킹의 일부를 맡아줄 사람이 필요하다면서, 역동적인 수업을 하는 것으로 잘 알려진 올리버에게 관심이 있느냐고 물었다. 평상시라면 그는 그런 제안을 거절했을 것이다. 특히 마음의 준비도 없이 갑자기 받는 제안이라면 말이다. 그러나 이제 변화의 가능성과 '궁금이'의 목소리에 마음을 활짝 열어놓은 터라, 올리버는 스스로 이렇게 물었다. "문학이나 시와 전혀 상관없는 과목을 가르치는 것은 어떨까?" 그러고는 이렇게 결심했다. "신선하고 흥미진진한 멋진 도전이 될 거야." 시들했던 내면의 탐험가가 생기를 되찾은 가운데 그는 새로운 활기와 흥미로 무장하고 교실로 돌아갔다. 아마도 그의 수업은 학생들이 셰익스피어 연극의 독백 대사를 발표 과제로 선택할 수 있는 그 대학 역사상 최초의 대중연설 클래스였을 거다. 그뿐인가, 의상을 갖춰 입고 발표하는 학생에겐 가산점까지 주었으니! 그의 강의는 대성공이었다. 더 중요한 건, 다시 깨어난 올리버의 '궁금이'가 그의 일에 새로운 목적의식을 불어넣었다는 사실이다.

이게 바로 그 교수의 이야기다. 당신의 이야기는?

'궁금이'를 움직이게 하라

인기인들의 가십거리라면 사족을 못 쓰는 사람도 있고, 축구경기 스코어에 열광하는 사람도 있으며, 고성능 망원경으로 최근에 찾아낸 행성이라면 환장하는 사람도 있다. 정말이지, 내가 무엇에 호기심을 느끼든 상관없다. 내가 파워풀하고 중요한 잠재인격인 나의 '궁금이'를 억누르지 않고 있다는 점이 더 중요하니까. 어떻게 이 탐험가를 움직이게 만들까? 이렇게 해보자.

1단계 : 질문하기

자신에게 물어 호기심을 촉발하는 몇 가지 질문을 여기 소개한다. 각 질문에 대해 정답이란 건 없다. 주제도 사소한 것에서부터 심오한 것에 이르기까지 뭐든 상관없다. 중요한 건 질문한다는 사실이니까. 일단 물어보면, 당신은 적어도 한 가지 질문에 대한 대답에 호기심이 생길 것이다.

- "이렇게 (혹은 저렇게) 된다면 무슨 일이 일어날까?"
- "지금, 이 순간의 어떤 점이 새롭지?"
- "그것에 관해 더 무엇을 배울 수 있을까?"
- "이 상황에서 내가 취할 수 있는 다른 관점은?"
- "내가 시도해볼 수 있는 새로운 방법은 무엇이지?"
- "오늘 나는 어떤 새로운 경험을 할 수 있을까?"
- "이 일에 관한 한, 나한테 어떤 새로운 가능성이 있을까?"

2단계 : 시도하기

일단 각 질문에 대한 답을 얻으면, 하루에 하나씩 새로운 '실행 단계'를 밟아보자. 그렇다고 대학교에 가서 수강 신청을 한다든지, 박물관에 가본다든지, 〈전쟁과 평화〉를 읽기로 마음먹어야 한다는 얘기는 아니다. 그저 평소와 다른 아침 식사를 하거나, 보통 때와 다른 길로 출근한다든지, 색다른 옷을 입어보거나, 평상시와는 다른 잔으로 커피를 마셔보는 것만으로도 좋다.

늘 다니던 길을 조금만 벗어나도 호기심이 눈을 뜰 수 있다. 그리고 기억하자, 호기심은 전염성이 있다는 걸. 새 커피잔이 다른 브랜드의 커피로 이어지고, 나아가 자신이 직접 커피 빈을 갈아보고 싶은 마음으로 확장될 수 있다. 딴 길로 출근해보면 지금까지 몰랐던 낯선 레스토랑도 보이고 몰랐던 공원을 찾아낼 수도 있으며, 그러다보면 대자연 속을 산책하면서 경이로운 주위의 자연세계를 발견하기도 한다.

이 새로운 발걸음이 나를 어디로 인도하느냐, 하는 것은 그리 중요하지 않다. 내가 그런 여정을 택했다는 사실, 그리하여 '궁금이'의 떨리는 목소리가 나의 내면의 대화에 참여하도록 했다는 사실이 더 중요하다.

[3] 지금 '궁금이'의 욕구는 얼마나 잘 충족되고 있으며, 그 욕구는 나의 웰빙에 얼마나 중요한가? 1점에서 10점까지 메긴다면?

만약 내 삶에서 오래오래 지속할 진정한 변화가 생기기를 원한다면, 즉 내가 활짝 꽃피고 날아오르기를 원한다면, 위의 질문에 대한 점수가 7점 이상이어야 한다.

코치 멕은 날마다 (혹은 적어도 주마다) 약간의 새로운 일이 일어난다면 그것이 삶에 생기를 불어넣는다고 믿는다. "하나의 작은 변화가 또다른 작은 변화를 가능하게 합니다. 그런 작은 변화가 많아지면 진짜배기 대전환이 이루어지죠." 체중 감소, 커리어 변경, 큼직한 움직임 등의 주요한 변화를 이루어낸 사람들도 대부분 작은 변화로 시작해서 조금씩 키워나갔다.

심지어 얼핏 보기에 사소하고 피상적인 변화조차 우리를 '타성에서 벗어나게' 도와줄 수 있다. 새로운 질문으로 대화를 시작하자. 가구를 이리저리 옮겨 새롭게 배치해보자. 전혀 생소한 레시피로 요리도 해보자. 하루도 빠뜨리지 말고 일찍이 해본 적 없는 뭔가를 시도해보자. 하기야, 당신이 일단 이 책을 집어 든 것도 그렇게 한 걸음 내디딘 거다.

자기변화의 작은 발걸음을 자꾸 떼어보라! 그러면 결국 엄청난 변화를 이루고 '궁금이'에겐 생기가 넘칠 것이다.

[4] 어떻게 해야 '궁금이'의 욕구를 좀 더 충족시킬 수 있을까?

지금껏 살아오면서 나는 모험과 새로운 경험을 후회 없이 찾아다녔는가? 다시 말하지만, 열대우림으로의 여행을 계획하거나, 비행기 조종술을 배우거나, 커리어를 완전히 바꾸라는 얘기가 아니다. 이미 언급한 것처럼, 사람들이 '호기심 지수'를 올리려고 선택하는 일들은 소소한 경우가 많다. 게다가 리스크를 몹시 싫어하는 '차분이'조차 때로는 그런 일을 즐거워한다.

"코칭을 하다보면 '차분이'가 나서서 커리어를 바꾸면 안 된다, 심지어 무슨 수업을 들으려고 저녁 스케줄을 망치는 것도 안 된다, 그렇게 말하는 경우가 있었어요." 코치 멕은 그렇게 말한다. "하지만 어쩌다 한번 자가용 대신 대중교통으로 출근하는 것은 좋아요. 지금 당장은 편안하게 받아들일 수 있는 변화가 그 정도라면, 그것 역시 괜찮다고요."

아니, 사실은 그 정도가 더 바람직할지 모른다. 만약 내 '당당이'의 수준이 낮다면, 설사 '궁금이'의 목소리가 꿋꿋하다고 해도 충분히 심사숙고하지 않은 큰 변화를 시도하는 건 '당당이'를 되레 억누를 수 있다. 달리기라곤 생전 처음 하는 사람도 이렇게 물어볼 수는 있다. "흠, 보스턴 마라톤 같은 걸 완주하려면 얼마나 연습해야 할까?" 좋다, 그건 건강한 호기심이고, 꿈을 크게 갖는 것은 멋진 일이니까. 그러나 만약 1킬로미터도 못 달리는 상황에서 보스턴 마라톤을 목표로 한다면, 그건 역효과를 낳을 것이다. '동네 한 바퀴' 달리기에서 40킬로미터 이상을 달리기까지는 참으로 갈 길이 멀지 않은가. 그런 욕심을 부리면 좌절하고 자꾸 미루게 될 것이며, 마라톤 완주나 체중 감량이나 '몸짱' 되기 같은 진짜 큰 꿈과 대전환을 가로막을 것이다. 자, 내가 보스턴 마라톤 완주를 꿈꾸는 호기심 많은 사람인가? 그렇다면 그 목표에 제대로 다가가는 좀 더 나은 방법은 그 모든 과정의 첫걸음과 중간단계에 대해서 여러 가지 질문을 던지는 것이리라. 예를 들면 이렇게 말이다.

"정식으로 달리기를 하려면 어떻게 해야 할까?"
"트레이닝은 어떤 식으로 받아야 하는 걸까?"
"일단 5킬로나 10킬로를 달릴 수 있게 되면, 그다음엔 뭘 해야 마라톤 수준까지 올라갈 수 있지?"

작고 측정할 수 있고 차근차근 커지는 한 걸음 한걸음. 호기심의 불

길을 키우고 변화를 만들려면 그렇게 해야 한다. '호기심 많은 모험가'를 벌떡 일으켜 세울 또 다른 몇 가지 팁을 여기 공개한다.

완전한 서약보다 우선 실험을 하라

실행 단계를 '실험'으로 간주하면 '까칠이'가 받는 압박감을 덜어줄 수 있다. 그걸 실험으로 보면 호기심 때문에 이루어진 행동을 성공−실패의 잣대로 판단할 필요도 없고, 내면의 비판자가 "그걸 완수해! 안 그러면 넌 패배자야"라고 다그칠 일도 없어진다. 이 실행 단계는 실험일 뿐이며 그 결과는 두고 봐야 한다고 말함으로써, 새로운 프레임을 적용하는 것이다. 그러면 이제 그것은 나의 자아 가치나 능력을 테스트하는 게 아니라, 단순한 조사일 뿐이고 사실을 알아내는 임무일 따름이다.

다른 사람들에게 호기심을 가지라

할리우드 스타의 사생활을 기웃거리자는 얘기는 아니지만, 만약 그런 게 당신의 '궁금이'의 배를 띄우는 데 도움이 된다면, 그것도 좋다. 여기서 우리가 제안하려는 건, 주변 사람들의 삶에 좀 더 관심을 가짐으로써 호기심의 불씨를 살려보자는 거다. 당신은 어쩌면 아내(남편)의 일상에 무심한 것은 아닐까? 그저 그날 하루가 잘 지나갔는지 아닌지에만 관심이 있는 건 아닐까? 그리고 잘 지나가지 않았다면 저녁에 그의 기분이 어떻게 변할까만 궁금한 게 아닐까? 혹은 연로하신 부모님의 경우, 당신은 정말로 그들이 어떤 기분이며 어떻게 살아가고 있는지 알고 싶은가? 아니면 당신의 도움 없이도 그들이 좀 더 살 수 있는지가 주된 관심사인가? 맞다. 당신이 아끼는 사람들의 삶에 관심을 가지는 것이야말로 내면에 좀 더 많은 호기심을 생산하는 방법이다. 게다가 그들도 고맙게 여길 것이고!

변화와 사랑에 빠지라

코치 멕의 이야기를 들어보자. "내 유전자는 늘 변화가 필요한 사업가 기질로 구성되어 있어요. 그렇기 때문에 마흔둘이란 나이에 커리어를 바꾸어 완전히 새로운 분야에서 다시 시작했고, 다른 나라로 이주해서 결혼까지 했잖아요." 모든 사람이 그처럼 극단적인 변동을 원하거나 필요로 하는 건 아니다. 그러나 이런저런 영역에서의 변화는 불가피하다. 세상은 언제나 변하고 있는 현실이니까. '궁금이'는 대자연과 궤를 같이하며, 자연은 계절이나 날씨처럼 항상 변한다.

변화에 대해서는 흔히 그리스 철학자 헤라클레이토스가 가장 유명한 말을 남겼다고들 한다. 원래 그가 말했던 걸 그대로 옮기자면 이렇다. "똑같은 강에 발을 담가도 그 위로 흐르는 강물은 언제나 새롭다." 그리고 이 말은 대개 이렇게 해석된다. "똑같은 강물에 두 번 발을 담글 수는 없는 노릇이다."

흐르는 물처럼 세상은 끊임없이 변한다. '궁금이'를 활용하여 변화를 포용하라. 조금씩이라도 좋고, 아주 살짝이라도 좋으니.

뭔가 잘못되었을 때도 호기심을 잃지 말라

"난 실패한 게 아니야. 뜻대로 되지 않는 1만 가지 방법을 발견했을 뿐이지." 토머스 에디슨의 명구다.

우리는 이 전구의 발명가로부터 무엇을 배울 수 있을까? 너무도 많은 걸 배울 수 있다. 혁신과 변화에 관한 한, 실패는 정말이지 한 가지 옵션이며 어쩌면 예상해야 할 옵션이라는 사실을 에디슨이 깨우쳐준다. 어쨌거나 실패로부터 배우고 전진하는 것이 중요하다.

케이스 스터디:

'궁금이'

코치 멕 : 메리, 61세

메리는 틀에 박혔지만 편안한 삶을 살았다. 한 남자와 결혼해서 35년이 지났고, 아이들은 모두 장성했다. 부부가 모두 직장에 다니며, 몇 년 후면 은퇴하게 된다.

메리의 하루는 예측 가능한 패턴대로 흘러갔다. 아침마다 서니 사이드 업계란 두 개, 귀리 토스트, 바나나 한 쪽, 커피 등으로 남편의 식사를 차려줬다. 남편 역시 똑같은 일상을 좋아했다. 메리는 집에서 불과 몇 분 거리에 있는 회사에서 세무회계사로 20년 동안 일했다. 이런저런 세법의 변화와 새로운 소프트웨어의 도입을 제외하면(몇 년 전 전자파일 사용법을 배워야 할 땐 사실겁이 났다) 업무도 늘 고만고만했다. 주로 개인과 작은 기업으로 이루어진 고객들은 그녀를 신뢰했고 그녀의 상사도 마찬가지였다.

자, 그런데 그녀가 왜 코치 멕을 찾아왔을까? "예측 가능성 때문이죠. 메리는 자신이 다람쥐 쳇바퀴 돌듯이 산다는 걸 알고 있었어요. 그럭저럭 괜찮은 인생이긴 하지만, 마치 빌 머리를 스타로 만들어준 영화 〈사랑의 블랙홀 (Groundhog Day)〉처럼 살고 있는 느낌이라고 했죠. 시간에 갇혀 매일 매일 같은 날이 반복되는 어떤 남자의 이야기 말이에요." 코치 멕의 설명이다.

메리는 고객의 세금공제에 관해선 위험을 무릅쓰고 싶지 않았다. 괜스레 국세청의 관심을 끌 이유가 없잖아? 하지만 업무에서의 그런 신중한 접근법은 삶의 다른 측면에까지 흘러들어, 변화할 수 있는 그녀의 능력까지 마비시켜버렸다. 여러 해 동안 새로운 거라면 스스로 자제해서 시도조차 안 하고 '궁금이'의 목소리를 억눌러오다 보니, 이제 한 자리에 꽁꽁 묶여 있는 자신을 발견한 것이다. 코치 멕을 만나러 왔을 즈음에는 자신에게 '궁금이'가 있다는 것조차 깨닫지 못했다. 그녀에게 내면가족이란 개념은 완전히 새로웠다. 그녀는 바짝 흥미가 살아났다. 자신에 대한 새로운 개념화를 거쳐야 할 일이었지만, 그래도 새로운 뭔가를 분명히 갈망하고 있었으니까.

코치 멕은 출석점호를 실시했고 메리가 자신의 아홉 가지 잠재인격에 다가가면서 보여준 솔직함에 감동했다.

'척척이': "나는 같은 일만 너무 오래 했고, 좋은 엄마, 좋은 아내가 되려고 엄청 노력해왔어. 덕분에 결혼 전에 가졌던 정체성은 옆으로 밀쳐놓았지. 맞아, 난 훨씬 재미있고 다채로운 인생을 원해."

'차분이': "자, 성급하진 말자고. 아주 잘 돌아가고 있는 훌륭하고도 안전한 틀이 나한테 있거든. 하지만 몇 가지 새로운 운동을 해보자고 한다면, 그건 좋아. 내 친구 패티가 줌바를 하는데 재미있을 것 같아. 운동에 관해서라면 난 진창에 빠져 옴짝달싹 못 하는 셈이지. 그저 매일 애완견과 산책하는 정도?"

'당당이': "모든 걸 확 뒤집는 것은 내 스타일이 아냐. 남의 떡이 더 커 보인다는 말, 기억하지? 괜히 위험을 무릅썼다간 후회하게 될지 몰라."

'번뜩이': "만약 변하겠다면 창의적인 일은 어때? 어릴 때 그림 그리기를 좋아했잖아. 그림을 좀 더 그려보면 어떨까?"

'꼼꼼이': "상당히 뒤죽박죽 될 수 있어. 변화니 새로운 것이니 뭐니 그런 데 정신을 뺏겨버리면, 직장에서나 집에서나 할 일을 모두 완수할 수 없을 거야."

'토닥이': "우리 가족은 이걸 어떻게 생각할까? 식구들 의견을 들어보는 게 좋겠네. 아이들은 내가 SNS에 글을 올리든지, 번지점프를 시도하거나 쫄쫄이 옷 입고 줌바 춤 배우는 걸 보고 싶지 않을지 몰라. 그리고 남편은 이번 주말 예술영화관에서 주최하는 프랑스 영화 페스티벌에 나랑 함께 가기 싫어할 거야. 알아봐야지. 내가 늘 가보고 싶었던 스시 레스토랑에 가는 건 어떨까. 그이는 회라면 기겁할 텐데."

'궁금이': "오랫동안 잠에 빠져있었군. 이젠 일어날 시간이야."

'큼직이': "나, 예순한 살이야. 시간이 점점 중요해지는 시점이라고. 잡지에서 읽었는데, 새롭거나 흥미로운 것으로 도전을 부추기지 않으면 뇌 기능이 떨어진대. 회계프로그램을 배운 이후로는 도통 새로운 걸 해볼 기회가 없었잖아! 죽음을 앞두고 내가 성취한 가장 훌륭한 업적, 혹은 살면서 해본 제일 신나는 일로 내세울 수 있는 게 그 프로그램이란 말이야? 내 인생에서 가치 있고 중요한 일을 할 시간은 아직도 있어. 그게 무엇인지 알아내서 움직이기만 하면 돼."

그래서 메리는 무엇으로 자신의 '궁금이'를 실컷 만족시켜주었을까? 프랑스 영화와 스시를 사랑하는 남자를 만나 야반도주라도 한 걸까? 아니, 그녀는 코치 멕의 격려와 함께 작지만 만족스런 변화를 시도하기 시작했다.

우선 그녀는 전자책 리더기를 사서 책을 다운받기 시작했다. 그리고 에스프레소 기계를 샀다. 레스토랑에서 저녁을 먹고 나서 에스프레소를 맛본 적이 있었는데, 그 맛이 얼마나 기막혔는지 생각난 것이다. 그래서 지금은 책을 읽으며 에스프레소를 홀짝거린다. 책을 읽게 되자 근처 도서관에 가게 되었고, 그 결과 다양한 나이대의 여성들로 구성된 북클럽에도 가입했다. 거기서 어떤 젊은 엄마와 헬스클럽 운동에 관해 얘기를 나누었다. "요가 해보셨어요?" 젊은 여자가 물었다. 메리는 요가라곤 해본 적이 없었다. 알고 보니 그 여자는 근처 요가 스튜니오에서 일하는 강사었다. "토요일마다 원기회복 요가 글래스가 있는데, 아마 좋아하실 거예요."

메리는 자신의 삶을 획기적으로 바꾸지는 않았다. 충동적으로 뭔가에 성급하게 뛰어들진 않았다. 그러나 예순하나의 나이에 그녀는 '꽉 막힌 느낌'에서 벗어나고 있으며, 타고난 호기심에 이끌려 삶의 흥미로운 장소로 나아가기 시작했다. 아, 참, 그리고 원기회복 요가를 해보니 자기 취향에는 너무 얌전한 것 같았지만, 마침 그 스튜디오에서 줌바 수업을 한다는 말을 들었다. 그녀는 이제 정기적으로 그 수업을 듣고 있는데, 그게 너무 좋다!

닥터 에디 : 새러, 30세

내가 진료 경력을 막 시작했을 때, 예전 같았으면 '반항적'이라고 불렀을 환자를 만났다. 새러는 30세의 전업주부였고 학교에 다니는 두 아이가 있었다. 그녀가 날 찾아온 건 체중이 늘고 피곤한 데다 엉덩이 통증이 있어서였다. 한 달쯤 물리치료를 받고 조금 나아진 것은 인정하면서도, 통증을 좀 더 줄이기 위해 처방해준 운동 프로그램은 하지 않겠다고 버텼다. 하긴 새러 이전에도 그렇게 말한 환자들은 있었다.

환자들이 주워섬긴 이유란 이유는 다 꿰고 있다는 '당당이'에 나는 이렇게 말했다. "운동을 안 하려는 이유를 맞춰볼까요? 시간이 없는 거죠?"

새러는 어깨를 으쓱하더니 한숨을 내쉬었다. "사실은 말이죠. 스쿨버스에 애들 태워 보내고 나면, 시간이야 왼 종일 있죠."

그래서 내가 대꾸했다. "그럼…… 운동할 공간이 딱히 없다고 하는 환자들이 많던데, 그게 문제인가요?"

그녀는 불편한 듯 앉은 채 몸을 들썩였다. "새로 생긴 Y에 가족회원권이 있어요. 집에서 가깝고 쉽게 갈 수 있죠."

이건 예상 밖이었다. 그러나 내겐 제시할 카드가 몇 개 더 있었다. "좋아요. 도무지 운동 습관을 붙일 수 없는 사람들도 있긴 해요. 땀도 나고 정신도 없고, '고통이 없으면 얻는 것도 없다'는 식의 불편함도 있고. 그게 문제인가요, 새러?"

그녀는 서글픈 미소를 지었다. "선생님, 솔직히 말해서 난 고등학생 때 축구 선수였어요. 연습하는 것도 좋았고 늘씬한 몸매도 좋아했어요."

이쯤 되자 짜증이 났다. 다른 사람들이 둘러대는 전형적인 핑곗거리 중에는 그녀가 운동을 거부하는 이유도 있을 줄 알았는데. 그래서 이렇게 말했다.

"좋아요, 두 손 들었습니다. 운동할 시간도 있고, 운동할 장소도 있고, 운동하면 기분도 좋아진다는 얘기네요. 그런데 왜……." 나는 극적인 효과를 위해 잠시 말을 끊었다. "왜 운동을 하지 않는 거죠?"

그녀는 길게 한숨을 내쉬더니 엄청나게 긴 시간이 흐른 다음에야 고개를 들었다. "정말 좋은 질문이세요. 생각을 해봐야 답이 나올 것 같아요."

그 후로 두어 달 정도 새러를 못 봤으니, 그녀는 생각 한번 오래오래 했던 모양이다. 마침내 나타난 그녀가 내게 대답했다. "지루해서요. 물리치료 운동은 정말 따분하기 짝이 없다구요. 너무 재미없어서 그만두었다는 걸 마침내 깨달았어요."

그랬던 그녀는 버스정류장에서 몇몇 엄마들이 Y에서 하는 운동 클래스가 무척 좋고 재미있다고 말하는 걸 들었다.

"그래서 그냥 Y에 가봤어요. 어떤 클래스가 있는지, 그 여자들이 말하던 게 뭔지, 알아보고 싶었죠. 복도를 따라 시끄러운 음악이 들려오더군요. 아침 열 시가 좀 넘었던가. 난 그 소리를 따라 에어로빅 하는 곳으로 들어갔죠. 내 친구 태미가 거기 있더라고요! 버스정류장에서 봤던 여자들도 있었고. 태미가 내게 손짓을 하더니 그러대요, '얼른 와, 그냥 따라서 해'라고. 음악이 맘에 들어서 따라 했죠. 처음에는 좀 힘들고 따라가기 힘들었지만, 더 해보자고 생각했어요. 다음번에는 좀 쉬워졌어요. 여기저기 조금 쑤시긴 했지만 축구선수 시절과 그때 느꼈던 좋은 기분이 떠올랐어요."

좀 더 기분이 나아진 새러는 신이 나서 단숨에 이야기를 쏟아놓았다. 그녀에게 동기를 부여한 것은 버스정류소도, 강사도, 음악도 아니었다. 물론 그런 요소가 다 작용하긴 했지만 말이다. 새러로 하여금 운동을 하게 만든 건 호기심이었다. 내가 던졌던 질문들로 인해 그녀는 곰곰 생각하기 시작한 것이다. 그래, 정말 무엇 때문에 운동을 안 했던 거지? 새러는 답이 무엇일지 호기심이 생겼고, 일단 그게 지루함의 문제였음을 깨달은 후 그녀를 Y로 이끌어간 것은 바로 그녀의 '궁금이'였다.

이런 경험에서 뭔가를 배운 것으로 말하자면, 새러가 유일한 케이스는 아니다. 사실 나도 그랬으니까.

나 역시 궁금했다. 만약 내가 뭘 하라고 지시하지 않는다면 환자들이 좀 더 협조적으로 나올까? 대답은 의심의 여지가 없는 '예스'였다. 그걸 알게 된 후로 나는 소위 '반항적인' 환자들에게 그런 방식으로 접근했다. 그들은 운동에 대한 내 설교를 들을 필요가 없다. 그저 그들이 지닌 호기심을 발휘하면 된다.

여기저기서 코치 멕이 지적하는 것처럼, 내면가족을 불러 모으는 출석점호 자체가 바로 호기심을 갖고 두루 알아보는 과정이다. 자신이 알았든 몰랐든, 새러는 답을 찾기 위해 노력하면서 내면가족의 몇몇 멤버에게 반응하고 있었다. 난 그 점을 확신한다. 특히 자신의 '궁금이'와 깊이 소통했겠지만, '차분이'에게도 반응했을 것이고, 덕분에 자신이 단단한 몸매의 축구선수였을 때 느꼈던 좋은 기분도 되살릴 수 있었다.

물론 꼭 신체단련이나 건강에 관한 질문이어야 할 필요는 없다. 커리어 문제나 인간관계 혹은 다른 뭣이든 상관없다. 어쨌든 호기심을 갖고 모두를 불러 모아 질문을 던지지 않는다면, 내 성격의 여러 가지 측면들이 어떻게 행동에 영향을 미치는지 깨닫지 못하고 지금의 패턴에 꽉 묶인 채로 남아있게 된다.

여러 해가 지나고 누군가가 내 사무실로 걸어 들어왔다. 이런, 새러가 아닌가! 맙소사, 난 그녀를 거의 알아볼 수가 없었다. 예전보다 날씬하고 건강미가 넘쳐흘렀다. 그녀는 다른 일로 마침 근처에 왔다가, 에어로빅 수업의 첫 경험이 자신의 피트니스 모험 정신을 어떻게 일깨웠는지 나한테 말해주고 싶어서 들렀다고 했다. 그렇게 에어로빅은 요가, 줌바, 군대식 체력단련 등으로 이어졌다. 이젠 공인 피트니스 강사가 되기 위해 공부하고 있단다.

그녀는 정서적으로도 최상이었고, 외모로도 최고였다. 단 한 가지 껄끄러운 것이 있다면, 자신의 레퍼토리에 덧붙여놓은 근력운동뿐이었다.

새러의 예를 당신의 인생에 어떻게 적용할 수 있을까? 한번 생각해보라. 당신이 이 책을 집어 든 것도 아마 호기심 때문이었을 터. 그리고 여기까지 읽었다면 당신은 이미 호기심을 드러낸 셈이고, 자신의 마음을 좀 더 알고자 하며 내면의 대화와 잠재인격들을 더욱 경청하는 법을 배우고자 하는 욕심을 보여준 거다. 계속 노력하라. 자신에게 질문을 던지라! 새로 얻고 싶은 건강습관뿐 아니라, 이미 지니고 있는 버릇에 대해서도 질문하라. 그리고 해마다 의사를 찾아가 건강검진과 적절한 테스트를 받게 만드는 욕구와 규율의 힘을 잘 이용한다면, 당신은 좀 더 규칙적으로 운동하고 더 건강한 수면을 누릴 수도 있다.

그렇게 하면서 '궁금이'를 깨우기 위해 이 챕터 앞부분에 적어놓은 코치 멕의 질문들을 생각해보자. 나는 거기에다 몇 가지 질문을 덧붙이고 싶다.

몸이 튼튼하고 건강하며 늘 피곤하거나 굼뜨지 않다면, 몸무게나 에너지 부족이나 고혈압 때문에 스스로를 책망하지 않아도 된다면, 과연 어떤 기분일까? 자아, 무엇에 호기심이 생기는가? 튼튼하고 건강하면 어떤 기분이고 어떤 모습일지 궁금한가? 때맞춰 운동하고 잠도 충분히 자고 건강한 식습관을 따르면 무슨 일이 생길지 궁금한가?

이런 질문에 대한 답을 당신이 알고 있다면, 정말 다행이다. 그러나 설사 답을 모른다 해도, 곰곰 생각해본다면 '궁금이'에게 활기를 주는 괜찮은 방법이 될 것이다. 코치 멕의 공식에 따라 작게라도 시작하고, 신체활동에 약간의 변화라도 주고, 식습관도 조금씩 조절해보라. 새러의 예를 따라 친구와 에어로빅 수업을 들어보는 것도 좋겠고.

작은 것들이 큰 것들로 이어진다. 평생토록 배우겠노라고 굳게 약속하라. '궁금이'의 목소리에 귀 기울이겠다고 서약하라.

EIGHT

재기발랄 '번뜩이', 질서 정연 '꼼꼼이'

'주요한 잠재인격들로 구성된 내면가족'이라는 개념은 비교적 새로울 테지만, 그 가족 자체는 그리 낯선 게 아니다. 태곳적부터 인간들은 틀림없이 내면의 목소리에 귀를 기울여왔을 터.

일부 잠재인격들 사이의 갈등은 흔할 뿐 아니라, 원래 이처럼 내면가족을 갖는다는 것의 한 부분이다. 흔히 갈등을 빚는 적수는 '번뜩이'와 '꼼꼼이'라 불리는 잠재인격들이다. 인간의 숱한 노력과 온갖 산업들이 이들 두 잠재인격의 속성과 차이점을 둘러싸고 구축되어 있다고 해도 과언이 아니다.

적절한 실례가 광고업이다. 광고 비즈니스는 매일같이 '창의적 인간들'(광고 카피와 커머셜을 만드는 작가와 아티스트)과 '광고주 담당'(경영진이라든가 사람들이 경멸조로 '정장正裝들'이라 부르는 이들) 사이의 아슬아슬한 밸런스에 의존하는데, 광고주 담당은 영업 쪽을 관장하고 상품 광고를 의뢰하는 클라이언트들을 다루며, 광고가 정확한 목표를 향해 제때에 전달되도록 만전을 기한다.

AMC 케이블 네트워크에서 방영되어 엄청난 인기를 누린 「매드 멘(Mad Men)」은 흔히 광고의 황금시대로 간주되는 1950년대 중반에서 1960년대 후반까지 뉴욕의 한 광고회사가 움직이는 모습을 탁월하게 묘사한 시리즈였다. 뛰어난 드라마이기도 했지만, 이 시리즈는 창의적인 사람과 경영진이라는 두 그룹 사이의 긴장감을 잘 보여줬고, 나아가 두 가지 압도적인 잠재인격들 사이의 역학관계를 조명했다. 첫 시즌에 창의적인 스타 돈 드레이퍼가 고객담당이자 철두철미 '정장'인 피트 캠벨에게 불끈 화를 내며 쏘아붙인다. "아이디어는 나한테 맡겨!" 기억에 오래 남을 장면이었다. 현실 속 '번뜩이'와 '꼼꼼이' 사이의 갈등은 커리어와 자존감이 걸린 이 에피소드에 나온 것처럼 극적으로 펼쳐지지는 않을 것이다. 그래도 긴장은 존재하며, 내면가족 안에서도 가장 흔하고 명확하게 드러나는 긴장이다.

두 목소리 가운데 '꼼꼼이' 쪽이 더 강한 사람들도 있다. 신경과학 분야가 탐구해온 이 능력은 집행기능과 관련 있는데, 오랫동안 '두뇌의 CEO'로 인식되어왔다. 임상심리학자 조이스 쿠퍼−칸과 로리 딧츨은 2008년 한 웹사이트에 실린 「집행기능이란 무엇인가?」라는 논문에서 이렇게 설명했다. "집행기능은 모두 명령과 조절이란 목적에 이바지하며 개개인이 살아가면서 만나는 온갖 종류의 임무를 처리하도록 도와준다."

이어서 집행기능을 이렇게 정의하자고 제안한다. "목적 달성을 위해 자기 자신의 관리 및 모든 자원의 관리에 관여하는 일련의 과정. 이는 신경학에 기반을 두고 마음의 컨트롤과 자기규제를 아우르는 다양한 기술을 가리키는 포괄적 용어다."

자기 관리 및 인생 관리를 돕는 여러 과정에 포함되는 적어도 몇몇의 '목소리'가 '꼼꼼이'라고 생각해도 좋겠다. 누구나 다 내면에 '꼼꼼이'를 품고 있지만, 그것이 좀 더 주도적인 사람들도 있다. 그렇게 되면 삶에의 접근은 보다 더 조직적, 체계적, 직선적이 될 것이며, 모든 일이 미리 계획되고 문제점도 충분히 검토될 것이다. 하지만 '번뜩이'가 불붙여주는 재미있고 충동적이며 자유로운 상상, 즉흥, 혁신 같은 것은 부족할 수 있다.

창의적인 것은 무엇으로 구성될까? 곰곰 생각해보자. 앞서 언급한 것처럼, 광고회사의 경우에는 창의적인 사람들이 또렷이 드러난다. 광고 아이디어를 생각해내는 아티스트와 작가가 바로 그런 사람들이다. '번뜩이'가 무엇으로 이루어지는지 보통사람들한테 물어보라. 틀림없이 예술이나 음악 측면의 능력을 언급할 것이다. 그러나 〈당신의 창의적 두뇌〉라는 책을 쓴 하버드의 심리학자 셸리 카슨(Shelley Carson) 박사는 좀 더 포괄적인 정의를 이렇게 제안한다. "새롭고 독창적이며 유용할 뿐 아니라 어떤 면에선 적응력까지 지닌 아이디어와 제품을 만들어낼 수 있는 능력이 바로 창의성이다." 그의 설명에 의하면 그것은 또 단순히 예쁜 그림을 그리는 것 이상의 능력이다. "창의성은 인류의 종種으로서의 서바이벌 메커니즘, 즉, 생존기제生存機制에 속한다. 인간이 종으로서 살아

남을 수 있었던 것은 바로 '번뜩이', 우리의 독창성 덕분이었다."

　바퀴의 발달이나 불 피우기는 독창과 창의를 보여주는 기념비적 행위로, 동굴 벽화나 예술적 창의성의 다른 초기 형태보다 인류 발전에 훨씬 강력한 영향을 주었다. 카슨은 사람들이 대체로 예술을 창의성과 동일시하지만(그림을 못 그리고 노래를 제대로 못 부르면 '번뜩이'가 없다고 그릇 판단하지만), 사실 창의성에는 여러 형태가 있다고 말한다. 거기에는 발견과 발명에 관련된 과학적 창의성도 포함되고, 즉흥적인 임시변통도 포함된다. 특히 카슨은 후자를 두고 살면서 맞닥뜨리는 이런저런 문제에 거의 무의식적으로 해결책을 찾아주는 '즉석 번뜩이'이라 불렀다. 거기엔 예술적 즉흥성도 포함되는데, 가령 라이브 재즈 공연에서 볼 수 있는 즉흥연주가 그런 것이다. 그러나 다시 말하거니와, 즉흥성은 예술에만 국한되지 않는다. 수술 중인 외과의사도 즉흥성을 발휘한다. 엄마 아빠도 아이의 기분을 달래기 위해 즉흥적인 기지를 발휘해 설명하고 해석할 수 있다.

　'번뜩이'의 목소리가 가장 큰 사람들은 아이디어 생산을 잘하는 반면, 때로는 너무 산만해서 그런 아이디어를 잘 실행하지 못한다. 요란한 '번뜩이'의 리듬에 맞춰 행진하는 사람들은 미리 경로를 계획한다든지 그 길을 제대로 따라가게끔 만전을 기하는 등의 관례에 익숙하지 않기 때문에, 종종 원하는 목적지에 이르지 못한다는 얘기다. (상투적인 이야기라고? 그렇지 않다. 카슨 역시 2011년 「고삐 풀린 정신: 창의적인 사람은 왜 괴짜일까?」라는 잡지 기사에서 창의적인 사람과 유별난 행동 사이의 오랜 연결고리를 언급하고 있다.)

한 번 더 말해두자. 극명하게 드러나는 광고업계의 여러 성격유형에서 보는 것처럼, '번뜩이'와 '꼼꼼이'가 주도하는 사람들끼리 서로 불신하고 심지어 경멸하는 것은 드문 일이 아니다. 창의적인 사람은 체계와 절차를 싫어하며 그런 것은 따분하다고 생각한다. 반면 '꼼꼼이' 기질이 강한 사람은 '번뜩이'와 밀접하게 연관된 장난기라든지 즉흥성을 멸시하고 그런 건 시간낭비로 보는 경향이 있으며, 창의적인 사람을 아마추어쯤으로 간주한다.

코치 멕의 말을 빌자면 이렇다. "그런 경우는 많이 봤습니다. 창의적인 사람은 질서정연한 걸 따분하다, '쿨'하지 못하다, 그렇게 생각하는 반면, '꼼꼼이'가 강한 사람은 창의적인 사람을 보고 고삐 풀린 망아지라고 생각하죠."

신나게 잘나가는 사람들은 대게 그 둘 사이에 균형도 잡혀있고 그 둘 다를 존중한다. 우리가 도달하고자 하는 것이 바로 그런 상태 아니겠는가? 그렇다, 우리는 두뇌의 모든 자원을 통합하고 싶다. 내면가족의 용어로 표현하자면, 모든 구성원이 내놓을 수 있는 최상의 것을 원한다.

너무나 당연하지 않겠는가? 우리가 살고 있는 사회의 요구 때문에 우리는 반드시 두 가지 모두에 귀를 기울여야 하니까. 우선 사회 전반에 걸쳐 일어나는 변화에 적응하려면 (나아가 그런 변화의 시작을 도우려면) 우리는 창의적으로 생각해야 한다. 다른 한편, 만약 체계적이지 못하고 이런 혼란의 시대에서 초점을 잃는다면, 어떤 것도 성취할 수 없을 것이다.

'번뜩이'가 주도하는 사람이라고 해서 '꼼꼼이'에게 귀를 기울이지 않는다면, 만사에 굼뜨고 뒤죽박죽이 돼버릴 가능성이 높으며, 그런 걸 두고 '꼼꼼이'는 짜증이 날 것이다. 그게 장점이라고 생각하든 안 하든, 우린 누구나 이 잠재인격을 지니고 있다. 그 점을 잘 기억하자. 세상에서 가장 창의적인 사람이라 할지라도 그의 내면에는 '꼼꼼이'가 있어서, 차에 연료는 있는지, 애들은 학교까지 잘 가는지, 비용들은 제때에 내고 있는지, 열쇠는 쉽게 찾을 수 있도록 잘 두었는지 등을 챙기는 것이다. '꼼꼼이'로 하여금 그런 걸 챙기도록 했을 때, 우리는 좀 더 많은 일을 완수하게 되고 좀 더 생산적이 되며 여러 가지 책임을 보다 잘 완수할 수 있다. 대개의 경우 '까칠이'와 같은 응징의 목소리가 아니라, 전부 일에 관한 얘기다. 코치 맥은 '꼼꼼이'를 일컬어 종종 '가족 중에 가장 심각한 친구'라고 표현한다.

거꾸로도 마찬가지다. 온통 심각하고 진지한 '꼼꼼이'에겐 '번뜩이'가 꼭 필요하다. '번뜩이'이라는 이 잠재인격이 새로운 아이디어 생산을 돕고, 그런 아이디어는 사생활에서든 일자리에서든 기발한 해결책도 찾아주니까 말이다. 게다가 '번뜩이'는 권태와 정체도 피할 수 있게 도와준다. '번뜩이'가 없다는 건 혁신 결핍, 성장 지지부진, 건강한 변화의 부족과도 동의어다.

"가만, 가만 있어봐, 난 창의적이지 않아. 막대기도 제대로 못 그린다고. 방에 뭐가 필요한지도 잘 모르는 판인걸 뭐." 당신이 그렇게 말한다면, 우리가 다시 한 번 당신을 안심시켜주겠다. 창의란 것은 예술적인 재능에 관한 게 아니다. 창의는 삶의 어떤 측면이건 새롭고 독창적으로 접근하자는 얘기다.

반면에 당신이 이렇게 말한다면 어떨까? "조직이니 뭐니 하는 이 따분한 것들, 딱 질색이야!" 그렇다면 이걸 곰곰 생각해보라. 모든 일을 '꼼꼼이'한테 맡긴다고 해서 당신이 '깔끔 떠는 괴짜'로 변한다든지, 따분하고 특색 없는 인간으로 둔갑하는 건 아니다. 모든 창의적 아이디어는 집행되고 실행되어야 하지 않겠는가. 아무리 창의적이고 어마어마한 아이디어가 있다고 해도, 그 아이디어를 선전해야 할 미팅을 깜빡 잊고 놓쳐버린다면 그야말로 아이디어에 머물 수밖에 없잖은가.

그래서 둘 다가 필요한 거다. 창의는 참신하고 흥미로운 아이디어를 제공하며, '꼼꼼이'는 평가하고 다듬고 실행한다. 귀를 잘 기울이지 않게 되는 쪽의 이야기를 더 많이 경청할수록 더욱 더 좋다.

물론 말이야 쉽지, 실천하기란 그리 쉬운 노릇이 아닐지 모른다. 내 성격의 이 두 부분은 복잡하고 서로 갈등하기 십상이니까. '꼼꼼이'는 '번뜩이'와 그것이 조래할 혼논과 분열을 두려워한다. '번뜩이'는 '꼼꼼이'가 자꾸 한계를 만들고 순응만 요구할 것 같아 의심의 눈초리를 보낸다.

활짝 꽃피는 번영의 삶을 위해서는 이 두 잠재인격의 사이가 좋아야 한다. 「매드 멘」의 배경이었던 시대가 한참 지났음에도 창의 인재와 고객 관리 인재의 상호불신이 오늘날까지 이어지고 있는 광고의 세계처럼, 그 둘이 마지못해 타협하는 경우도 더러 있다. 그런 관계는 앞으로도 계속될 것이다. 성공을 위해선 상대방이 필요하다는 걸 양쪽 모두 잘 알고 있으니 다른 방도가 없지 않겠는가.

적어도 내 삶이 꽃피려면, 이 두 잠재인격은 친구가 되어야 한다. 자, 나의 '번뜩이'와 '꼼꼼이'가 서로 얘기하고 지내도록 만들어보자.

[1] '번뜩이'와 '꼼꼼이'는 내 삶에서 어떤 역할을 맡고 있으며, 지금까지 내게 어떤 영향을 끼쳤는가?

당신의 학창시절이 끝난 후의 삶을 되돌아보고, 이들 두 잠재인격이 수행해온 역할을 평가해보라. 대충 아래와 같은 모습이 아닐까.

당신의 '꼼꼼이'가 취업 인터뷰에 적절한 옷을 입게 하고 무슨 말을 할지 미리 준비하게 해서 일자리를 얻게 만들었다. 생애 최초의 아파트를 찾아내고 주 단위로 예산을 짜고 신용카드 한도액을 넘지 않도록 도와준 것도 '꼼꼼이'다. 당신을 경영의 재목으로 만들어준 것, 그리고 책임감 있는 인간으로서 성인의 세계에 들어가게 해준 건 본질적으로 당신의 '꼼꼼이'다.

그러나 '쿨'하고도 참신한 아이디어를 내서 당신의 커리어를 발전시켜준 것은 당신의 '번뜩이'다. 어쩌면 업무 수행을 위한 당신의 새로운 아이디어 때문에 회사가 당신을 고용했는지 모른다. 아파트가 완전히 '힙'하게 보이도록 실내를 설계해준 것도 당신의 '번뜩이'다. 그뿐인가, 친구들을 위한 쿨한 파티의 테마를 선사한 것도 '번뜩이'다. 말하자면 삶에 풍미를 더해준 것이다. 얼핏 보기에 아무 것도 없는 무無에서 독특한 아이디어를 만들어내는 것이다.

지금까지 한 말들이 당신과는 전혀 상관없는 것처럼 들리는가? 그렇다면, 당신은 여태 '번뜩이'를 꽁꽁 가둬둔 거다! 그걸 풀어주자.

반대쪽을 한번 볼까? 면접시간에 늦었음에도 일자리를 얻었고, 지각하지 않고 출근해야만 업무에 관해 새로운 아이디어가 넘쳐흐른다면, 묶여 있던 '꼼꼼이'를 풀어줄 때가 됐다는 뜻이다. 그래야만 당신은 멋진 아이디어뿐만 아니라 그 멋진 아이디어의 실행 능력으로도 좋은 평판을 얻을 것이다.

[2] 내 삶을 위한 '번뜩이'와 '꼼꼼이'의 가장 큰 공헌을 잘 보여주는 스토리는?

둘 중 어느 한 쪽이 더 주도적이라 하더라도, 당신의 '번뜩이'나 조직적 기술이 도움을 주었던 일화를 떠올릴 수 있을 것이다. 아니, 좀 더 시간을 두고 생각해보라, 그러면 아마도 그 둘 모두가 도움을 주었던 예를 찾을 수 있을 거다.

가령 이런 식으로 말이다. 당신에게 새로운 아이디어가 생겨서 그걸 소개할 수 있는 프레젠테이션을 준비해야 했다. 참신한 아이디어야말로 당신의 강점! 하지만 조직력은 꽝이다. 그런데 이번 경우는 마감이 얼마 안 남았고 상대는 너무 중요한 고객인지라, 당신은 빈둥대지 않았다. 당신의 '꼼꼼이'로 하여금 바로 실행에 돌입하도록 했다. 이번만큼은 차분하게 앉아서, 언제 파워포인트를 완료해야 하고, 누구에게 승인을 받아야 하며, 어떻게 이걸 여러 스케줄 속에 집어넣어야 할지, 등을 차근차근 계획했다. 불과 몇 분 동안 정신을 바짝 차려야 했지만, 해놓고 나니 도움이 되었다. 그리고 큰 문제없이 프레젠테이션을 끝냈다. (물론 준비가 프레젠테이션보다 훨씬 쉬웠다.) 밤새 일할 필요도 없었고, 마지막 순간까지 땀 흘릴 필요도 없었다. 패닉에 빠지거나 직감에 의존하는 게 아니라, 당신이 전 과정을 확실히 장악하고 있다는 기분이었다.

그리고 프레젠테이션은 대성공! 당신의 '번뜩이'와 '꼼꼼이'가 멋진 팀워크를 보여준 덕분이다.

다른 이야기로 넘어가보자. 분기보고서를 작성해야 하는데, 이런 일은 당신이 마음 편하게 할 수 있다. 체계적이고 꼼꼼한 거야말로 당신의 강점이니까. 질서정연한 일 처리가 당신의 자랑이니까. 그런데 이번에는 깔끔하게 배치된 숫자와 요약 외에도 보고서를 예쁘게 포장하고 싶다. 밋밋한 흰색 카버 대신에 인터넷을 검색해 보고서의 요점을 전해줄 재미난 그림을 찾는다. 예컨대 검색어를 '하늘 높이 날아오르는 새'로 해서 비상하는 독수리나 새떼 사진을 찾아내어, 매출이나 수익이나 시장점유율의 상승을 보여주는 보고서 맨 앞장에 넣는다.

혹시 매출이 처참하게 떨어진 경우라면, 추락한 세계 최대의 비행선 힌덴부르크 사진을 택한다. (아니, 이건 그냥 농담이다!)

자, 진지하게 말하는 건데, 색다른 활자체라든지 페이지 레이아웃을 넣어볼 수도 있지 않을까. 어쨌든 보고서 읽기를 어렵게 만들 만한 것은 철저히 피하고, 당신의 보고서와 당신의 '번뜩이'를 좀 더 예쁘게 해주는 것을 시도해보는 거다.

[3] 지금 '번뜩이'와 '꼼꼼이'의 욕구는 얼마나 잘 충족되고 있으며, 그 욕구는 나의 행복에 얼마나 중요한가? 1에서 10까지 점수를 매긴다면?

여기서 당신은 이런 질문을 할지도 모르겠다. "그 둘 중 어느 편이 주도적인가?" 주도적이라 함은 6점 이상인 경우를 가리킨다. 양쪽 점수가 모두 높다면(만세!) 균형이 잘 잡혀 있다는 뜻이다! 당신이 '번뜩이'와 '꼼꼼이' 중 어느 쪽으로 더 기울어 있느냐에 따라, 이것은 '질서 있는 혼돈' 혹은 '혼란스러운 질서' 같은 거라고 말할 수 있다.

[4] 어떻게 해야 '번뜩이'와 '꼼꼼이'의 욕구를 좀 더 충족시킬 수 있을까?

'꼼꼼이'가 있기에 좀 더 탄탄한 구조와 좀 더 바람직한 우선순위도 가능하고, 혼란은 제거되며 만사가 질서정연하게 배치되고 단순해진다.

당신의 '꼼꼼이'가 체계를 놔버리고, 뛰쳐나가고, 새로운 뭔가에 몰두하면, '번뜩이'는 너무너무 좋아한다. 그것은 계획도 목표도 없는 것으로 풀이되며, 충동적이고 사발적이고 즉흥적이라는 뜻이며, 뭐든 당장 하고 싶어서 한다는 의미이기 때문이다.

우리는 어떻게 이 두 잠재인격을 각각 키워나갈 것인가?

당신은 창의적인가? 그렇다면, '꼼꼼이'의 도움을 끌어내는 멋진 방법이 여기 있다. 매일 30분만 짬을 내서 (10분씩 3차례로 나누는 게 편하다면 그것도 좋다) 조직적인 임무를 수행하는 것이다. 그 시간에 이메일을 체크해서 답도 보내고, 잡힌 약속도 점검하며, 다음 번 창의 프로젝트의 마무리를 위해 필요한 여러 단계도 생각하자.

반대로 당신이 '꼼꼼이'의 주도 하에 있지만 '번뜩이'를 붙들어 매고 있는 끈을 느슨하게 풀어줘야 할 사람이라면, 아까 말한 하루 30분을 이용해 컴퓨터와 사무실에서 벗어나라! 산책을 하자! 걸으면 많은 것이 이루어진다. 걷기가 좋은 운동이란 것은 말할 나위도 없거니와, 마음이 아무데나 떠다닐 수 있게 놔주는 시간이기도 하니까. 또 그래야만 창의적 사고가 불붙기도 쉽다.

여담이지만 찰스 디킨스는 산책을 좋아했던 것으로 유명하다. 한밤에도 오래 걸어 다녔다고 하는데, 말할 것도 없이 바로 그럴 때 특별한 아이디어를 얻었을 것이다. 하지만 이미 고전이 된 그의 소설의 복잡한 줄거리와 저술의 방대한 양만 보더라도, 그가 대단히 체계적이고 절제된 사람임을 알 수 있다.

헨리 데이비드 소로우 역시 산책을 즐긴 창의적 인물이었다. 1851년의 일기에 적어놓은 글에서, 그는 몸을 움직이는 것이 창의적 영혼을 위해 얼마나 좋은지를 극찬했다. "일어서서 살아오지 않았다면, 앉아서 글을 쓴다는 것은 얼마나 헛된 노릇인가! 다리가 움직이는 순간 생각도 흐르기 시작한다고 나는 믿는다. 마치 저 아래쪽에 물줄기를 내주었더니 그 결과 위쪽에서 새로운 샘물이 흘러 들어간 것처럼."

그렇다, 당신은 창의와 경영, 둘 다일 수 있다!

만성적인 (그리고 창의적인) 느림보를 어찌할꼬?

창의에 치우친 마음의 특징 가운데 하나가 고질적인 지각이다. 아주 즉흥적이고 자유로운 영혼을 가진 사람이라면, 몇 가지를 잊어먹을 수도 있다. 이해해줄 수 있다. 그렇지만, 상사와의 미팅이라든지 축구 연습이 끝난 아이를 데려오는 일이라면?

바로 이런 지점에서 '꼼꼼이'가 도움을 줄 수 있다. 코치 멕은 창의적인 사람의 만성적 지각을 고치는 두 가지 팁을 제시한다. 그녀가 지적한 바에 의하면, 이런 고질은 그 사람의 약속이 그가 감지할 수 있는 주파수 범위 밖에 있다는 신호일지 모른다. 즉, 감당할 수 있는 범위를 초과해버린 것이라고 할까? 만약 그렇다면 이렇게 해보자.

◆ 돛을 조절하라 : 약속한 일의 목록을 일日−주週−월月 단위로 나누어 작성한다. 아내(남편)나 파트너가 도와줘도 된다. 리스트의 항목 중 없애버리거나 위임하거나 줄일 수 있는 건 없는지 결정한다. 그런 식으로 적어도 정규적인 임무의 10%만 줄여보라. 많은 일을 엉망으로 하는 것보다 적은 일을 깔끔하게 하는 편이 더 낫다.

◆ 매일 15분씩 '다운타임'을 가지라 : 지각과 건망증은 당신에게 다운타임(휴지기)이 필요하다는 신호일지 모른다. 침착과 균형을 되찾고 두뇌기능의 개선을 위해서 충동에 푹 빠지고, 마음도 제멋대로 돌아다니게 풀어주고, 몸도 움직여주는 휴식시간 말이다. 하버드의대의 허버트 벤슨 박사는 하루 10~15분의 심호흡, 명상, 요가 같은 규칙적인 '마음챙김' 활동을 권

한다. 아침에 실시하여 하루를 차분하게 시작해도 좋고, 늦은 오후에 해서 저녁 되기 전에 '리부팅'하는 것도 좋다.

얼핏 보기에 적대적인 '꼼꼼이'와 '번뜩이'가 통합되고 균형을 이룰 수만 있다면, 그게 가장 이상적이다. "난 창조적이지 않아." 혹은 "난 도통 체계적일 수가 없어."라고 자포자기하지 말라. 당신 내면에 그런 능력이 있어서 드러나기만을 기다리고 있으니까. 그렇다고 당신이 뛰어난 예술가나 극도로 유능한 CEO가 될 거라는 의미는 아니지만, 결국 잠재력을 더 많이 실현하고 그 결과 당신의 삶을 풍요롭게 할 수 있을 것이다.

케이스 스터디 :

'번뜩이'와 '꼼꼼이'

코치 멕 : 지닌과 케빈, 30대 초반

지닌과 케빈, 둘 다 30대 초반, 약혼한 사이다. 결혼하기 전에 반드시 서로의 차이를 잘 이해해야 한다는 말을 많이 들었다. 아닌 게 아니라 둘의 성격은 사뭇 달랐다.

케빈은 보스턴에 있는 대형 보험사의 정규직원으로, 사보라든가 고객 및 직원용 간행물의 기사를 작성했다. 보수는 괜찮았으나 대체로 가슴 뛰는 일은 아니었다. 그가 진짜로 쓰고 싶은 건 범죄소설이나 스파이소설이었다. 그는 저녁시간과 주말을 오롯이 바쳐, 보험회사에 고용된 사설탐정 이야기를 소설로 썼다. 거칠긴 해도 마음씨 착한 주인공이 흔해빠진 보험사기 사건을 조사하다가 테러조직을 발견한다는 내용이었다.

케빈의 삶은 터무니없는 공상가의 그것을 닮아 있었다. 그는 소설 속 등장인물이라든지 자신의 책이나 경애하는 범죄소설가에 대해 꿈을 꾸었고, 언젠가 할리우드에서 자기 책으로 영화를 만들지 않을까, 그러면 누가 주인공을 연기하게 될까, 따위의 몽상을 했다. (내 소설은 대니얼 크레이그 같은 배우한테 딱 제격이지! 하지만, 그런 경우엔 시나리오의 배경을 런던으로 바꾸어야 하나?)

케빈은 쓰고 읽고 꿈을 꿨다. 그리고 이 모든 걸 근무시간 외에 했다. 직장에서는 악명이 높을 정도로 괴팍했다. 그의 사무실은 뒤죽박죽이었다. 회답 한 마디 얻어내려면 이메일로 여러 번 찔러대야 하는 스타일이었다. 그의 상사도 그가 작성한 기사를 고위 경영진이 좋아했기 때문에 참아주곤 있었지만, 머리가 하얗게 다 세고 피가 거꾸로 솟아야만 겨우 그런 글을 얻어닐 수 있었다. 케빈은 언제나 허둥지둥 간신히 마감을 맞추었다. 제작 담당 이사는 원고를 내놓으라고 소리 지르기 일쑤였고, 웹디자이너는 케빈의 보스한테 전화를 걸어 홈페이지에 그의 글이 들어갈 부분이 펑크 났다고 툴툴대기도 했다.

케빈의 마음이 온통 자기 소설에 쏠려있다는 것도 문제였지만, 그가 쉽게 산만해지는 타입인데다 즉흥적인 성향을 좋아한다는 것도 문제를 키웠다. 대대적으로 다루어야 할 오클라호마 보험중개인의 프로필을 쓰다 말고 갑자기 자기 소설의 줄거리에 대한 영감이 떠오른다면, 어쩌겠는가? 천하 없이 중요한 일이라도 멈춰야지, 어쩌겠는가!

'번뜩이'는 케빈의 내면가족 가운데 아주 큰 목소리였다.

반면, 지닌은 마치 변호사가 되기 위해 태어나고 교육받은 사람 같았다. 높은 지능과 질서정연한 성격과 효율성 덕분에 그녀는 변호사로 성공한 아버지와 삼촌의 뒤를 이을 자연스런 적임자였다.

지닌이 로스쿨에서 얻은 경험은 전도양양前途洋洋한 커리어를 예고했다. 조직적인 스킬 덕분에 그녀는 같은 시간에 동료들보다 더 많은 것을 해낼 수 있었다. 수업 준비는 언제나 완벽했고, 성적은 늘 최고였다. 법률 상담과 모의재판에도 참여했고 법률 관련 저널의 편집자로 일하기도 했다.

가족의 인맥을 통해 보스턴의 저명하고 유서 깊은 로펌에 발을 들여놓은 건 부인할 수 없지만, 회사는 그녀를 면접하자마자 곧바로 채용했으며 그 결정을 단 한 번도 후회하지 않았다. 그녀는 기업을 위해 변론하는 소송전문변호사가 되었고, 특히 증권 및 계약의 부당종료 소송에 탁월했다. 빈틈없는 협상가로 성장했고, 사무실 동료들도 계약서의 정확한 해석이 필요할 땐 그녀를 찾았다. 그녀의 일처리는 꼼꼼하고도 능숙했다.

사생활에 있어서도 지닌은 똑같이 효율적이었다. 회사에서 늦게까지 일하는 날도 많았지만, 시간을 잘 관리해서 일주일에 나흘은 출근 전 요가나 단체운동에도 참여했을 뿐 아니라, 동네 식품저장고 자원봉사까지 했다. 워드 파일로 깔끔하게 정리해서 레이블에 출력하게 해놓은 그녀의 성탄절 카드 발송 리스트는 언제나 최신 정보로 업데이트되어 있다고 믿어도 좋았다.

지닌은 참으로 좋은 점이 많았고, 그 중 하나가 바로 그녀의 내면가족을 주도하는 부지런한 '꼼꼼이'였다.

케빈과 지닌은 서로의 차이를 잘 알고 있었다. 사귄 지도 2년이나 되었고 작년부턴 함께 살고 있다. 그리고 어느 정도 서로 조정이 필요하다는 사실도 두 사람 모두 알고 있었다. 특히 케빈은 결혼하면 회사를 그만두고 전업소설가의 길을 걸어보고 싶어 안달인데, 지닌이 보기엔 그가 했던 딴 일들이나 마찬가지로 미심쩍고 사려 깊지 못한 계획이었다.

성격 차이가 드러난 건 일에서만이 아니었다. 집에서도 지닌은 소송준비할 때처럼 빈틈이 없었다. 뭐든지 미리 계획하고 신중하게 생각했다. 반면 케빈은 가구 고르는 일이든 친구들이랑 계획 세우는 일이든 훨씬 더 즉흥적이었다. 예전에도 그런 데서 마찰이 있었고, 결혼식이 다가오면서 더욱 심해질게 뻔했다.

상담사인 지닌의 친구가 내면가족 시스템이란 것을 귀띔해주면서 코치 멕을 추천하자, 그녀는 케빈과 그걸 의논했다. 그 개념은 참 흥미롭게 느껴졌다. 내면의 대화를 좀 더 이해한다면 두 사람의 정반대인 성격도 잘 관리할 수 있고, 부부로서 의사결정도 더 바람직하게 내릴 수 있으리라고 뜻을 모았다.

코치 멕은 이렇게 설명한다. "두 사람은 각자의 내면가속이 매우 나르나는 사실을 깨닫게 되었고, 그걸 조절하기 위해 내게 도움을 요청했지요. 그래서 우리는 합동 출석점호를 했답니다."

그렇게 둘은 코치 멕의 사무실에 앉게 되었고, 자신들의 내면가족이 내는 목소리를 함께 들었다. 심리학자 존 메이어는 모든 잠재인격들이 스스로 뿐 아니라 다른 인격에 대해서도 하나의 관점을 갖고 있다고 말한다. 참고로 메이어의 연구는 이 책에 사용된 여러 이론의 기반을 형성한다. 그래서 코치 멕은 지닌과 케빈이 상대방에 대해 관찰한 바를 내면의 목소리로 표현할 수 있게 해주었다. 그 결과는 지금까지 당신이 읽었던 출석점호와는 다르게 나타났다.

'척척이'

지닌 : "그가 나의 야망을 불편해하지 않아서 고맙게 생각해. 그는 나에게
직업이 얼마나 큰 의미인지 잘 알고 있어서, 내 길을 방해하지 않
아. 사실은, 나를 격려하고 북돋워줘."

케빈 : "나도 똑같은 말을 할 수 있다면 얼마나 좋을까! 지닌은 내가 추구
하는 바를 존중하지 않는 것 같아. 나는 머릿속에서 창조한 인물들
을 생생하게 살려내고, 사람들이 좋아할 신나는 이야기를 쓰고 싶
어. 그런 건 내가 잘하는 일이고, 또 실제로 할 수 있거든. 하지만
그게 정규직 일자리처럼 현실적이지 않다고 해서 그녀가 날 존중
하지 않는 점이 좀 걱정돼. 내가 돈을 벌게 될 가능성은 희박하거
든. 참 힘든 노릇이라니까."

이 시점에서 지닌은 자신이 정당함을 인정받은 느낌이었고, 케빈은 초조
해졌다. 코치 멕은 이렇게 설명한다. "케빈은 자신이 커리어로 선택한 방향을
그녀가 충분히 존중한다고 생각하지 않았죠. 그녀의 '압력밥솥' 안에서 살기
싫었고요. 그게 진짜 갈등이었습니다."

'차분이'

지닌 : "먹는 것과 운동에 관해서라면 나는 원칙을 잘 지켜. 만사가 잘 컨
트롤되고 있고. 하지만 케빈이 그렇지 못해서 걱정이야. 앞으로 꽉
짜인 스케줄도 없이 집에 있게 되면, 상황은 더 나빠질 텐데."

케빈 : "내 삶을 내 맘대로 못하는 게 얼마나 스트레스인지! 밤에 눈을 말

똥말똥 뜨고 그것만 생각하게 되니, 잠도 제대로 못 자고 말이야. 결국, 정크 푸드나 먹게 되고 운동도 안 하잖아. 아주 고약하다니까."

'당당이'

지닌 : "나는 죽어라고 일은 하지만, 이 로펌에서 어디까지 올라갈 수 있을지 모르겠어."

케빈 : "나, 베스트셀러 쓸 수 있어. 하지만 그렇게 할 수 있는 환경이 돼야지."

'궁금이'

지닌 : "이거 너무 큰 리스크 아닐까, 걱정될 뿐이야. 나는 직장에서나 집에서나 안전한 게 좋거든. 케빈이 아무렇지도 않게 그처럼 엄청난 상상의 비약을 한다는 게 신기해. 그니까 내 말은, 소설을 쓰겠다고 대기업의 좋은 일자리와 혜택을 포기하다니, 말이 돼? 사실 어떤 의미에서 존경스럽긴 해. 케빈은 놀라운 상상력을 지니고 있고, 나보다 훨씬 기업가 자질이거든."

케빈 : "내 생각도 그래! 내가 좀 더 대담하잖아. 인생은 한번 뿐이야! 내가 그녀에게 항상 하는 말이지. 지금 하는 일에 내 일생을 바치고 싶진 않다고."

'토닥이'

지닌 : "서로 다른 점은 많아도 나는 정말 케빈을 사랑해. 그가 잘 되면 좋
겠어. 그냥 걱정이 돼서 그래."

케빈 : "다른 변호사였다면 절대 결혼하고 싶지 않을 걸. 지닌은 정말 최
고야."

'까칠이'

지닌 : "난 이 로펌에서 파트너가 되고 싶어. 아빠와 삼촌처럼 말이야. 그
목표를 달성하려고 열심히 일하고 있지."

케빈 : "난 엘모어 레너드라든지 프레드릭 포사이쓰처럼 글을 쓰고 싶어.
진짜 강렬한 글을 쓰고 싶다는 얘기지. 사람들이 사서 읽을 스토
리, 다른 작가들이 존경할 스토리를 만들어내고 싶다고."

'꼼꼼이'

지닌 : "그 사람, 자꾸 일을 미루고 정리도 안 되어 있어. 우리랑은 완전히
반대야. 대체 어떻게 먹고 살려고 그러지?"

케빈 : "그래. 우리 좀 더 질서정연할 수도 있을 텐데. 하지만 잘해보라고.
최근에 내 친구 '번뜩이'랑 대화해본 적 있어?"

'번뜩이'

케빈 : "지닌은 철두철미해. 그런데 '지나치게' 깔끔하다는 것도 있잖아, 안
그래? 지닌은 지나치게 잘 짜여 있다고. 만사를 미리 계획하고 최

대한 심사숙고하지. 조금 고삐를 늦추고 즐길 필요가 있는데. 느긋하게 즐기는 게 내 일이잖아. 날 앞으로 나아가도록 해주는 게 바로 그거야."

지닌 : "당신 말이 맞아. 나는 너무 꽉 짜인 틀 안에서 경직되어 있지. 나도 좀 즐기고 싶긴 해. 그런데 나의 '꼼꼼이'가 질서를 꽉 잡고 있단 말이야."

코치 멕의 말로는, 이즈음에 출석점호에서 표현된 것들이 두 사람의 상호이해를 더 깊게 해주었다. "그들은 각자의 성격에 '난 정말 이게 좋아. 나는 좀 더 질서정연했으면 좋겠어.' 혹은 '좀 더 즐기고 싶어.'라고 말하는 부분이 있음을 깨닫기 시작했죠. 그러나 그런 부분들이 조금도 관심을 받지 못하고 있다는 것도 말이에요. 출석점호를 해보기 전에는 둘 다 몰랐던 사실입니다."

여기 귀를 기울여야 할 잠재인격이 하나 더 남아있다.

'큰직이'

지닌 : "그와 함께 있으면 억눌려 있는 내 '번뜩이'를 위한 목소리가 들릴 거야. '꼼꼼이'는 망설이겠지만, 내게는 '번뜩이'가 필요하지. 그런 밸런스가 나한테는 좋으니까."

케빈 : "내가 목표를 이루고 싶고 혼자 힘으로 작가로서 성공하길 원한다면, 체계를 좀 갖출 필요가 있다는 건 인정해. 나, 그렇게 할 능력이 있어. 좀 더 귀를 기울이기만 하면 된다고."

성공이다! 그들은 서로의 내면가족을 경청할 수 있었고, 무시했던 잠재인격한테 미처 활용하지 못한 자원이 있다는 것도 깨달았다. 또 그런 자원을 잘 활용한다면 한쪽으로 너무 치우치는 일 없이 균형 잡힌 역동성을 얻게 되리란 걸 이해했다.

우리는 절도 있고 성취를 지향하며 고도로 효율적인 '꼼꼼이'를 즉흥적인 '번뜩이'로 둔갑시키진 않을 것이다. 케빈이 효율성의 귀감이 된다든지 말쑥한 남자로 변할 리도 만무하다. 다만 코치 멕이 찾으려 했던 것은 각자를 위한 약간의 균형이었다. 지닌의 삶에는 약간의 즉흥성을 부여하고, 케빈의 삶에는 약간의 질서를 주는 것. 당신도 바로 그런 것을 내면에서 찾아야 한다.

이 커플은 코치 멕과의 만남과 출석점호에서 얻은 교훈으로 생활에 변화를 주기 시작했다. 아주 작은 것에서부터. 지닌은 그다음 주말에 네일 샵을 찾아 발톱에 밝은 산호색을 발랐다. 항상 보수적이었던 그녀의 태도와는 상당히 달랐다. 케빈도 눈치챘다. 그녀가 돌아오자 이렇게 너스레를 떨었다. "와, 쿨한데 그래! 생동감이 느껴지잖아!"

한편 케빈은 일주일에 두 시간씩 집안일을 했다. 지닌이 이런저런 걸 해달라고 제안할 수도 있었지만, 그는 스스로 필요하다고 생각하는 일을 했다. 그는 반드시 일을 깔끔하게 마무리해야 한다는 걸 알았다. 예상할 수 있듯이 그는 정원부터 손보기 시작했다. 정원 손질에는 '번뜩이'가 꽤 필요해서 그는 즐겁게 일했지만, 매주 잔디 깎고 잡초 뽑는 스케줄을 정할 때는 지금까지 써먹지 않던 '꼼꼼이'를 불러내야 했다.

물론 이런 건 소소한 변화다. 그러나 큼직한 변화도 이렇게 시작되는 법이다. 지닌과 케빈의 내면가족이 완벽한 균형을 이루는 일은 없을지 모른다. 이런 점에서 그들의 서로 다른 잠재인격이 진짜 가족처럼 완전히 일치하는 일도 없을지 모른다. 그러나 두 사람은 이들 목소리를 조절하고 조금이라도 더 잘 반응하는 방법을 배울 수 있으며, 그러는 가운데 둘의 관계를 좀 더 화목하게 만들고 각자 목표로 삼은 커리어와 함께하는 삶을 추구할 수 있으리라.

다정다감 '토닥이'

"사랑하면 행복해져!
 그대에게 한평생 바치고 싶은 누군가를 만난다면."
1969년 미국의 팝그룹 '머시'는 그렇게 노래했다.

"내가 떠난 뒤에도 가던 길을 그냥 가! 슬퍼하지 말고."
이건 2005년에 에미넴이 발표한 랩이다.

인간관계에 대해 상반된 두 관점이 노래 속에 그렇게 표현되었다. 하
나는 우리 기억에서 거의 사라진 밴드의 달콤하면서도 은근히 반발하는
히트송. 다른 하나는 어떤 저널리스트의 말마따나 '아버지와 남편으로서

실패한 어느 슈퍼스타에 대한 명쾌하고 정확한 분석'이다.

이 두 곡은 서로 다른 시대와 관점에서 나왔지만, 공통점이 하나 있다. 둘 다 타인과 맺어지고 이어지려는 인간의 욕구를 노래했다는 점이다. 첫 번째 곡은 배우자와의 관계, 두 번째 곡은 아이와의 관계지만, 거기에 부모를 넣어도 좋고 심지어 낯선 사람을 집어넣어도 마찬가지다. 모든 잠재인격 가운데 '토닥이'가 가장 독특한 까닭이 바로 거기에 있다. '토닥이'는 다른 잠재인격들의 욕구에 봉사하는 것을 지향하는 잠재인격이다. 이것이야말로 다른 잠재인격과 비교했을 때 본질적으로 다른 점 가운데 하나다.

지금까지 살펴봤던 내면가족의 다른 멤버들을 생각해보라. '차분이'는 **당신의** 몸이 제대로 기능하려면 무엇이 필요한가를 맡는다. '척척이'는 **당신이** 스스로를 충족시키려면 무엇이 필요한지를 맡으며, '궁금이'는 **당신이** 어떻게 새로운 지평과 경험을 추구하는지를 남낭한다. 그들 모두 없어선 안 될 인간의 구성요소이긴 하지만, 모두 "나, 나, 나"만을 외친다.

이에 반해 '토닥이'는 다른 멤버들부터 먼저 돌보는 단 하나의 내면가족 구성원이다. '토닥이'는 돌보는 자이며 부모이고 양육자다.

사람들이 친숙하게 느끼는 잠재인격이 바로 '토닥이'다. 우리 모두 이런저런 관계를 맺으며 살고 있기 때문이다. 친구, 동료, 선생, 대가족, 이웃. 그리고 담당 치과의사, 자동차정비공, 개인 트레이너. 우리는 다른 개인들로 이루어진 복잡한 그물망과 어떤 식으로든 관계를 맺는다. 그리고 그들 중 누군가의 역할이 나의 특별한 욕구를 충족시키는 것이라면, 나 또한 그들에게 신경 쓴다. 이미 작고했지만 긍정심리학이란 새 분야를 주도했던 크리스토퍼 피터슨(Christopher Peterson) 박사는 이렇게 말한 것으로 잘 알려져 있다. "다른 사람들도 중요하다."

다른 사람들을 (혹은 다른 사람들의 욕구와 웰빙을) 걱정해주는 나의 일부분이 바로 '토닥이' 능력이다.

'토닥이'는 배려한다. 단지 배우자와 아이들과 절친만 배려하는 게 아니다. 스타벅스 앞에 줄을 서서 기다리는 사람이나 신문에서 읽었던 생면부지의 사람도 배려한다. 슈퍼마켓에서 나오다가 미끄러져 넘어진 사람을 보고 달려가 도와주려는 충동도 '토닥이'가 작동되었기 때문이다. 지진 피해자들을 돕기 위해 기부할 동기를 부여하는 것도 '토닥이'다. '토닥이'는 또 입원한 친구나 요양시설에 있는 늙은 친척을 찾아볼 마음이 생기게 하고, 부하직원의 생일에 꽃이나 선물을 사게 만들기도 한다.

좋은 일을 위해 기금을 모으거나 자원봉사를 하는 이유를 물으면, 사람들은 종종 이렇게 대답한다. "그렇게 하면 내 기분이 좋아지니까요." 자, 여기서 그들이 말하는 '나'의 한 부분이 바로 '토닥이'다. 그리고 '기분이 좋아지는' 이유는 그 목소리를 그들이 경청하기 때문이고 이 중요한 동력의 욕구에 반응해주기 때문이다. '토닥이'는 이유를 따지지 않는 순수한 배려이며, 그렇기 때문에 다른 잠재인격들보다 더 숭고하고 이타적이다. 예외가 있다면 다음 챕터에서 논의할 '큼직이' 정도겠지만.

다른 여덟 가지 잠재인격의 경우처럼, '토닥이'의 강도는 사람에 따라 천차만별이다. 간호사와 교사는 전형적으로 '토닥이'가 강한 사람들의 상징이다. 그리고 상담사, 소방관, 경찰관, 심리학자도 분명히 그럴 것이며, 소위 남을 돕는 직업에 종사하는 사람들은 더 말할 필요도 없다. 회계사, 자동차 정비사, 광고 디자이너, 헤지펀드 트레이너 역시 다른 이들을 지원하고 보살피려는 욕구를 지닐 수 있다.

어떤 상황에서는 '토닥이'가 다른 모습으로 드러나기도 한다. 아빠를 포옹하거나 아이의 팔을 부드럽게 쓰다듬는 것도 그렇지만, 같이 농구하는 친구들과 주먹을 맞대며 인사한다든지 군대에서 조교와 신참병이 구보할 때 구호를 주고받는 것도 마찬가지다.

'토닥이'가 성격을 주도하는 사람들도 있다. 그래서 다른 사람들에게 봉사하면 엄청난 즐거움을 느낀다. 당신 자신이 그런 사람일 수도 있고, 그런 성향의 다른 사람들을 알고 있기도 할 것이다. 부모와 간병인은 대개 이 목소리에 귀를 기울인다. 이 욕구가 너무도 강력하고 그 목소리가 너무나 커서, 이를 중심으로 삶을 엮어나가는 사람들도 많다. 앞에서 언급한 남을 돕는 직업을 가진 사람들도 여기 포함된다. 반면, 어떤 사람들은 좀 더 내향적이어서 혼자만의 길을 걷는다.

그래도, 정말이지, 모든 인간은 '토닥이'의 능력을 지니고 있으며, 꽃 피는 인생을 맛보려면 우리 모두 서로 배려하는 관계를 구축해야 한다.

우리가 제1장에서 언급했던 심리학자 데시와 라이언은 서로 이어져 있고 엮여 있다는 감각이 '척척이' 및 능숙함과 더불어 인간의 가장 근원적인 세 가지 욕구 중의 하나라고 믿었다. 두 사람은 이 느낌을 '소속감' 혹은 '타인에 대한 애착'으로 정의한다. 따라서 관계를 맺는 능력은 양육자들에게만 중요한 게 아니다.

사회관계가 건강한 노년을 위한 결정적 요인이라는 연구결과도 있었다. 「누군가가 옆에 있어야 장수한다」는 제목의 2012년 뉴욕 타임스 기사는 캘리포니아 대학의 연구를 소개하면서, 친구도 없고 외로움을 느끼는 노인들은 '타인과 관계를 유지한 노인보다 일찍 사망할 확률이 45% 더 높다'고 했다.

인간관계의 소중함과 삶의 단계마다 관계를 잘 맺고 키워나가는 것의 중요성에 대한 관심이 커지면서 지난 몇 년 동안 그런 주제의 책들이 쏟아졌다. 아니, '쏟아졌다'는 것은 너무 얌전한 표현일지 모르겠다. 아마존 닷컴에서 '인간관계에 대한 책'을 검색하면 25만 권이 넘게 나온다. 〈인간관계 치료〉, 〈원활한 인간관계〉, 〈인간관계 구해내기〉 같은 제목이 붙어 있다. 그리고 부제들은 '오래 가는 사랑의 비결', '하루 10분으로 개선되는 인간관계', '원만한 결혼생활의 일곱 가지 원칙' 등을 약속하고 있다.

당신이 지금 읽고 있는 이 책은 다르다.

우리는 사춘기 자녀 다루는 법이나 성공적인 결혼생활을 영위하는 법, 혹은 노부모와 교감하는 법을 제시하는 인간관계 카운슬러가 아니다. 이 챕터의 케이스 스터디 하나가 바로 그런 주제를 다른 관점에서 다루기는 하지만.

긍정과 부정의 감정이나 생각 속에 나타나고 우리 머릿속에서 계속 재잘거리는 인간 욕구와 욕망의 아홉 가지 주된 원천 — 우리는 이 책을 통해 그 주된 원천을 알려주고자 한다. 하늘을 날 듯 번창하고 최고의 기능을 발휘하기 위해 우리가 노력하고 있는 것은, 이 잠재인격들이 제각각 욕구도 만족시키고 또 서로 잘 어울리도록 돕는 것이다. 그러나 지금까지 봤듯이 그건 복잡한 문제다. 다양하고도 서로 충돌하는 내 잠재인격들 사이의 관계를 다뤄야 할 뿐 아니라, 다른 사람들과 소통할 땐 나의 아홉 잠재인격과 그 사람의 아홉 잠재인격이 벌이는 상호작용에도 대처해야 하기 때문이다. 그러니까 하나의 인간관계에 열여덟 개의 잠재인격이 개입하는 셈이고, 나아가 한 자녀를 둔 가족의 경우엔 그런 상황에 적어도 스물일곱 가지 잠재인격이 끼어든다!

당신의 배우자나 파트너나 친구가 그들 나름의 잠재인격을 지녔다는 사실을 알게 되면 인간관계는 한결 쉬워진다. 그런 사실을 말해줄 수 있다면 얼마나 좋을까! 하지만 그 반대다. 내 욕구를 관리하는 것만 해도 어렵기 짝이 없는 판국에, 다른 누군가의 아홉 가지 욕구까지 설명해야 한다니! 바로 이것이 인간관계가 녹록하지 않은 또 하나의 이유다. 바로 그 때문에 내 머릿속에 무슨 일이 벌어지고 있는지를 이해하면 도움이 된다. 예컨대 남편(아내)의 '토닥이'나 '척척이'의 목소리가 크다는 것을 알면, 서로에게 고마워하고 서로를 이해하며 소통하는 데 커다란 도움이 될 수 있다.

'토닥이' vs '척척이'

지금까지 내면가족 구성원 사이에 내재하는 갈등을 살펴보았다. 가령 안전과 안정을 향한 '차분이'의 욕구가 어떻게 모험을 좋아하는 '궁금이'의 욕구와 갈등을 빚게 되는지 들여다봤다.

이런 갈등은 마치 현실의 가족에서 벌어지는 언쟁처럼 보글보글 표면으로 떠오른다. 많은 이들이 알고 있듯이, 가족 안에는 항상 서로 반목

하는 것처럼 보이는 두 사람이 존재하곤 한다. 그들도 서로를 사랑할진 모르지만, 아무튼 서로 반감을 불러일으키는 재주는 너무도 탁월하다. 당신의 내면가족에도 이와 비슷한 역학관계가 있을 수 있는데, 이 경우 서로 다투는 주인공은 '토닥이'와 '척척이'일 것이다. 이 둘 사이의 내재적 긴장은 인생의 거의 모든 면에 스며든다. 그러니까 당신은 잠재력을 최대한 발휘해서 자아를 실현하고 싶지만, 다른 이들도 그렇게 할 수 있도록 도와주는 친밀한 인간관계도 맺어야 한다는 얘기다.

서로 대립하는 이 두 개의 동력은 개인의 내면에서만이 아니라 주변 사람들 사이에도 종종 문제를 일으킨다. 어른이 되면 문신 아티스트나 스케이트보드 선수가 될 운명이니까 학교를 자퇴하겠다고 말하면 엄마 아빠가 펄쩍 뛰는 이유도 아마 그런 것이 아닐까? 당신이 SUV를 사고 싶다는데 아내(남편)는 스포츠카를 원할 수 있다. 혹은 당신이 나이 들어 정든 집을 떠나고 싶지 않다고 하는데도, 장성한 아이들은 당신을 양로 시설에 보내야 한다고 생각할 수 있잖은가.

'토닥이'와 '척척이' 사이의 긴장이 심해져 책임감과 이기심 사이의 전투로 둔갑하는 경우도 더러 있다. 가출하는 청소년이라든지 헛된 꿈을 좇아 아이들을 버리거나 방치하는 부모들의 이야기를 떠올려보라. 그런 사람들에게는 아이들과 함께 있는 것보다 에베레스트를 오르거나 친구들이랑 골프를 치기 위해 2주 동안 떠나는 게 더 중요하다.

여기서 당신에게 주고 싶은 메시지는 '내 욕구 채우기와 남들의 욕구 충족시키기 사이에서 끊임없이 균형을 유지하는 것이 바로 인생'이라는 얘기다. 그걸 잘 해내는 것이 바로 잘 사는 기술이다.

서로 갈등하는 이들 두 동력 사이에서 균형 잡는 법에 대해 코치 맥의 몇 가지 팁이 여기 있으니 참조하자.

- **'척척이'의 욕구를 충족시키는 것은 이기적 행동이 아니다.** 반대로 욕구를 충족시키고 사랑을 베풀고자 하는 내재적인 욕구를 나약함으로 간주해서도 안 된다. 이 두 가지 욕구는 애당초 우리 영혼에 깊이 각인된 것이니, 고맙게 생각하고 그 가치를 인정해야 한다. 그것은 있는 그대로의 욕구이며, 둘 다 당신의 삶을 풍요롭게 하니까.

- **일방적이 아닌 성숙한 인간관계를 배양하라. 서로의 '척척이'를 존중하고 모두의 '척척이'에 봉사하는 관계 말이다.** 부모 자식 관계, 가족 관계, 직장 내 인간관계에서 당신은 종종 아이들이나 배우자나 상사 등 다른 이들을 섬기는 데 초점을 맞추느라, '척척이'의 욕구는 소홀히 하는 경우가 많다. 이럴 때 친구나 마음 통하는 사람들이 도움 될 수 있다.

- 매주 약간의 시간을 투자해 **당신의 '토닥이'와 '척척이' 모두의 욕구가 충족되고 있는지 챙기라.** 일주일에 한 번쯤은 누군가를 위해 무언가 사려 깊고 멋진 일을 하라. 꼭 선물이나 꽃을 보낼 필요는 없고, 그저 다정한 말 한마디도 좋다. 반대로 일주일에 한 번쯤은 혼자가 되자. 혼자 집에서 무엇이든 관심 가는 지적인 활동이나 취미나 기분 전환에 푹 빠져보자.

- 매주 이 두 잠재인격과 소통하고 이렇게 물어보라. "내가 뭘

더 해야 자신이 원하는 대로 나아가려는 욕구도 챙기고, 동시에 내가 아끼는 사람들에게 도움 되고 싶은 욕구도 충족시킬 수 있을까?"

이제, '토닥이'의 크기라는 주제로 돌아가서 우리의 네 가지 질문을 던짐으로써 당신의 '토닥이'가 얼마나 잘 적응하고 있는지 알아보자.

[1] '토닥이'는 내 삶에서 어떤 역할을 맡고 있으며, 지금까지 나에게 어떤 영향을 끼쳤는가?

두 가지 이유에서 중요한 질문이다.

첫째, 이 크기에 따라 역할이 변하기 때문이다.

아주 어려서 부모에게 의존할 때 우리는 그들을 행복하게 만들어주는 데만 관심이 있다. 그것이 '토닥이'의 주된 추진력이다. 엄마 아빠를 꼭 끌어안고 그들에게 사랑을 베푸는 당신은 귀엽고 매력적이다. 그게 바로 애착의 단계, 당신이 안전하고 보살핌을 받는다고 느끼는 시기다.

그런 다음 우리는 부모와 형제와 조부모의 사랑을 넘어 뻗어나간다. 학교에 다니기 시작하면 또래 및 선생님들과 관계를 형성한다. 청소년기에는 동년배들과의 관계에 초점이 맞추어진다. 그건 그저 함께 어울리는 그룹일 수도 있고, 같은 팀의 구성원들일 수도 있으며, 대학에 들어간 후엔 교내 친목클럽일 수도 있다. 어른이 되면 '토닥이'의 초점이 다시 한번 움직이는데, 이번에는 바로 '그 특별한 관계'를 찾거나 내 가족을 이루는 쪽으로 옮겨가게 된다. 그즈음이면 우리는 커리어에 있어서도 최고조에 달해 있으며, 이미 어마어마한 인간관계의 네트워크를 구축해놓았을 수도 있다. 따라서 우리의 인간관계는 더 복잡하고, 더 다양하고, 많은 경우 더 끈끈해진다. 그 관계의 종류와 패턴도 다양하다.

위의 질문이 특히 적절한 또 다른 이유는 남달리 내향적인 사람들이 더러 있기 때문이다. 혼자 있으면 더 행복하거나, 주변에 다른 이들이 모여들어야 하는 사람도 있다. 만약 당신이 전자에 해당하고 다소 외톨이 기질이 있어서 스스로 뭔가 '흠이' 있다고 생각한다면, 다시 생각하라. 내면가족 개념은 모든 이의 성격에 아홉 가지 측면이 있다고 가정하지만, 그렇다고 해서 힘이 다 똑같은 것은 아니다. 나의 삶에서는 '척척이'가 좀 더 센 동력일 수 있다. 그렇다, 다른 모든 목소리처럼 '토닥이'의 목소리도 들어줘야 하지만, 그렇다고 해서 혼자 더 많은 시간을 보내도 만족하는 사람들도 있다는 단순한 사실을 부정할 수는 없는 노릇이다.

[2] 내 삶을 위한 '토닥이'의 가장 커다란 공헌을 잘 보여주는 스토리는?

내 삶에서 '토닥이'의 가장 커다란 역할이 드러난 지점은 어딘가? 결혼생활? 아니면, 부모로서 내 역할? 나랑 부모와의 관계인가? 아니면, 내 삶을 풍요롭게 해준 절친이나 직장 동료?

내 인간관계가 '척척이'와 '토닥이' 모두에게 '윈-윈'이었던 예를 생각해보라. 부모나 아이들을 내가 선택할 수야 없지만, 그 두 가지 동력의 균형을 잡는 법은 내가 선택할 수 있다. 인생의 동반자와 친구들은 내가 고를 수 있으니, 이는 그 두 욕구를 모두 충족시킬 멋진 기회다. 또 가까운 직장 동료와 더불어 그런 욕구를 충족시키는 방법을 선택할 수도 있다.

'토닥이'와 '척척이' 사이의 밸런스가 각자 다음과 같이 독특한 세 사람을 상상해보자. 첫 번째는 남들을 위해 봉사할 때가 가장 행복한 사람으로, 다른 사람들의 고민과 문제를 흔쾌히 들어주는 경우다. 두 번째는 삶의 균형이 잘 잡혀서, 가족과 친구와 커리어가 모두 흡족한 삶을 사는 경우다. 세 번째는 괄목할 만한 성취를 이룬 사람이기 때문에 가족과 친구를 위한 시간은 적지만 업무에 관련된 인간관계는 훌륭한 경우다.

'척척이'를 향한 욕구가 크다고 해서 이기적이라는 의미는 아니다. 반대로 '토닥이'의 욕구가 강하다고 해서 자아의식이 없다는 얘기는 아니다. 이런 것들은 당신의 성격과는 별개로 독립된 요소이며 살아가는 내내 긴밀하게 상호 작용한다. 그 두 가지 욕구가 무엇인지를 당신이 알고 반드시 그 욕구가 충족되게 하는 한, 그리고 주도적이며 목소리가 더 큰 다른 잠재인격에 의해 압도되지 않는 한, 당신은 활짝 꽃피고 번성하게 될 것이다.

[3] 지금 '토닥이'의 욕구는 얼마나 잘 충족되고 있으며, 그 욕구는 나의 행복에 얼마나 중요한가? 1에서 10까지 점수를 매긴다면?

이건 상황에 따라 다를 것이다. 푸짐한 취미가 있거나 어떤 일거리가 있으며 훌륭하게 성장한 아이들을 가진 엄마라면 9점 혹은 10점을 매길 것이다. 보람 있는 커리어를 누리면서 미혼이지만 살갑게 지내는 조카도 있고 친구도 많은 여성의 경우 역시 9점이나 10점이 될 수 있다. 그런 관계들은 그만큼 중요할 수 있으니까.

이번 자기평가에서 가장 핵심적인 질문은 이것이다. "어떻게 해야 내 삶이 좀 더 흐드러지게 꽃필 수 있을까?" 여러 가지 점수를 해석하는 네 가지 방법을 여기 소개한다. 그런 방법으로 위의 중요한 질문에 대한 답을 찾을 수 있을 것이다.

- ◆ '욕구 충족' 점수는 낮거나 중간인데, '욕구의 중요도' 점수가 높은 경우 :

  "인간관계에 좀 더 투자한다면 내 삶은 더 좋아질 것이다."

- ◆ 두 점수 모두 중간 정도인 경우 :

  "쓸데없이 풍파를 일으킬 필요는 없을 것 같다."

- ◆ '욕구 충족' 점수는 높은데 '욕구 중요노' 점수가 중간이서나 낮을 경우 :

  "다른 욕구를 충족시키기 위해 약간의 자원을 돌려쓸 수도 있겠다."

- ◆ 두 점수가 모두 높을 경우 :

  "활짝 꽃피는 삶을 위해 필요한 것은 이미 하고 있다!"

[4] 어떻게 해야 '토닥이'의 욕구를 좀 더 충족시킬 수 있을까?

성공적인 인간관계를 만들려면 다른 이들에게 귀를 기울이고 봉사해야 한다. 그들을 위해 시간을 내고, 그들을 돕고, 그들이 원하는 바에 관심을 가져야 한다. 흔히 말하듯이 그들을 위해 '곁에 있어주어야' 하는데, '진짜 친구'란 바로 그런 것을 의미할 때가 많다.

'토닥이'의 범위를 넓히면 거의 언제나 보람이 있다. 생면부지의 남이라도 내 도움이 필요할 수 있다. 강렬한 '토닥이'는 자원봉사단체를 위해 시간을 할애하거나 자선 행위를 통해 뭔가 차이를 만드는 데서 그 모습이 드러나기 쉽다. 노숙자 보호소에서 봉사하거나 자선단체에 돈을 기부했을 때 드는 그 흡족한 기분을 알지 않는가? 바로 그게 '토닥이'란 능력이 머금는 미소다.

아마존닷컴에서 '인간관계에 관한 책'의 검색 결과를 다시 보자. 상위 50개의 베스트셀러는 이성 관계를 다룬 것들이다. 상위 100권까지 좀 더 내려가면 자녀들이나 동성 친구와의 관계를 다룬 타이틀도 두어 개 나온다. 하지만 '나이 들어감'에 관한 책들은 200위 정도까지 내려가야 비로소 만날 수 있다. 어쨌거나 이미 말했듯이, '토닥이'의 욕구는 폭넓은 범주의 사람들과 상호작용을 아우른다. 아래 케이스 스터디가 보여주는 것처럼, 연로하신 부모와의 관계는 (그 부모에게는 말할 것도 없거니와) 젊은이들과 특히 중년층에게 커다란 수수께끼가 아닐 수 없다.

케이스 스터디 :

'토닥이'

코치 멕 : 플로런스, 76세

마틴은 41세의 은행원이고 그의 어머니 플로런스는 76세로 전직 초등학교 교장이다. 플로런스는 여러 해 전에 남편을 여의고 혼자 그런대로 잘 살아온 것 같지만 신체적으로 힘이 들고 외로움을 느끼기 시작한 상황. 걱정이 늘어진 아들 마틴은 엄마가 거의 40년 넘게 살았던 집에서 나와 시니어 시설로 들어가길 원했다.

마틴이 조심스럽게 엄마한테 이야기를 꺼냈지만, 대화는 잘 이루어지지 않았다. 그는 엄마가 계단 오르기도 힘들어하는 걸 봤으며 외출도 거의 안 하는 것 같다고 퉁명스럽게 지적하면서 이렇게 물었다. "친구들이랑 마지막으로 영화 보러 간 게 언제죠?"

자신의 독립생활에 자부심이 컸던 데다 아들이 자기 사회생활까지 간섭하려는 데 심사가 뒤틀린 플로런스는 격분했다. 논쟁이 이어졌고 헤어진 후로는 몇 주간 서로 말도 안 했다. 그 뒤 플로런스는 지하실에서 빨래를 들고 나오다가 발을 헛디뎌 넘어졌다. 다행히 뼈는 부러지지 않았지만 팔에 금지박하게 멍이 들어, 화해하러 왔던 마틴의 눈에 뜨일 수밖에 없었다.

"엄마! 이런 간섭을 하는 건 미안하지만, 엄마 생활환경에 대해서 의논이 필요하다는 것, 이젠 엄마도 알겠지요?"

플로런스는 마지못해 동의했지만, 다른 제삼자가 함께 있으면 마음이 좀 편할 것 같다고 말했다. "뭘 좀 제대로 알고 말할 수 있는 사람 말이야."

누가 들어도 모욕인 엄마의 말에 마틴은 잠시 분노가 불끈 솟았으나, 직원들의 스트레스 해소를 위해 회사가 제공한 요가 시간에 배운 대로 애써 숨을 깊게 들이마셨다. 효과가 있었다. 그는 침착함을 되찾고 어깨를 으쓱했다. 그리곤 이렇게 말했다. "좋아요, 엄마. 뭐, 별로 듣기 예쁜 말은 아니지만, 엄마가 옳아요. 난 이런 문제에 전문가가 아니고, 이건 중요한 결정이니까."

그는 조언해줄 적임자를 찾아보겠다고 말해놓고는 엄마 집을 나서면서야 '아차!' 했다. 누구한테 연락하지? 노약자 보호 전문변호사? 가족의 친구? 물리치료사? 의사? 적합한 전문가가 누구일까? 그리고 엄마는 어떤 사람의 도움을 받아들일까? 바로 그때 친구 니키가 자신의 삶을 '재구성'하려고 함께 작업했던 코치가 생각났다. 곧장 니키에게 전화를 걸었다.

나 같은 상황에서 상담사가 도움이 될까? 마틴이 그렇게 묻자 니키가 답했다. "그럼, 물론이지. 상담사가 하는 일이 그런 건데, 뭐. 변화를 꾀한다면 상담사가 도움이 돼. 내 삶의 우선순위를 재설정해준 변화 같은 것 말이야."

마틴이 시도하게 될 이 변화는 사뭇 다른 종류였지만, 그는 엄마 문제에 대해 니키의 상담사랑 얘기를 나눠보기로 마음먹었다. 코치 멕은 어머니가 흔쾌히 상담에 응한다면 그렇게 하겠다고 동의했다.

좀 놀랍게도 엄마 역시 흔쾌히 응했다. "누가 날 코칭해준다니. 좋은 생각이네. 하지만 TV에서 보는 축구 코치 같은 사람이 아니면 좋겠다. 축구 코치는 맨날 소리 지르고 입씨름이나 벌이잖아. 험악한 생김새에다 심각하고, 안 그래?"

마틴은 코치 멕이 대학이나 프로풋볼 코치들과는 완전히 딴판이며, 하는 일도 전혀 다르다고 엄마를 안심시켰다.

그들이 인사를 나눈 다음 코치 멕이 '마음의 다중성'이란 개념, 그러니까 아홉 개의 주요 잠재인격이라는 모델을 설명하자, 플로런스는 상당히 흥미롭게 생각하는 것 같았다. 그들은 모자가 토의해왔던 내용을 검토한 다음, 플로런스의 내면가족이 마틴의 간곡한 부탁에 어떻게 반응하는지를 좀 더 이해하기 위해 출석점호를 실시했다.

'척척이' : "열여섯 살 이후로 난 줄곧 모든 일을 스스로 잘해왔어. 공립학
교 시스템이라는 계단을 밟았고, 야간대학에서 석사학위까지 따내며
가족을 부양했잖아. 당연히 나 혼자 살아갈 능력이 있지!"

'차분이' : "내 느낌은 좀 복잡해. 시설이 좀 더 좋은 곳에 산다면 난 헬스
클럽에 자주 갈 거야. 그러면 좋겠지. 가끔 집 근처를 산책하는 것도
좋지만, 좀 더 정기적인 운동이 필요하잖아. 하지만 난 직접 음식을
만들어 먹는 게 좋으니까, 그런 점에서는 별로 안 좋군. 또 내 침대에
서 자는 게 훨씬 좋고."

'당당이' : "난 유능한 사람이야. 평생 일하면서 그걸 증명했잖아. 나, 무능
한 사람으로 보이고 싶진 않아. 바깥세상에 나가 모든 나이의 사람들
과 함께 공동체에서 사는 게 나한텐 중요해. 젊은 가족들이 이웃에 살
고, 쇼핑할 때도 젊은이들과 교류하는 게 좋다고. 난 똘똘한 사람들과
있고 싶은데, 시니어 타운엔 별의별 사람들이 다 있잖아. 나처럼 똑똑
하고 성취해놓은 것이 있는 사람들과 어울리고 싶지, 까다로운 노인
네들만 모인 덴 싫어."

'번뜩이' : "집에서는 창의적인 활동도 별로 못 하고, 어디서 어떻게 시작
할지도 모르겠어. 시니어 타운에는 미술 교실이 있다고 들었는데. 만
약 창의적인 일에 참여하는 사람들 사이에 있으면, 글쎄, 나도 좀 더
창의적으로 변할까."

'궁금이' : "나다니는 거야 맘대로 할 수 있지만, 그래도 내가 새로운 걸 시

도하도록 부추겨주는 친구들과 있으면 더 좋겠지. 나는 똑같은 일상에 얽매인 채 살고 있는 것 같거든. 새로운 활력소를 찾아다니지 않고 있어."

'꼼꼼이' : "난 돈 문제도 확실히 통제하고 있으며, 뭐든지 잘 파악하고 있어. 괜찮은 회계사, 수리공, 잔디관리사 같은 사람들도 확보하고 있지. 그런 걸 왜 다른 사람한테 시켜? 그뿐인가, 나는 가계도 직접 챙기고 쇼핑 목록도 만들고 일과도 스스로 정하는 게 좋아. 은퇴하면 기억력이 나빠진다던데, 이런 일을 스스로 하는 게 얼마나 좋아. 만약 내가 일과를 짜서 다양한 활동을 하지 않으면 내 두뇌는 흐물흐물해질걸."

'토닥이' : "벌써 은퇴하고 이사 가버린 옛 친구들이 아주 많아. 옆집 젊은 부부한테 손을 흔들고 몇 마디 나누는 것도 좋지만, 그보다는 좀 더 적극적인 사회관계가 필요해. 함께 미술을 배우거나 연휴에 함께 런던으로 여행 갈 친구가 필요하다고. 그리고 언젠가는 우리가 집을 팔아야 할 때가 오리라는 걸 '척척이'가 알아야 해. 하지만 그렇게 되더라도 여전히 우리가 주도해서 서서히 큰 충격 없이 변할 수 있잖아. 그런 변화에는 친구들이나 가족도 도와줄 거야. 그리고 지금과는 다른 사람들과 새로운 것을 좀 더 추구해야 한다는 점에서, 나는 '번뜩이'와 '궁금이'랑 같은 생각이야."

'까칠이': "나는 가능한 한 오랫동안 자급자족하고 혼자 힘으로 살고 싶어. '당당이'랑 같은 생각이야. 내 한 몸 돌볼 수 있을 만큼은 튼튼하거든. 계속해서 활동을 늦추지 않고 정신 줄을 놓지 말아야 잘 늙는다는 것을 다른 사람들한테 보여주고 싶어. 나는 뭐든지 다른 이들에게 의존하는 사람들한테 둘러싸여 살기 싫어."

'큼직이': "난 기분도 좋고, 내 나이 여자치곤 상당히 잘하고 있다고 생각해. 그래도 늙어가는 것은 분명하니, 언젠가는 집도 차도 다 포기하고 도움을 좀 받을 수 있는 곳으로 가야 한다는 사실은 받아들여야겠지. 그렇지만 한 가지는 확실히 해두자고, 아직은 그럴 때가 아니라는 것 말이야. 암튼 아들의 말을 그냥 무시하고 싶진 않아. 내 걱정을 해주는 거니까 고맙게 생각해야지. 그리고 내가 여기서 계속 살 수 없는 날이 언제 올지를 지금부터 생각해야 한다는 아들의 말은 옳아. 그렇지만 그 결정은 내가 하고 싶어. 내가 어디로 갈지, 나한테 무슨 일이 생길지, 내가 결정하고 싶어."

'토닥이'와 '척척이' 사이의 갈등을 '큼직이'가 다독거리려고 애쓰는 것 같았던 출석점호가 끝나자, 코치 멕과 플로런스는 그 결과를 음미해보았다. 그 과정을 코치 멕은 이렇게 설명한다. "플로런스가 자기 삶은 자기가 알아서 한다고 주장하면서도, 어떻게 아들이 염려하는 바를 인정할 수 있는지, 우린 그걸 이야기했죠."

그들은 실천 가능한 여러 가지 방법을 논의했다. 플로런스는 한 친구가 근처 시니어 타운에 사는데 한번 놀러 오라고 하더라는 말을 꺼냈다. 그 친구는 이런저런 이야기를 많이 해주었지만, 특히 헬스클럽과 거기서 일하는 직원들에 대해 칭찬을 늘어놓았다. 이렇게 말하기도 했단다. "너도 와서 나랑 같이 댄스 수업을 들어야 해."

플로런스가 코치 멕에게 말했다. "여태껏 해보려고 생각만 하고 있었는데,

어쩌면 이참에 실행에 옮겨볼거나."

밤에 안락의자에 앉아 책을 읽거나 텔레비전을 보는 것으로도 행복하다고 말은 했지만, 플로런스는 알고 있었다. 어떻든 사회적인 고립에서 벗어날 방법을 찾아야 한다는 걸. 아들이 걱정하는 것도 바로 그런 점이었다. 어떻게 해야 엄마가 흥미롭고 똑똑한 사람들과 좀 더 교분을 쌓을 수 있을지, 두 사람은 머리를 맞대고 연구했다. 그녀는 아직 교직에 있는 연하의 동료 이야기를 했다. 플로런스는 그 선생의 멘토였는데, 함께 점심이라도 하자고 약속해놓고는 오래 지키지 못하고 있었다. 또 그녀가 아는 퇴직 교사들의 모임이 있는데, 그들 중 몇몇은 일주일에 며칠씩 아침에 근처 쇼핑몰을 함께 걸어 다니기도 했다. 그런 게 바로 그녀에게 고정적인 운동요법을 제공해줄 수 있는 사회활동이었다. 게다가 노스캐롤라이나에 사는 조카딸 제시카도 있었다. 자기가 제일 좋아하는 이모한테 아기를 보러오라고 졸라대고 있는 터였다.

플로런스는 코치 멕한테 말했다. "이젠 제시카를 보러 갈 때가 된 것 같네요. 아무래도 집에 틀어박혀 지내는 겨울에 가는 게 좋겠죠. 오, 제시카는 얼마나 사랑스러운 아이인지! 지난 몇 년 동안 자주 못 가봤어요."

여기서 그녀는 몇 가지 욕구를 건드리고 있는 셈이었다. 물론 아들의 걱정이 자기 점검의 과정을 촉발하는 데 도움이 되긴 했지만, 이제 자기주장을 펼치고 있는 건 다름 아닌 '토닥이'였다. 오래전 통신회사 광고에 나온 것처럼, 그녀는 '손을 내밀어 누군가를 어루만질' 필요가 있었던 게다. 그리고 반대로 '누군가의 어루만짐을 느낄' 필요도 있었고. 예전의 동료들도 좋고, 나이가 더 많거나 어린 친구들도 좋고, 친척들이라도 상관없었다. 기분 좋고 의미 있는 인간관계를 향한 욕구를 충족시켜주기만 한다면, 누구든 괜찮았다. 다른 사람들을 찾아 더 자주 그들과 일상을 함께 한다면 자율—관계—모험을 향한 플로런스의 욕구는 단번에 모두 충족될 수 있었다. 간단히 말해서, 그녀는 '토닥이'의 목소리에 귀를 기울여야만 했다.

닥터 에디 : 지노, 37세

상냥한 소프트웨어 세일즈맨 지노는 어느 날 얼굴에 환한 미소를 머금고 손을 내밀며 내 사무실에 들어왔다. 그는 발목을 자주 접질리는 증세 때문에 두어 달 치료를 받는 중이었다. 또 물리치료 코스를 마무리하는 중이었으며 운동도 매일 충실하게 해온 터였다. (그의 개인 트레이너가 작성한 보고서도 읽어봤고 지노 자신도 얼마 전에 말해주어서 나는 이미 알고 있었다.)

"안녕하세요, 선생님." 그는 활기차게 인사한 다음 금세 미안한 듯 말했다. "바쁘실 텐데 괜히 선생님 시간을 뺏는 건 아닌지 모르겠습니다. 그냥 제 발목 통증이 거의 사라졌다고 직접 말씀드리고 싶었어요."

그가 회복했다는 말은 물론 기뻤지만, 나는 약간 놀랐다. 다른 환자들과는 달리 스스로 찾아와 통증이 사라졌다고 말해주니 말이다. 물론 어떤 환자든 진척 상황을 체크하려고 항상 미팅을 잡긴 하지만, 솔직히 말해 증세가 호전된 환자들은 대개 그런 약속을 취소하고 그냥 자신들의 일상으로 돌아가곤 한다. 지노도 뭔가 다른 이유로 내 사무실에 들른 것 같았다. 솔직히 나는 그가 와줘서 기뻤다.

"그런 소식이라면 얼마든지 환영이죠!" 나는 악수를 하면서 그에게 말했다. "통증과는 상관없이 당신을 만나서 기뻐요. 자, 말해봐요, 성공의 비결이

뭐죠?"

그는 키득거렸다. "에이, 선생님. 잘 아시면서. 저야 선생님 말씀 듣고 물리치료사가 시키는 대로 했죠, 뭐. 그러니까, 운동이 조금 지루하긴 했지만, 치료사는 아주 훌륭했고, 내가 운동하는 걸 대단히 기뻐하는 것 같았어요. 다만 좀 그랬던 건……." 지노가 말꼬리를 흐렸다.

"뭐가 안 좋았나요?" 내가 그에게 물었다.

"글쎄요. 물리치료가 막 도움이 되려고 하는 시점에 트레이닝을 그만두라고 하는 건 좀 그렇더라고요. 하긴 무슨 판매영업과는 다르겠지만… 제가 영업할 때는 언제나 고객과 더 친해지는 방법만 찾고, 항상 그들과 관계를 쌓으려고 노력하거든요. 영업에서 '다됐다' 혹은 '끝났다'라는 건 없죠. 하지만 선생님이 하시는 일에선 아마 아픈 것만 나으면 '바이바이!'인 것 같아요."

나는 그 말에 미소를 짓지 않을 수 없었다. 환자들이란 어떻게 하면 진료실에서 빨리 벗어날 수 있을까, 물리치료가 빨리 끝날 수 있을까, 안달복달하기 일쑤잖아? 그런데 지노는 우리랑 더 오래 같이 있고 싶어 하다니!

그는 분명히 사람들과 어울리기를 좋아했고, 그의 '토닥이'는 큰소리로 노래했다. 치료사와 인간관계를 맺고 운동으로써 그녀를 즐겁게 해주는 데서 행복을 느낀 것이다. 심지어 꼭 그럴 필요가 없는데도 나와의 관계를 돈독하게 하려고 약속을 지켰다.

"지노, 정말 고마워요. 당신 발목이 낫고 통증이 사라진 다음에도 당신을 계속 만나면 좋을 것 같아요. 당신이 더욱 건강해지는 방법도 알려주고 정기적인 운동도 더 할 수 있게 말이죠. 내 환자들 중에는 110퍼센트나 재활해서 다치기 전보다 더 건강하고 튼튼해진 사람들도 있답니다."

"와, 그거 멋진데요. 나도 더 튼튼하고 건강해지고 싶어요. 그럼 제가 테니스 치는 데도 도움이 될 테죠."

아무렴요, 물론 도움이 되겠죠, 나는 혼자 생각했다. 하지만 테니스뿐이겠는가. 지노에게 아주 중요한 다른 것. 그러니까 그의 내면가족 중 가장 큰 목소리를 내는 그의 '토닥이'에도 도움을 줄 것이다. 그제야 나는 깨달았다. 맞아, 그가 여기에 온 진짜 이유가 **바로 그거였어!** 난 나중에 자신의 출석점호를 하면서 곰곰 생각해봤다. 그리곤 나의 '토닥이'가 내는 목소리를 들으면서 깨달았다. 그래, 나 역시 그런 인간관계 때문에 그때 그 진료실에 있었잖아!

나는 지노에게 다음 달부터 일반 건강증진 프로그램을 다시 시작하라고 제안했다. 우리는 그렇게 관계를 지속할 수 있었다. 나는 그를 만나게 될 때가 기다려진다.

불행히도 내 환자들 대부분은 지노처럼 외향적이지도 않고 나랑 시간 보내길 열망하시도 않는다. 그저 왔다가 떠나버리는 것 같다. 오늘날 헬스케어의 페이스와 거기서 오는 스트레스는 때로 나를 포함한 많은 의사들을 짓누를 수 있다. 더 많은 환자를 더 빨리 진료하면서 동시에 끊임없이 변하는 전자기록시스템에 환자의 왕래를 기록해야 한다는 의무는 비인간적으로 느껴질 수도 있다. 하지만 나 역시 사람을 좋아하는지라, ADHD 분야의 저명한 작가인 나의 동료 에드워드 핼로웰 박사의 충고대로 대면처방對面處方을 활용하려고 노력한다. 그는 이렇게 충고한다. "하루에 열 사람과 눈을 마주 보고, 미소 짓고, 인사를 건네라. 그러면 기분도 건강도 좋아진다." 나는 그렇게 노력했고 효과를 보았다. 심지어 낯선 사람과도 그랬다. 환자를 보는 날이면 난 그저 인사만 주고받는 게 아니라 진짜 그들과 소통할 수 있다. 그들 모두 지노

같진 않지만, 약간의 끈기를 갖고 말로 표현되든 아니든 그들의 목소리에 바짝 귀를 기울임으로써 인간관계가 형성된다는 것을 나는 깨달았다. 그로 인해 내 인생은 더욱 풍요롭다.

아무리 바쁘고 일정이 빡빡한 날이라도 잠시 페이스를 늦추고, 만나는 사람마다 상대의 눈을 마주 보고 그들의 말을 주의 깊게 들음으로써 그들과 소통하는 짬을 낼 수는 있다. 나는 지노와의 경험에서 그것을 되새겼다. 아무리 짧아도 그런 소통은 도움이 된다.

건강과 웰빙을 높이는 활동을 혼자 할 필요는 없다. 간호진과의 관계가 유지되고 있으며 그들과 소통한다고 느낄 때 지노는 가장 좋았다. 그걸 기억하자. 살을 빼거나 좀 더 활동적인 사람이 되는 등, 건강에 관련된 태도의 변화를 추구한다면, 동아리에 들어가거나 다른 사람들과 늘 연락을 취하도록 하라.

우리는 근본적으로 사회적인 존재다. 주변 사람들과의 유대를 잃지 말라. 그래야 외롭지 않을 것이다.

TEN

자아성찰 '큼직이'

2015년 5월 뉴욕 타임즈 칼럼니스트 데이빗 브룩스(David Brooks)는 '내 인생의 목적은 무엇이며 난 그걸 어떻게 찾았는가?'라는 주제로 독자들의 에세이를 공모했다. 수천 개의 글이 쇄도했으며, 그는 직후에 쓴 칼럼에서 그 가운데 일부를 공개했다. 놀랄 일도 아니겠지만, 아이를 키우거나 누군가를 돌보는 일, 혹은 다른 사람들을 관리하거나 그들에게 영향을 주는 데서 인생의 목적을 찾았다는 독자들이 많았다.

젊은 혈기에 법을 어겼으나 동정심 많은 경찰관의 도움으로 처벌을 면한 적이 있었다는 어떤 남자는 멘토가 되는 게 자신의 목적이라고 썼다. 뇌 손상을 입은 동생을 위해 건강보험 시스템을 구석구석 검토하면서 얻은 경험을 이용해 다른 사람들을 돕는 여자도 있었다. 어떤 할아버지는 정원을 가꾸면서 그날그날의 목적을 찾는다고 말했다.

인생의 의미를 정원 가꾸기에서 찾는다? 안 될 것도 없잖아? 브룩스는 「소소하지만 행복한 삶」이라는 칼럼에서 이렇게 쓰고 있다. "나는 독자들의 글이 대부분 '원대한 꿈을 꾸어라, 야심 찬 목표를 세워라, 애써 세상을 바꾸라' 하는 식으로 성취 만능인 우리네 문화의 고리타분한 졸업식 축사나 흉내 낼 거라고 예상했다. 그러나 소소하지만 행복한 삶을 추구함으로써 목적을 찾아낸 사람들이 놀라울 정도로 많았다." 그가 인용한 한 독자의 글은 이 점에 관해 이렇게 말했다. "아마도…… [삶의] 미션이란 전혀 미션이 아닐지도 모른다. 잘 뒤져보기만 하면 의미를 제공해주는 아주 소소한 상황, 중요하지도 않을 것 같은 상황이 도처에 널려 있다."

내면가족의 체계에서 볼 때, 브룩스와 응모자들이 말하고 있는 것이 바로 우리가 '큰직이'라고 부르는 그 잠재인격이다.

가장 진보된 이 아홉 번째 잠재인격은 가장 복잡하기도 하다. 몇몇 다른 잠재인격이 다른 생명체들과 공유하는 욕구를 반영하는 것과 달리, 이 인격은 명백히 인간에게만 있다. 우리가 아는 한, 인간 이외의 어떤 피조물도 자신이 유한한 존재임을 깨닫고 내세來世의 존재 여부를 곰곰 생각하진 않는다.

그 이름에서 짐작할 수 있겠지만, '큰직이'는 지혜를 찾고 삶의 목적이 뭔지를 깨달아 찾아내려고 애쓰는 내면의 수용력이다. 이는 철학자이자 카운슬러요 성직자이며, 다른 잠재인격의 욕구 경쟁을 중재하는 역할을 한다는 점에서 외교관이기도 하다. 또 큰 그림의 이슈를 고심하는 전략적 사고도 한다.

그가 다루는 욕구도 그만큼 복잡하다. '차분이'가 음식이나 안전 등 근본 욕구에 관심을 두는 데 비해 '큼직이'는 우리를 도와 초월성, 의미와 목적, 경외와 감사, 조화 등을 갈망하는 욕구가 충족되도록 한다.

사람들이 모두 다 삶에서 목적을 찾아내는 것은 아니며, 브룩스의 칼럼이 암시하는 바와 같이 그걸 찾는 방법 또한 대부분 다르다. 그러므로 상담사가 고객들을 도와 삶의 목적이라는 보편적인 이슈에 대처하게 하는 것도 그리 놀랍지 않다.

코치 멕은 이렇게 말한다. "사람들이 인생의 의미를 찾도록 돕는 게 바로 우리의 주된 임무죠. 그들은 이런 질문들을 던집니다. 지금 내가 해야 할 일은 무엇인가? 살아가면서 내가 꾀할 수 있는 가장 중요한 변화는 무엇인가? 이것은 왜 중요할까? 나는 어떻게 이것으로 더 나은 사람이 되며 이것은 내가 남길 유산에 어떤 영향을 줄까? 그들이 상담사를 찾는 전형적인 이유는 옴짝달싹 못 하는 교착상태에 빠져 있기 때문이에요. 그런데 그들을 꽁꽁 묶어놓고 있는 것은 흔히 근원적인 질문이란 말입니다."

이렇게 말하니까 혹시 사람들이 교회에 가고, 두꺼운 철학책을 읽고, 가만히 앉아 별을 쳐다보면서 자신의 존재를 성찰하는 게 모두 '큼직이' 때문이라는 말로 들리는가? 그렇다면, 오해하지 않길 바란다. 이런 능력은 모든 인간이 지닌 것으로, 비범한 지능을 가진 사람들에게만 있는 게 아니다. 플라톤, 아인슈타인, 마틴 루터만 지녔던 능력도 아니요, 달라이 라마만이 보여준 능력도 아니다. 물론 의미를 찾는 데 일생을 바친 사람들의 경우엔 그 내면가족 가운데 '큼직이'가 주도적이란 점에는 의심의 여지가 없지만.

또 이 능력은 위대한 지성인들이 숙고했던 인간의 존재라는 거창한 질문에만 천착하는 것도 아니다. 다시 코치 멕의 설명을 들어보자. "이것은 '내가 죽어도 영혼은 계속 살아남는가?' 같은 이슈만은 아닙니다. 이건 '지금 당장 내가 맞닥뜨리고 있는 문제를 잘 해결하려면 어떻게 해야 할까?'의 문제이기도 하거든요."

신앙을 가진 사람이든 종교를 의심하는 사람이든, 누구에게나 '큼직이'가 있다.

사실 '큼직이'를 생생하게 묘사하기란 쉬운 노릇이 아니다. 그것이 수행해야 할 역할에 따라서 그 모습이 변하기 때문이다. 그것은 트위드 재킷을 입은 교수의 모습으로 보일 수도 있고, 망토를 두른 허연 수염의 현자로 보일 수도 있으며, 슬기롭고 위엄 있는 귀부인으로 나타날 수도 있으니 말이다. 아니면 줄무늬 셔츠 차림으로 호루라기를 부는 운동경기 심판이 될 수도 있고, 회의장에서 다른 참석자들이 주제를 토론할 때 조용히 듣고 있다가 그들이 견해를 밝힌 다음에야 발언하는 준비 만점의 사람일 수도 있다.

'큼직이'는 그 모든 것인 동시에 그 이상이다.

이 책 앞부분에서 우리는 '깨어 있는 자아'를 이야기했다. 그것과 '큼직이'의 차이가 무엇인지, 고개를 갸우뚱하는 사람도 있을 것이다. 확실히 아는 사람은 없지만, 아홉 가지 잠재인격과는 달리 깨어 있는 자아에는 또렷한 목소리가 없는 것 같다. 그것은 다만 모든 잠재인격의 목소리를 경청하고, 이어 그 잠재인격들은 힘을 합쳐 우리가 세상을 향해 말할 때 사용할 목소리를 만들어낸다.

그러나 다른 잠재인격보다 더 사색적이고 진중하긴 해도 '큼직이'는 분명 아홉 가지 잠재인격 중 하나다. 깨어 있는 자아와는 반대로, '큼직이'는 더 높은 자아라고 상상할 수 있다. 우리가 그걸 논의하다 보면 보통은 철학자나 신학자가 차지하고 있는 영역으로 나아가게 되는 것도 바로 그런 이유 때문이다.

앞의 몇몇 챕터에 나온 케이스 스터디의 출석점호에서 '큼직이'는 맨 나중에 입을 뗀다. 여러분들도 알아차렸을 것이다. 그건 의도적이다. '큼직이'는 다른 인격들의 말을 듣고, 그들의 욕구를 통합하고, 흔히 해결책의 도출을 돕는 능력이니까.

코치 멕은 이렇게 말한다. "개인적으로 힘들 때 시쳇말로 어깨 위에 손을 얹고 '다 괜찮아질 거야'라고 말해주는 게 바로 '큼직이'랍니다."

내가 내적으로 갈등을 겪을 때, '큼직이'는 평화의 파수꾼이 돼주기도 한다. 그것은 내면의 논쟁이 벌어질 때 다른 잠재인격들이 공헌하는 바를 인정하고 존중한다. 그런 다음 요청이 있으면 분별 있는 행동방침을 제시한다.

그렇다고 '큼직이'가 거대하고 심오한 문제를 다루지 않는다는 말은 아니다. 혹시 당신은 지금 교회에 다니고 있는가? 그렇다면, 당신을 거기에 데려간 것은 틀림없이 '큼직이'였을 것이다. 혹시 당신은 기도하거나 절대자와 이야기를 주고받는가? 그렇다면 당신이 그 절대자를 하느님이라 부르든, 예수라 부르든, 알라라 부르든, 다른 무엇으로 부르든,

그런 연결통로를 놓아주는 당신의 일부가 바로 '큼직이'일 것이다.

다른 잠재인격들의 소란 가운데 이 목소리를 구별해내는 건 쉽지 않다. 내면의 대화에서 '차분이'는 "난 배가 고파," '척척이'는 "나 좌절했어," '궁금이'는 "난 무지 심심하다고," '토닥이'는 "난 외로워" 하는 식으로 애처롭게 외치는 것과 달리, '큼직이'는 한층 섬세해서 그 소리를 잘 들으려면 시간과 노력이 필요하다.

젊은이들에겐 '큼직이'의 목소리를 듣기가 어려울 수 있다. 다른 잠재인격들과 마찬가지로 '큼직이'도 뜸을 들이면서 성장하고 발전하는 것 같다. 하지만 다른 잠재인격들이 제멋대로 떠드는 바람에 제일 큰 목소리가 우리 성격을 규정한다고 가정해버리기 쉽다. 따라서 하나의 감정을 짙게 느끼면 우린 이렇게 생각한다. 그게 나야. 난 그런 사람이야. 화를 내는 사람. 하지만 연륜이 쌓일수록 그건 여러 목소리 중의 하나이며 그런 감정도 결국 지나간다는 걸 깨닫게 된다. '큼직이'가 은근히 옆구리를 찔러 그런 깨달음으로 나아가게 하는 것이다. 그렇다, 우리 모두 지닌 정신의 다중성을 포용하도록 우릴 도와주는 것이다.

한편 '큼직이' 덕분에 삶의 모호한 측면을 정리한다든지 복잡한 결정을 내려야 할 때 마음을 잡기도 하지만, '큼직이'는 매우 실용적인 역할도 수행할 수 있다. 가령 당신 내면가족의 어떤 멤버가 동요해서 소란을 부린다면? 그런 내면의 긴장을 가라앉히기 위한 해법 찾기에 도움을 줄 수 있는 잠재인격이 바로 '큼직이'다. 그러기 위해 당신이 상황을 올바르게 바라보고 다른 욕구와 목소리를 통합할 수 있도록 해주니까.

'큼직이'는 해답을 얻기 위해 미지의 영역을 뒤져야만 하는 내면의 요다(Yoda)처럼 아주 먼 곳에 존재하는 지혜의 샘이 아니다. 내 인격의 한 부분인 이것은 거의 모든 의사결정에 참여하며, 특히 그 지혜는 다른 잠재인격들이 모두 자리를 같이했을 때 가치를 드러낸다.

다른 한편, 「스타워즈」에서 제다이 기사가 되는 길을 배우러 떠나는 젊은 루크 스카이워커에게 요다가 인내심을 가지라고 촉구하는 것과 꼭 마찬가지로, '큼직이'는 즉각적인 만족과 손쉬운 대답보다는 오랜 숙고의 과정을 선호한다. 내가 늘 즉각적이고 충동적인 결정만 내린다면, 이 잠재인격은 나에게 조언으로 혜택을 베풀 기회조차 거부당하는 것이 아닐까?

만약 나 스스로 아래와 같은 질문을 던진다면, 나의 '큼직이'는 지금 부지런히 일하고 있다는 뜻이리라. 아래와 같은 특정의 질문들은 흔히 더 많은 질문으로, 즉, 전략적이고 훨씬 더 큰 그림에 관한 질문(아래의 예에서는 이탤릭체로 쓰임)으로, 발전한다는 점에 주목하라. 이처럼 '한 발짝 물러나서 보는' 경향이야말로 '큼직이'의 한 가지 특성이다. 코치 멕은 이렇게 설명한다. "우리들의 한 부분인 이것은 질문을 더 깊고 넓게 만들며, 좀 더 넓은 지평의 가능성과 결과를 고려하라고 말합니다."

이렇게 묻는다면 : "이 결혼은 잘 유지될까?"
다음엔 이렇게 질문하라 : "결혼이라는 시험대가 나에게 주는 더 큰 교훈과 의미는 무엇인가? 이 경험으로 나는 어떻게 더 성장할 수 있을까?"

이렇게 묻는다면 : "이 직업을 택하는 게 옳은 결정일까?"

다음엔 이렇게 질문하라 : "이 직업의 선택은 5년 후 내 삶을 어떻게 바꿔놓을까? 이 직업은 앞으로 새 지평을 활짝 열어젖힐 어떤 신기한 모험을 내게 선사할까?"

이렇게 묻는다면 : "채식 다이어트를 시도해야 하나?"

다음엔 이렇게 질문하라 : "채식이 내 몸에 더 좋은 것인지 어떻게 알 수 있담? 어떤 징후를 조심해서 지켜봐야 하지?"

이렇게 묻는다면 : "서부 지점으로 일자리를 옮기라는데, 이 제안을 받아들여야 하나?"

다음엔 이렇게 질문하라 : "서부로 전근하는 것이 나와 내 가족의 웰빙에 어떤 영향을 줄까? 나의 경력에는 어떤 도움이 될까? 지금 내 삶에서 가장 중요한 게 뭐지?"

이렇게 묻는다면 : "전공을 바꿀까?"

다음엔 이렇게 질문하라 : "단기적으로 나는 어떤 전공에서 가장 큰 영감을 얻고 흥미를 느끼는가? 또 장기적으로는 어떤 전공이 내 경력을 위해 최선의 기회를 선사해줄 것 같은가? 바로 이 순간 최고의 결정은 뭘까?"

이렇게 묻는다면 : "지금 복학해서 완전히 새로운 과목을 시도해

볼까?"

다음엔 이렇게 질문하라 : "지금 학교로 돌아가 새로운 커리어를
　　위한 기초와 '당당이'를 얻으면, 나의 재능을 더욱 잘 활용할
　　수 있을까? 그렇게 하는 편이 지금 하고 있는 일보다 내 욕구
　　를 더 충족시켜줄까?"

이렇게 묻는다면 : "피아노 레슨을 받아야 하나?"

다음엔 이렇게 질문하라 : "피아노 배우기의 득과 실은? 피아노
　　레슨을 위해 어떤 투자를 해야 하고, 얼마나 많은 시간이 필
　　요한가? 음악적 표현과 피아노 및 피아노 이론 학습이라는 모
　　험과 음악에서 결국 얻을 수 있는 즐거움은 초기의 이런 지출
　　을 능가할 수 있을까? 나는 숙달된 연주에 필요한 연습 시간
　　을 기꺼이 바칠 수 있는가? 만약 그렇다면 내 스케줄은 어떻
　　게 조정하고 활동의 우선순위는 어떻게 바꿔야 하나?"

미래는 불확실하다. 삶이란 것, 그리고 살아가면서 우리가 내린 결정
은 흔히 흑백으로 깔끔하게 나눌 수 없이 모호하다. 말이야 바른 말이지,
우린 해답은 못 얻는 채 수많은 질문을 던지며 살 뿐이다. '큼직이'는 그
래도 괜찮다는 것을 우리가 깨닫도록 해준다. 모르는 가운데서도 우리는
성장한다는 걸 깨닫게 해주며, 어떤 행동이 옳은지 그른지는 때가 무르
익어야만 명백해진다는 사실을 깨닫게 해준다.

코치 멕은 이렇게 설명한다. "좋은 코치는 사람들이 '큼직이'의 소리
에 채널을 잘 맞추고 경청함으로써 내면의 안내와 지혜를 얻도록 도와줌

니다. 기본적으로 '큼직이'는 마음속의 코치인 셈이죠!"

[1] '큼직이'는 내 삶에서 어떤 역할을 맡고 있으며, 지금까지 내게 어떤 영향을 끼쳤는가?

　'큼직이'를 경험하는 방식은 사람마다 다르다. 어떤 사람들에게 그것은 좀 더 냉철한 머리다. 또 어떤 이들에게 그것은 내면가족이 싸우며 갈라질 때 타협을 이뤄내는 중재자다. 다른 관점을 받아들이고 인내한다는 점에서, 그것은 링컨이 "우리 본성의 선량한 천사"라고 부른 것의 원천이 될 수 있다.

　내가 중요한 결정을 내려야 할 때, '큼직이'는 곁에 있을 것이다. 한참을 초조하게 망설이고 속으로 혼란스러워 한 다음, 난 마침내 어떤 결론에 이르러 중얼거릴지 모른다. 좋아, 난 이렇게 할 거야! 그래, 그 결정의 순간은 '큼직이'가 끼어든 다음에야 비로소 오는 것이다.

　당신이 직장을 잃고 위기 모드에 빠졌다고 가정해보자. 이럴 때 실직은 어쩌면 잘된 일일지 모른다는 사실, 자신을 재건할 기회이며 틀에 박힌 생활이나 불행한 상황을 박차고 나올 기회일 수도 있다는 사실을 깨닫게 해주는 잠재인격이 바로 '큼직이'다. 또 큰 그림을 인지하게끔 모든 것을 올바른 관점에서 바라보도록 돕는 잠재인격도 바로 '큼직이'다.

　'큼직이'는 대학 진학이나 결혼이나 거주지나 삶의 목적 등, 큼직한 결정을 내릴 때 틀림없이 개입했을 것이다. 하지만 그의 통찰력을 불러주기만 한다면 우리 일상생활에서도 훌륭한 안내자가 되어준다.

코치 멕의 말을 들어보자 "이건 심각한 결정을 내릴 때만 사용하는 게 아닙니다. 가령 애들한테 막 소리를 지르려는 순간에 '큼직이'가 당신 어깨에 손을 올리면서 이렇게 다독거립니다. '서로 소릴 질러댄다고 뭐가 해결되겠어?' 분노를 가라앉히도록 돕는 거죠."

우리 삶이 뒤죽박죽돼버렸을 때, '큼직이'는 약간의 질서와 빛을 가져다준다. 사실 코치 멕은 '큼직이'를 내면의 상담사로 간주한다. "매일 아침, '큼직이'는 그날을 위한 지혜의 말씀을 선사하거든요."

당신에게도 똑같이 해줄 수 있다. 당신이 귀를 기울이기만 한다면.

[2] 내 삶을 위한 '큼직이'의 가장 큰 공헌을 잘 보여주는 스토리는?

다른 사람들도 공감할 만한 사례가 여기 있다. 코치 멕의 고객 중에 자신의 주도적인 성격과 예민한 반응성을 자랑스럽게 여기는 야심만만한 사업가가 있었다. 그는 신속한 의사결정에 능했고 새로운 사업기반 구축을 저돌적으로 밀어붙였다. 반면 언제나 쉬이 좌절하고 성급한 것이 결점이었다. 온 세상이 너무 꾸물대는 것 같았고, 그 때문에 자신의 엄청난 노력에도 불구하고 사업이 빨리 크지 못하는 것만 같았다. 하지만 일단 코치 멕이 그에게 아침마다 조용히 자신의 '큼직이'와 얘기를 나눠보라고 가르쳐주자, 이 사업가는 상황이 흘러가는 대로 두면서 자기 나름의 속도로 나아가는 능력을 얻게 되었다. 그의 '큼직이'가 무엇보다 인내와 수용을 조언하자, 그는 고삐 풀린 좌절감을 평정심으로 대체했고 창의적인 임무를 수행할 수 있는 감정의 에너지도 한껏 풀어놓았다. "바꿀 수 있는 것은 바꾸고 바꿀 수 없는 것은 받아들이며, 그 차이를 알 수 있는 지혜에 다가가라." 같은 간단한 평온의 기도는 일상의 좌표가 되었으며, 커리어가 승승장구를 거듭하는 가운데 그는 계속해서 이를 활용하고 있다.

[3] 지금 '큼직이'의 욕구는 얼마나 잘 충족되고 있으며, 그 욕구는 나의 행복에 얼마나 중요한가? 1점에서 10점까지 메긴다면?

　시시때때로 '큼직이'의 소리에 채널을 맞추지 않는 사람들이 너무나 많다. 내면의 대화가 엉망이 돼버리고 엄청난 혼란 속에서 살아간다고 느끼는 사람이 왜 이리도 많을까? 바로 이 능력을 사람들이 활용하지 않기 때문이 아닐까. 코치 멕은 그렇다고 믿는다. 왜 그럴까? 그래, 다가가기 어려워서다. 약간의 시간과 인내심이 필요하니까. 커다란 목소리도 안 내고 확고한 결정을 재빨리 내리는 일은 흔치 않으니까.

　'큼직이'와 가장 잘 상담할 수 있는 것은 조용한 장소에서다. 정신을 산만하게 만드는 것도 없고 잠시 짬을 내 귀 기울일 여유가 있을 때가 가장 좋다. 휴가를 마치고 돌아와서는, 자기 인생의 이런저런 면을 바꾸어 보겠노라고 선언하는 사람들이 많다. 왜 그런지, 궁금한 적이 없었는가? 충분히 휴식을 취할 기회가 있었으니까 그랬을 것이다, 물론이다. 하지만 또 다른 이유도 있다. 우리가 일상의 루틴(그리고 온갖 스트레스 요인)을 벗어나면, '큼직이'의 목소리에 귀 기울일 시간이 생기기 때문이다.

　자, 지금 당신이 '큼직이'를 경청하겠다는 핑계로 카리브 여행을 예약

하고 싶다면, 잘 다녀오시길! 하지만 그 때문에 휴가를 떠날 필요가 어디 있겠는가. 아니, 아무 데도 갈 필요 없다. 달리거나 걷거나 하이킹을 하거나 자전거를 타는 등, 공원이나 오솔길에서 홀로 운동하는 숱한 사람들을 보라. 몸은 크루즈 컨트롤에 맡겨놓고 생각은 실컷 멋대로 흘러가게 놔둘 수 있는 곳에서 리드미컬한 운동에 몰입한다. 이런 사람들은 흔히 '큼직이'에 다가가면서 동시에 심혈관 시스템을 튼튼하게 단련하곤 한다. 명상 수련을 한다든지 교회 의자에 조용히 앉아 있거나 거실 소파에 앉아 휴식을 취하는 사람들이 '큼직이'에 접근할 수 있는 것이랑 별로 다를 바가 없다.

[4] 어떻게 해야 '큼직이'의 욕구를 좀 더 충족시킬 수 있을까?

살아가다가 가끔은 일시 정지 버튼을 눌러줘야 한다. 그서 몇 초 동안이라도, 안팎의 소음으로부터 마음을 후퇴시키고, 끊임없는 재잘거림과 방해의 다이얼을 슬그머니 내리고, 대신 이 목소리를 들어야 한다. 방금 지적했던 것처럼, 해변에 누워 있거나 오솔길을 걷고 있거나 교회에서 무릎을 꿇고 있거나 숨을 깊게 들이마시며 그저 거실에 앉아 있을 때도 얼마든지 할 수 있는 일이다.

안팎의 온갖 소음을 꺼버릴 수 있다면 아무 때라도 '큼직이'를 만날 수 있다. 그러면 당신이 바라는 침착하고 명료하게 사고하는 현명한 관점을 그에게서 종종 얻게 된다. '큼직이'는 자주 해결의 실마리가 되어준다. 물론, 그것은 당신의 일부이므로 그 해결도 다른 영역에서 전달된 통찰이 아니라 **당신의** 해결책이다. 그건 부산해지기 쉬운 내면의 대화에서 수렴된 여러 관점을 통합한 결과다. 이 같은 인간의 능력이 줄 수 있는 그 냉정하고 논리적인 관점이야말로 종종 문제의 마지막 해답이 된다. 여기서 당신은 이렇게 묻고 싶을지 모른다. 그렇다면 도대체 왜 그토록 많은 이들이 여전히 문제에 파묻혀 있거나, 비논리적이고 틀려먹은 결론을 내린단 말인가? 그들은 바로 그 일시정지 버튼을 누를 여유가 없었기 때문이리라. 아니, 어쩌면 자신의 내면 깊숙한 어디쯤에 그것이 있는지조차 모르는 것이 아닐까.

'큰직이', 케이스 바이 케이스

앞서 우리는 코치 멕의 상담에서 뽑은 케이스 스터디를 이용해 여러 목소리들 사이에 벌어지는 내면의 대화와 갈등을 보여주었다. 그리고 각 케이스에 포함되어 있는 출석점호 시간에, 등장인물들이 맞닥뜨린 이슈 가운데 각자가 맡은 부분에 대해 아홉 가지 잠재인격 모두가 발언하게 해주었다. 그런데 그 출석점호에서 '큰직이'를 항상 제일 나중에 불러냈다는 걸 당신은 눈치 챘는가? 그럴 만한 이유가 있다. 다른 잠재인격들은 자기 말을 들어줄 때까지 도무지 가만있질 못하고 주의를 끌려고 야단법석이다. 그러니까 내면가족의 모든 구성원들, 모든 감정과 욕구가 나서서 스스로를 표현하고 난 다음에야 비로소 현명한 조언자인 '큰직이'의 순서가 돌아오는 것이다.

우리는 각각의 잠재인격이 어떻게 힘든 문제를 마침내 해결했는지 알려주면서 케이스 스터디를 하나하나 마무리했다. 그 해결책이 반드시 이상적이거나 완벽한 것은 아니었다. 타협으로 끝난 경우도 아주 많았다. 코치 멕은 이렇게 설명한다. "그러나 그건 분별 있는 해답이었고 실행 가능했으며, 또 다들 그 해결에 만족했습니다." 그리고 사태가 올바른 방향으로 나아갈 수 있게끔 코치 멕이 슬그머니 '넛지' 했을 수도 있겠지만, 저들의 문제에 대한 해결책이나 해답은 '큼직이'의 현명한 조언을 얻은 다음 결국 내면으로부터 나온 것이다.

이제 이 케이스 스터디로 되돌아가 다시 음미해보자. 그러면 몇 가지 경우에 보여준 이 잠재인격의 중요한 역할을 볼 수 있고, 당신이 의사결정을 할 때 어떻게 도와줄 수 있는지도 보게 될 것이다.

'척척이'의 케이스 스터디였던 스물네 살의 **로라**. 그녀는 남아메리카로 가서 자신의 인생을 뿌리부터 확 바꾸고 싶었기에 갈등하고 있었다. '척척이'와 '궁금이'는 그렇게 하라고 밀어붙였고, 다른 잠재인격들은 긴가민가했다. '큼직이'가 '궁금이'에게 했던 조언은 요컨대 이런 것이었다. "이거 봐, 그건 엄청난 에너지야. 그리고 이렇게 새로운 지평을 추구하는 것은 긍정적 본능이지. 그렇지만 그처럼 급격한 변화를 시도하기에 이상적인 때가 지금일까? 새로운 경험에 대한 욕구를 만족시켜줄 다른 모험을 생각해보자고."

코치 멕과 상담하면서 로라가 또렷이 보여준 잠재인격들 사이의 이런 소통을 수월하게 만들어주는 것이 '큼직이'의 중요한 기능이다. 코치 멕은 그것이 남을 판단하지 않으면서 귀를 기울이는 능력이라고 말한다. "이 목소리들은 우리의 욕구를 알려주는 모든 감정의 내적인 표현으로 봐도 좋아요. 그 사실을 기억합시다. '큼직이'는 지혜를 선사하기 전에 진정으로 존중하고 경청하는 차원 높은 능력이에요."

소방관 **바비**는 '차분이'한테 귀를 기울이지 않았다. 먹는 것도 형편없는 데다 줄곧 앉아서 일했다. 그뿐인가, 바로 얼마 전에 승진하는 바람에 그의 '토닥이' 능력도 예전 같지 않았다. 한낱 대원에서 책임자가 됐기 때문이다. 그의 '큼직이'는 이 두 가지 목소리의 중재를 도왔는데, 기본적으로는 좀 더 무르익어야 하고 성장해야 한다는 사실과, 그런 과정에는 건강한 행동으로 모범을 보이는 것도 포함된다는 사실을 '토닥이'가 깨달을 수 있도록 거들어주었다.

코치 멕을 함께 찾아왔던 스물한 살의 **제이슨**과 52세인 그의 어머니 엘리자베스. 변호사로 성공을 누렸던 엘리자베스는 아들이 자신과 남편의 뒤를 이어 로스쿨에 지원하길 바랐다. 그러나 제이슨의 출석점호는 다른 길을 가고 싶은 욕망을 만장일치로 보여줬다. 자신이 어린 학생들의 사고 형성을 도울 수 있다고 느꼈기에, 그는 교사가 되기 위해 열정과 헌신을 다했다. "난 사람이 달라. 또 목표도 다르고." 그의 '척척이'는 단호하게 말했다. 그가 젊은 나이였음을 감안할 때, 제이슨의 목적과 목소리의 일사불란함은 나이에 걸맞지 않게 슬기로운 '큼직이'가 뒤에 있었음을 암시해준다. 두 사람이 코치 멕을 방문했을 즈음, 부모의 커리어를 따르지 않은 것에 대해 그가 가졌던 모든 내면의 갈등은 이미 오래 전에 해결되고 없었다.

그리고 아들이 속마음을 털어놓자 엘리자베스는 그를 단념시키려고 했던 게 잘못이라는 걸 깨달았다. 그래서 이렇게 말했다. "제이슨의 '큼직이'가 하는 말을 듣고서야, 나는 교사가 되겠다는 이 생각이 아들에겐 정말 중요하다는 사실을 깨달았어요."

지나치게 편안하고 예측 가능한 삶을 살고 있던 61세의 **메리**. 그녀의 마음속엔 선들이 예리하게 그어져 있었다. 그녀의 '척척이'와 '번뜩이' 그리고 '궁금이' 모두가 변화를 원했다. 다른 잠재인격들은 반대했다. 이 경우 '큼직이'는 이제 메리의 나이에는 시간이 한층 더 소중한 자산임을 지적하면서, 변화를 지지하는 세 잠재인격을 옹호했다. 예전엔 모두 무시되었던 목소리였다. 코치 멕은 이렇게 설명한다. "'큼직이'가 그 잠재인격들에게 생기를 불어넣은 거죠." 그러나 이번에도 '큼직이'는 메리로 하여금 뭔가 성급하고 극적인 일을 하도록 유도하진 않았다. 메리는 질서 정연한 생활을 완전히 뒤엎지 않고 작지만 의미 있는 변화를 이루겠다고 맘먹었다. 그것이 모두를 만족시켰다.

30대 초반의 약혼한 커플 **지닌**과 **케빈**은 정반대의 성격처럼 보였다. 여자는 틀이 잡혀 조직적이고 위험한 건 모두 기피했다. 남자는 몽상가였다. 데드라인과 약속은 도무지 지킬 줄 모르고 사무실을 깔끔하게 유지한다는 건 꿈도 못 꾸는 반면, 대단히 창의적이고 항상 뭔가 새로운 것을 찾아다녔다. 범죄소설 작가라는 아슬아슬한 새 커리어를 좇아다니는 것처럼 말이다. 표면상으로는 둘 다 완전히 다른 것에 끌리는 것 같았고, 한 쪽의 부족한 속성을 다른 한 쪽이 넉넉히 타고난 것 같았다.

이런 경우 진부한 조언은 아마 이런 식일 거다. "서로 다른 점을 받아들여야 합니다." 그러나 여기서 지닌과 케빈 양쪽의 '큼직이'는 서로 경청하고 숙고한 후에 뭔가 다른 것을 깨달았다. 합동 출석점호가 마무리되었을 때 두 사람의 '큼직이'가 했던 말을 여기 고스란히 옮긴다.

> 지닌 : "그와 함께 있으면 꽉 막혔던 내 '번뜩이'가 목소리를 낼 거야. 내 '꼼꼼이'는 선뜻 내키지 않겠지만 나는 그게 필요하다는 걸 알지. 내게는 좋은 균형인 셈이니까."
>
> 케빈 : "내 목표를 달성하고 싶다면, 혼자 힘으로 작가의 길을 헤쳐 나가고 싶다면, 좀 더 체계적이 되어야 한다는 건 인정해. 그리고 난 그렇게 할 수 있어. 그저 거기에 조금 더 귀를 기울이면 된다고."

두 사람 모두 자신의 '약점'을 고치려고 노력했다. 혹은 내면가족의 말투를 쓰자면, 다소 뒤로 숨어 있는 능력에게 표현의 기회를 주려고 노력했다. 그래서 지닌은 '번뜩이'에게 더 즉흥적인 행동을 허락했다. 반대로 케빈은 삶을 좀 더 체계적으로 만들기 위해 '꼼꼼이'에게 더 관심을 쏟고 권한도 더 부여했다.

다루기 까다로운 케이스로 말하자면 76세의 **플로런스**보다 더 난감한 사람이 또 있을까! 그녀는 자신이 원하는 바를 다양한 잠재인격과도 협상해야 했지만, 동시에 코치 멕과 상담해보자고 부추기는 마흔한 살의 아들 **마틴**과도 협상해야 했다. 멕은 이렇게 말한다. "플로런스의 갈등은 여러 가지였죠. 독립해서 살기를 원하면서 아들과의 연결고리도 놓고 싶지 않았거든요. 근데 아들은 엄마가 좀 더 틀이 잡힌 환경에서 살아야 한다고 느껴서…… 요컨대 엄마한테 좋을 거라고 생각되는 것을 위해서는 그 독립이란 걸 약간 포기해야 한다고 느낀 거죠."

플로런스의 잠재인격 하나하나가 서로 다른 것을 원한다는 사실이 그녀의 출석점호 도중에 분명해졌다. '척척이'는 시니어 타운으로 들어가고 싶지 않았고, '궁금이'는 좀 더 많은 에너지와 활동을 원했으며, '차분이'는 좀 더 왕성한 운동과 사회활동을 희망했다. '토닥이'는 오랜 친구들을 잃어서 상심했다. 코치 멕은 이렇게 말한다. "어젠더가 참 많았어요. '큼직이'는 여기서 통합자 역할을 했으며, 삶의 복잡한 단계에서 용케도 여러 관점들을 한꺼번에 아우를 수 있었지요."

플로런스의 '큼직이'는 새로운 마음가짐을 제시했고, 첫째로 자기는 아들을 사랑하고 그의 우려를 고맙게 생각하신 하시만, 어느 시점에 집을 팔고 시니어 타운으로 이주할지를 결정하는 건 자신의 몫이라고 굳게 다짐한다. 둘째로는 새로운 삶의 방식을 찾아내서 몇몇 옛 친구들을 다시 만나고 새로운 친구를 만들기 위해 의식적으로 노력하겠노라고 결심한다. 여기에는 시니어 타운에 사는 옛 친구를 방문하는 것도 포함되어 있었는데, 거기 가면 그 친구랑 같이 노인 운동교실에 다닐 계획이었다.

이 해결책을 위해서 '큼직이'는 자신의 모든 잠재인격과 아들이 원하는 바를 배려하고 그 둘 사이에 세심하게 균형을 잡았다. 코치 멕의 말마따나, '이 능력의 수완을 보여준' 것이다.

케이스 스터디 : '큼직이'

닥터 에디 : 댄 박사, 53세

어느 학회에서 생긴 일이다. 댄 위코스키 박사가 짤막한 '길거리' 상담을 해야겠다며 내 팔을 잡아당겼다. (임상 문제에 대한 비공식적인 상담을 의사들은 길거리 상담이라 부른다.) 그는 산부인과 의사였으므로 물리요법과 재활치료 분야에서의 내 경험이 그에게 무슨 가치가 있을지, 자못 궁금했다. 물론 나는 동료 의사를, 특히 댄처럼 활기차고 호감이 가는 동료라면, 기꺼이 도와주고 싶었다.

"환자가 누군가?" 내가 물었다.

"바로 나야. 근력운동을 시작했는데 근육이 진짜 아프네. 그럴 거라고 짐작은 했지만 그래도 자네가 확인 좀 해줘. 이거 정상인가?"

"응. 계속해서 운동하다보면 익숙해질 거야. 지연성 근통증, 약자로 DOMS라고 부르는 건데, 관절통증만 없다면 괜찮아. 그나저나 근력운동을 시작한 이유가 뭔가?"

"좀 더 튼튼해지면 축구를 계속할 수 있겠다 싶었지." 그가 대답했다.

나는 좀 더 자세히 물었다. "자네 말이 맞아. 근력운동이 도움은 될 거야. 그런데 무엇 때문에 축구를 다시 하게 된 거지?"

나는 항상 환자들에게 좀 더 움직이라고 말하고 자기관리를 위해 저항운동을 추천하며, 그렇기 때문에 막 운동을 시작하거나 이미 시작한 환자를 만나면 그 이유를 묻곤 한다. 그렇게 하면 다른 누군가를 (어떨 땐 나 자신을!) 도울 수 있는 뭔가를 항상 배울 수 있으니까. 변화를 불러온 진짜 동기를 찾아내려면 보통 약간은 파고들어야 한다.

　댄은 잠시 말을 멈추고 시선을 돌리더니 심호흡을 하고서야 냉정을 되찾았다. "우리 아버지 때문이야." 그렇게 대답한 그는 재빨리 덧붙였다. "그렇지만 내 가족과 나 자신을 위해서 하고 있지." 그는 주머니에서 낡은 가죽지갑을 꺼내 사진 한 장을 보여줬다. 많은 걸 성취한 아들이 자랑스러워서 누가 봐도 환한 표정을 짓고 있는 뚱뚱한 아버지와 그의 사진이었다. 사진 속 그의 아버지는 커다란 바다가재를 들고 이제 곧 신나게 그걸 먹어치울 태세였다. 그날 저녁에 뭘 먹을까를 생각하려는 순간, 나는 댄의 목소리를 듣고 현실로 돌아왔다.

　"이건 아버지가 쓰던 지갑일세. 3년 전 아버지가 심장마비로 세상을 뜬 후로는 매일 이걸 갖고 다녀. 아버진 겨우 75세였어. 모든 걸 미리 막을 수 있었는데." 그는 지갑에서 조그만 종잇조각을 꺼내서 펼쳤다. 구겨진 종이에는 아버지의 고혈압, 콜레스테롤, 고혈당 등을 위한 치료제와 그 약들의 부작용을 막기 위한 약을 합쳐 모두 열여덟 개의 이름이 깔끔하게 적혀 있었다.

　줄줄이 적힌 약 이름을 바라보며 댄이 서글프게 말했다. "아버지는 말 잘 듣는 환자였어. 의사들이 처방해준 약을 하나도 빠짐없이 복용했지. 그렇지만 운동을 시작하고, 식습관을 바꾸고, 체중을 줄여 결국 그를 데려간 심장마비를 피할 수 있도록 아버지를 도와준 사람은 아무도 없었다네." 그가 나를 다시 바라보았다. "생각해봐, 에디. 우리가 의대에 다닐 때도 영양이나 운동의 중요성을 가르쳐준 사람은 아무도 없었잖아. 내 말은, 그건 우리의 공부 영역이 아니었다는 거지!"

　나는 생각했다. 그 말이 맞네. 그리고 내 자신이 그 좋은 예잖아. 영양에 대한 강의라고는 딱 하나밖에 없었지. 아마.

댄이 말을 이었다. "아버지가 돌아가신 후, 나는 뭔가 조치를 취해야 할 때란 걸 깨달았어. 그래서 식습관과 운동에 관한 책을 읽기 시작했고, 건강을 위해 채식주의자가 되기로 맘먹고서 운동을 시작했지. 그러다가 나이가 들면 삶의 질을 유지하기 위해 근력운동이 중요하다는 글을 읽게 되었고. 그리고 글쎄, 여기까지 온 거지, 뭐."

내가 던진 간단한 질문으로 인해 댄은 자신의 강력한 '큼직이'를 아주 쉽게 드러냈다. 댄이 여러 가지 굵직굵직한 인생의 변화를 시도한 주된 이유는 자신도 언젠가 죽을 수밖에 없음을 또렷이 상기시켜준 아버지의 죽음과 여섯 아이를 남겨두고 떠날 순 없다는 강렬한 욕구였다.

"식습관을 바꾸고 정기적인 운동을 시작하는 건 어렵지 않았나?" 내가 그렇게 묻자 댄은 자기 내면가족의 원동력을 자세히 말했다. 그에겐 진짜 가족이 가장 중요했기 때문에 그는 바로 거기부터 시작했다.

"가족 중 몇몇은 내가 왜 그러는지 도통 이해하지 못하지만, 난 그들의 기분을 거슬리고 싶진 않아. 그래서 부활절이면 난 우리 가족 전통요리인 폴란드식 훈제소시지랑 러시아식 파이를 먹거든. 위코스키 가문에서 그런 걸 안 먹는다는 것은 거의 신성모독이니까. 게다가 솔직히 말하자면, 난 아직도 그런 요리가 너무너무 좋아. 그래도 아이들과 아내는 날 지지해주지. 마누라는 아예 채식주의자로 둔갑했어. 덕분에 나도 포기하지 않았고, 그래서 난 아내가 아주 대견해."

틀림없다. 막강한 목소리를 지닌 댄의 '토닥이'는 파워풀한 '큼직이'의 조언에 귀를 기울였던 것이다.

나는 계속해서 캐물었다. "라이프스타일을 바꾸는 데 뭐가 가장 힘들었나?"

"난 스케줄을 짜고 거기 맞춰 진료하는 건 상당히 잘해. 또 축구를 하면서 자랐기 때문에 팀에 합류하고 운동장으로 돌아가는 일은 식은 죽 먹기였지. 근력운동은 약간 힘든 도전이지만, 그래도 이렇게 빨리 튼튼해지는 걸 생각하면 참 좋아. 요리도 좋아하니까 채식 레시피 배우는 것도 창의적인 활동으로 받아들이지." 그가 잠시 말을 멈추었을 때, 그의 머리 위엔 말풍선이 떠 있는 것처럼 보였고, 그 말풍선 안에는 오븐에서 갓 구워진 허니 햄이 들어 있는 것만 같았다. "에디, 솔직히 말할게. 평생 익숙해진 습관을 바꾸는 건 진짜 어렵잖아, 그치? 하지만 헬스클럽을 폭파시켜버리거나 더블 치즈버거에 감자튀김을 먹고 싶어 좀이 쑤실 때마다 나는 아버지의 지갑을 꺼낸다네. 목표를 잊지 않도록 잡아주거든."

나는 댄의 '꼼꼼이'가 그의 스케줄을 재조정하고 '번뜩이'의 목소리가 새로운 메뉴에 한몫을 한다는 걸 느낄 수 있었다. 또 그의 '궁금이'는 새로운 식습관은 물론이고 다른 신체활동도 시도해보라고 그의 등을 떼미는 것 같았다. 그건 어느 모로 봐도 건강했다.

내가 댄의 내면가족 모두의 얘기를 다 듣기도 전에, 그는 관심을 내게 돌렸다.

"그래, 에디. 자넨 어때? 자네를 부추기는 건 뭔가? 자네, 자전거로 출근하더군. 스스로를 잘 챙기는 것 같던데, 비결이 뭐지?"

화제가 나를 향하게 되자, 나는 그런 면에서 나의 '큼직이'가 어떤 역할을 했는지, 그리고 내면가족의 나머지 멤버들은 어땠는지를 생각했다.

"대답은 간단해. 그걸 습관으로 만들어버렸지. 규칙적으로 운동하고 건강하게 먹으려고 애썼더니 기분이 좋아진 거야. 하지만······." 이 지점에서 나는 댄에게 좀 더 심오한 진실을 털어놓았고, 이제 독자 여러분에게도 털어놓으려 한다. 헬스클럽에서 운동하다가 옆에서 러닝머신을 하고 있는 사람과 대화하는 경우라면 절대 그런 비밀을 털어놓진 않을 것이다. "좀 더 깊게 파고들어가 보면, 나도 자네처럼 아이들을 생각하고 있어. 그리고 부모님도. 이봐, 나도 모든 면에서 가족한테 좋은 롤 모델이 되고 싶어. 특히 나이 들어가면서 자기 관리를 잘한다는 점에서 말이야. 마흔이 넘었다고 모두 뚱뚱해져서 볼품도 없고 온갖 약을 복용해야 하는 건 아니라는 걸 애들한테 보여주고 싶거든. 아무리 바빠도 그게 가능하다는 걸 말이야. 그리고 내가 떠벌리는 것들을 몸소 실행하는 게 좋아."

우리 대화가 정말 '길거리' 상담으로 변하고 있다고 느낄 때, 댄이 말했다. "와우, 그거 멋진데! 자아, 조언을 해줘서 고맙네."

"계속 잘해보라고!" 우리가 헤어지기 전에 난 그렇게 말했다. "기억하게. 변화는 힘들지만 큰 목표를 품고 있을 땐 훨씬 쉽다는 걸."

그는 그저 미소를 지은 다음, 주머니 속 지갑을 톡톡 두드리며 고개를 끄덕였다. 댄의 '큼직이'는 그가 라이프스타일을 바꾸어야 할 확실한 이유를 제공했으며, 내면의 다른 식구들도 이미 거기에 동행하고 있었다.

당신은 어떻게 당신의 삶에서 '큼직이'를 찾는가? '이유 뒤에 숨은 이유'를 발견하려면 조금 파고들어가야 한다. 그것이 어떤 변화든 좀 더 오래 지속될 수 있게 만들어줄 것이다. 왜냐하면 그건 좀 더 커다란 목적과 연결되어 있기 때문이다. 왜 근력운동을 시작했느냐고 물었을 때, 댄의 첫 번째 대답은 축구를 좀 더 잘하고 싶어서라고 했다. 하지만 거기서 좀 더 파고들었더니 아버지나 아이들과의 '관계'라는 훨씬 더 강렬한 동기가 드러나지 않았던가. 어떤 행위나 변화의 진짜 동기, 더 근원적인 동기를 알고 있다면, 당신은 피상적인 이유만 깨닫는 경우보다 훨씬 더 목표에 집중할 수 있을 것이다.

'큼직이'는 어떤 행동이나 변화의 목적을 또렷이 밝히도록 도와줄 수 있다. 이것은 내면가족의 다른 식구들도 일사불란하게 다잡아주며, 당신의 목표를 지지할 뿐 아니라 당신이 채택하여 지속해나가는 의미 있는 삶의 변화도 지지해줄 사람들을 모아줄 것이다.

PART 3

아우르는 시간, 내 마음의 다중성

ELEVEN

'다중성'이라는 이름의
금과옥조

이 책에서 배운 내면가족이란 개념은 기본적으로 우리의 정신이 몇 개의 분리된 개체로 구성된다는 생각이다. 이들 개체는 측면, 부분, 잠재 인격 등으로 불리기도 하는데, 당신이 세상과 교류할 때 같이 모두 다 나서서 거든다. 물론 조화롭게 거들 수만 있다면 더할 나위 없겠지만.

"이 문제에 관한 한 그들은 똑같은 생각입니다."

우리가 흔히 여러 사람들을 가리켜 위와 같이 말한다면, 이는 짐작컨대 어느 정도 논쟁과 논의를 거친 후에야 구성원들이 하나의 컨센서스, 즉, 일치된 의견을 도출했다는 뜻이다. 우리 개개인의 마음속에서도 이와 비슷한 과정이 펼쳐진다. 우리는 한 사람의 예외도 없이 마음의 이런 '각양각색', 그러니까 우리가 의식하든 못 하든 따로따로 존재하는 다수의 관점들을 경험한다.

"이봐, 내 '꼼꼼이'가 지금 나한테 뭐라는 줄 알아? 할 일이 태산인데 오늘밤에 영화를 보러 나가는 건 말도 안 된대!" 보통의 일상에서 우리는 절대로 이런 말을 하고 다니진 않을 것이다. (물론 이 책이 가르쳐준 아이디어에 노출된 독자들은 예외겠지만.) 또 우리는 "내 '척척이'가 이렇게 묻고 있어, 네가 진짜로 하고 싶은 일을 마지막으로 했던 게 언제였더라?" 따위의 말을 하고 다니지도 않는다.

우리는 스스로를 그런 부분들이 모인 존재라고 생각하지 않는다. 우리 머릿속에 반드시 그런 목소리들이 들어 있다고 생각지 않는다. 그렇기 때문에 끊임없는 내면의 독백에서 들리는 소리가 서로 다른 (때로는 서로 부딪히는) 욕구에서 비롯된다는 사실을 종종 깨닫지 못하는 거다.

잠시 멈추어 마음의 각 부분에 귀를 기울이는 것, 기본적으로 그 하나하나를 붙들고 이야기를 주고받는 것, 그런 다음 조화롭게 모두 되돌아와 좀 더 나은 결정을 내리고 생활의 스트레스와 노여움을 줄여 삶이 활짝 꽃피도록 돕게 만드는 것. 그런 것들은 엄청나게 가치 있는 일이다. 우리는 이 책에 나온 출석점호와 케이스 스터디를 통해 그것을 보여주었다.

이제 당신은 서로 다른 이 잠재인격들이 당신 안에 있다는 것을 깨달았고, 그 인격들을 하나씩 떼어내 따로따로 귀 기울이는 법도 배웠다. 그러니, '다중성' '다양함' 또는 '다양한 관점'이라는 이 이론이 당신의 일상에 어떻게 적용될 수 있는지를 살펴보자. 그렇게 한다는 것은 몇 가지 진실을 받아들인다는 뜻인 바, 그 중의 몇몇은 다소 가혹할 것이다.

첫째, 이건 복잡하다. 아니, **당신이** 복잡한 존재다. 모든 인간이 그렇다. 이를 받아들이는 것이 중요하다. 살다보면 우리가 미처 대처할 준비도 안 되어 있는데 뭔가가 튀어나올 수 있음을 깨닫는 것도 중요하다. 예측할 수 없는 상황은 우리 내면의 복잡한 네트워크가 반응하게끔 자극을 줄 수 있고, 그것은 우리가 잡아놓은 균형을 일시에 무너뜨릴 수 있다.

그렇게 말해놓고 보니 바로 두 번째 진실에 이른다. 서로 경쟁하게끔 태어난 이 여러 가지 동력도 인간의 한 부분이지만, 균형과 타협을 이뤄내는 능력 또한 인간의 한 부분이다. 단체나 조직체나 국가가 머리를 맞대고 조약과 협정을 타결할 수 있는 것과 꼭 마찬가지로, 우리 역시 우리 인격의 여러 측면들 사이에서 질서와 평정을 확립할 수 있다. 물론 영원히 가능한 것은 아니다. 언제나 가능한 것도 아니다. 그러나 적어도 우리 삶을 더 차분하고 흡족한 것으로 만들기에 충분할 만큼은 가능하다.

그것을 어떻게 성취할까? 서로 갈등하는 욕구들이 만들어내는 역학 관계에 의해서 내가 이리저리 휩쓸릴 때, 무슨 수로 내 결정이 올바른지를 알 수 있을까? 어떻게 해야 내가 평온하고 침착해질 수 있도록 내 잠재인격들을 통합할 것인가? 그 한 가지 방법은 우리가 '다양성의 금과옥조'라고 부르는 다섯 개의 원칙을 깨닫고 받아들이는 것이다.

> 다중성의 금과옥조 :
> 마음의 다중성에 능숙해지기 위해 명심해야 할 몇 가지 원칙

나 자신을 '다중적'인 마음을 지닌 존재로 보겠다면, 이 새로운 각성

으로써 삶을 영위하는 몇 가지 원칙을 철저히 이해해야 한다.

언제나 다중성이 중요함을 인식하라

내면의 갈등은 절대로 사라지지 않는다. 창조적 긴장이라는 용어를 들어본 적이 있는가? 보통 이 말은 무언가를 창조하기 위해 집단으로 일하는 재주꾼들, 예술가들, 혁신가들 사이에 벌어지는 '밀고 당김'을 묘사하는 데 사용된다. 그러나 그것은 바로 여기에서도 적용된다. 질서('꼼꼼이')와 관례('차분이')를 향한 당신의 본능은 흥분과 변화('궁금이')를 향한 욕구에 맞서서 언제나 조금씩 '밀고 당길' 것이다. 우리는 앞서 인용한 모든 케이스 스터디의 여러 시나리오에서 다양한 강도의 긴장을 봤고, 이젠 당신의 내부에서 벌어지는 긴장도 알고 있을 것이다. 당신이란 존재의 구성 요소 전부(그러니까 말하자면 **'당신'** 그 자체)를 받아들이는 것이야말로, 보다 쉽게 내면의 대화를 이끌어나가기 위한 열쇠다.

감정의 일기예보를 체크하라

당신의 성격에는 적어도 아홉 개의 또렷한 측면이 있으며, 그 근거는 모두에게 공통된 핵심적인 욕구라는 것을 우리가 알려주었다. 또 그 측면들이 조화와 균형을 이루기만 하면 당신의 삶이 어떻게 활짝 꽃피는지도 보여주었다. 그들이 서로 갈등할 때면 삶은 뒤죽박죽 힘겨울 수 있다. 하지만 케이스 스터디로 보여준 것처럼, 그 하나하나에 귀를 기울여주면 타협을 이루고 그들을 하나의 내면가족으로 뭉쳐 앞으로 나아가는 길을 찾을 수 있다. 때때로 그런 타협은 싸움을 멈추지 않는 두 나라의 휴전협정처럼 아슬아슬할 수도 있다. 생사가 걸린 문제나 황급히 결정을 내려야 할 땐 타협할 수도 있고 적어도 균형을 잡을 수 있지만, 당신의 내면의 자아(혹은 여러 개의 자아)를 제대로 이해하기 위해서는 고정적인 컨설팅이 필요하다는 사실을 기억하자.

감정에도 날씨만큼이나 빠르게 변하는 일기예보가 있다. 이건 '기복이 심한 기분'과는 차원이 다르다. 이는 삶의 사건들이 쏜살같이 지나가는 가운데 다양한 욕구가 어떻게 충족 되고 있는지를 꾸준히 재검토하고 재평가하는 작업이다. 감정의 일기예보는 날씨를 예측할 때 기온이 높을 거라느니, 낮을 거라느니, 하는 것처럼 딱 잘라 말하기 힘들다. 거의 모든 이들에게 온종일 햇살이 쨍쨍하거나 새벽부터 해질녘까지 폭우가 쏟아지는 날은 거의 없다. 마음의 일기예보에서는 '약간의 구름과 약간의 햇살'이 대부분이어서, 한쪽은 기분이 좋고, 다른 한쪽은 축 처진 기분, 또 한쪽은 우울하다. 그리고 그 모든 것이 한꺼번에 발생할 수도 있다.

그러나 앞서 설명한 출석점호를 통해 감정의 일기예보를 세세히 뜯어보라. 그리고 언제든 그걸 이용해서 내 감정 상태나 뒤섞인 기분도 해석하고, 어떤 순간에 왜 어떤 기분이 드는지도 더 잘 이해하며, 어떻게 해야 내면의 날씨를 맑게 하는지도 잘 이해하도록 하자. 약간의 시간을 투자하면 될 일이다.

각자가 공헌한 바를 알아주라

우리 잠재인격의 존재를 그냥 인식하는 데서 끝나면 안 된다. 오케스트라의 각 파트가 심포니 연주에 기여하는 것처럼, 우리 인격의 여러 부분이 각각 전체에 소중한 기여를 한다는 사실을 인정해야 할 단계가 온 것이다. 가령 '궁금이'가 숨 막혀 있다는 사실에 귀를 기울여 알아차려야 할 때가 아닌지? 이것은 대단히 중요하다. 왜냐하면 당신이 새로운 시도를 원하도록 만드는 주된 동기가 바로 '궁금이'니까. 혹은 당신의 '토닥이'가 슬퍼하고 있는 건 아닌지? 원래는 소중한 사람들에게 지지해달라고 손을 잘 뻗는데, 혹시 일시적으로 그렇게 못하고 있는 건 아닌지? 지금 당신이 우울하고 외로운 것이 그 이유 때문일지도. 혹은 당신의 '큼직이'가 질문을 던지고 있는데도 당신은 그에게 대답을 줄 여유조차 없는 것은 아닌지? 당신의 커리어가 정체되어 있고 출구도 안 보인다는 느낌을 어렴풋이 받는 것도 그런 이유 때문이 아닌지? 이 모든 부분, 이 잠재인격들은 다 중요하다. 모두 우리 삶이 활짝 꽃피는 데 중요한 역할을 담당한다. 그러나 우리는 무엇보다 먼저 잠재인격들의 존재를 알아야 하고, 그들을 고마워하며, 그들이 속내를 온전하게 표현할 수 있게 해줘야 한다.

올바른 관점을 유지하라

우리는 이제 잠재인격 하나하나의 가치를 논했고 그들의 공헌을 어떻게 고마워해야 할지 이야기했다. 뒤집어서 말하면, 어느 하나의 잠재인격이 무대를 주름잡고 전체를 망가뜨리게 놔둬서는 안 된다는 얘기다.

"나 화났어!" 자신한테 그렇게 말은 했지만, 막상 진짜 화가 난 것이 단지 당신의 한 부분뿐이라면 그런 감정은 관리하기가 좀 더 수월하다. 당신의 존재 전체가 아니라 단지 한 부분만이 좌절하고 있음을 이해한다면, 훨씬 도움이 된다. 그렇게 되면 문제가 그다지 심각하게 보이지 않기 때문이다. 기억하자, 내 안에는 아홉 개의 관점이 있어서 거의 모든 문제에 관여한다. 그 가운데 하나가 다른 모든 걸 끌어내리지 못하게 하라!

정신을 다잡고 마음을 추스르라

아홉 개 가운데 단 하나의 목소리, 단 하나의 욕구가 우리 삶을 부정적으로 지배하게 놔두면 안 된다. 마찬가지로 내면가족을 북돋우는 것과, 끈질긴 의심과 불화를 떨쳐내 이 모든 잠재인격이 한 팀으로 결집하는 것은 엄청 파워풀한 자산이 될 수 있다는 사실도 깨달아야 한다. 앞에서 봤겠지만, 때로 우리 성격의 한 측면이 날카롭고 시끄럽게 자신의 욕구를 주장할 수 있다. 밑바닥에 깔려 있던 욕구가 표현되는 것은 '잘못'이 아니므로, 만약 당신이 그 목소리가 하는 말을 경청하고 나머지 목소리들과 조화시키는 방법만 찾을 수 있다면, 당신의 인생에서 더할 나위 없이 막강한 입지를 갖게 되어 무슨 일이 생기든 해결할 수 있게 된다. 우리가 한결같은 목적의식을 갖고 행동하는 것은 바로 그럴 때 아닌가!

스스로에 대해 알게 된 이 강력한 사실을 일상에서 어떻게 사용할 것인가? 이제부터 그 질문에 대한 몇 가지 아이디어를 제공하고자 한다.

하루하루의 생활에서
마음의 다중성 활용하기

"몸이 내는 소리에 귀 기울여라!"

정기적인 운동을 시작해본 적이 있는 사람이라면 그런 말을 자주 들었을 것이다. 운동을 할 때 너무 멀리 너무 빨리 진행되지 않도록 하라는 의미다. 내면가족의 힘을 합치고 활용하는 데에도 그런 것이 필요하다. 다만, 이 경우엔 몸이 아니라 자신의 여러 측면에 귀를 기울이라고 부탁하는 점이 다를 뿐이다. 다리가 아프다든지 숨이 차거나 땀을 뻘뻘 흘리고 헐떡이는 현상은 우리가 혹사하고 있는 신체의 생리적 신호라는 걸 쉬이 알아차리지만, 욕구의 내적인 표현을 해독하는 건 조금 더 까다롭다.

그러나 당신이 마음의 다중성을 이미 배웠으니까, 이제는 어떤 목소리가 주도적이었으며 어떤 목소리가 억눌려왔는지를 어느 정도는 이해했을 것이며, 또 그런 점이 어떻게 당신의 의사결정이나 지금까지의 인생행로에 영향을 미쳤는지도 깨닫는 바가 있을 것이다.

이를 바라보는 또 다른 시각도 있다. 아직은 활용하지 못한 여러 가지 능력이 당신에게 있다는 사실을 깨닫는 것이다. 이제 그런 능력이 있다는 걸 알았으니, 그걸 활용하여 삶을 잘 관리하고 활짝 꽃피는 삶을 누리자.

내면의 혼돈에서 평정심으로

평정심은 균형과 침착과 '쿨'한 상태를 가져오고, 굴곡 없는 성정性情

을 불러온다. 이는 21세기를 살아가는 인간들이 느끼는 스트레스성 분노와는 정반대다. 디지털 기술 및 변화의 속도를 탓해도 좋고, 현대 사회의 복잡성을 탓해도 좋으며, 지나친 자극이나 카페인을 탓해도 좋다. 이런 광란의 원인이 무엇이든 간에, 그걸 해소하는 한 가지 해결책은 '내 안의 나'를 만나는 것이다. 그러니까 내면가족이 괜찮은지 점검함으로써 아주 짧은 시간이나마 평정과 침착의 상태로 옮겨갈 수 있다는 얘기다.

당신은 앞서 제시한 네 가지 질문을 활용하여 내면가족의 각 구성원을 경청하여 감정의 코드 풀기를 연습할 수 있다. (이 잠재인격은 내 삶에서 어떤 역할을 맡고 있으며, 어떤 영향을 끼쳤는가? 내 삶을 위한 그것의 가장 커다란 공헌을 잘 보여주는 스토리는? 내 인생을 위한 그것의 가장 큰 공헌을 잘 보여주는 스토리는? 지금 그것의 욕구는 얼마나 잘 충족되고 있으며, 나의 행복에 얼마나 중요한가? 1에서 10까지 점수를 매긴다면? 어떻게 해야 이 잠재인격의 욕구를 좀 더 충족시킬 수 있을까?)

혹은 마치 임원회의 하듯이 내면가족 전체에 접근해서 구성원 모두에게 하나의 질문을 던질 수도 있다. 예를 들어 이렇게. "캘리포니아로 이사하는 게 어떨지 고민해오고 있는데, 우리 어떻게 할까?" 그러고는 각 부분이 한마디씩 하도록 모두 허락해주는 것이다. 그러면 왜 이사 가는 것이 좋은가 하는 열띤 찬성의 목소리도 들을 수 있고, 그래야 하는 실용적인 이유도 들을 수 있을 것이다. 그 반대도 경우도 마찬가지고.

만약 '번뜩이'와 '궁금이'의 목소리가 압도적이라면, 그런 변화를 요란스럽게 찬성할지 모른다. 그러나 다른 잠재인격들의 관점을 주의 깊게 듣지도 않고서 LA로 이사 가버린다면, 어느 날 아침 일어나 이렇게 말할지도 모른다. "와, 이거 우울하네! 내가 왜 이런 짓을 했지?" 그렇다면 의사결정 과정에서 주목받지 못한 목소리들이 이제야 불만을 터뜨리는 것 아닐까. 그리하여 이제 '토닥이'가 "우린 캘리포니아에 친구가 없어. 난 외로워."라며 슬퍼하고, '차분이'가 "여기 생활은 롤러코스터 타기잖아. 안정된 건 하나도 없고 스트레스만 하늘을 찌르네."라며 탄식하는 소리를 들어야 한다. 만약 이사하기 전의 토론에서 이들의 관점을 챙겼더라면, 이사를 달가워하지 않는 잠재인격의 욕구를 일부라도 충족시킬 전략이나 계획을 세웠을 것 아닌가.

다시 말해서 만약 당신이 품고 있던 문제를 차분히 '원탁회의에 붙였더라면' 당신은 내면의 그림을 좀 더 철저히 보게 되었을 테고, 이사의 득과 실을 좀 더 잘 이해했을 것이며, 모든 감정과 욕구라는 관점에서 이사가 당신에게 해줄 수 있는(혹은 없는) 것들을 알아냈을 것이다. 그랬더라면 어떤 결론에 이르게 되었건, 그것은 오롯이 당신에게 (당신의 모든 부분에게) 귀속되는 결론이었을 것 아닌가!

내면의 모든 관점 하나하나를 의사결정 과정에 집어넣는다면, 반드시 옳은 결정을 내린다는 보장은 없다손 치더라도 어느 정도 마음의 평화와 평정심을 확보할 수는 있다.

업무상 난관이나 개인의 위기 해결

이렇게 가정해보자. 당신이 이룩한 성과에 대한 칭찬, 당연히 당신이 받아야 할 칭찬을 어떤 동료가 가로채는 바람에 당신은 단단히 화가 나 있다. 보스는 그게 그 동료의 성과라고 철석같이 믿고 있는 것 같다. 이제 그 동료에겐 찬사가 쏟아지지만, 당신은 아무것도 얻지 못한다.

당신의 커리어에 부정적 영향을 줄 만큼 억장이 무너지는 재난은 아니지만, 그래도 속이 쓰리다. 그래서 숨을 크게 들이쉬고 한발 뒤로 물러나, 가능한 한 냉정하게 내면의 여러 목소리의 반응에 귀를 기울인다. 자, 당신의 감정 일기예보는 당신에게 어떤 모습을 보여줄까?

'척척이'는 지독하게 기분 나쁘다. ("이건 내가 맡아왔던 거야. 내가 훌륭하게 처리하고 있었는데, 저 친구가 그걸 뺏어갔잖아.")

'당당이'는 플로리다의 여름날 오후처럼 축 처졌다. ("내가 이걸 할 수 있다고 생각하는 사람이 단 한 명도 없다니, 슬픈 일이네. 그 작자가 했다고 주장하는 그 일을 내가 할 수 있다고는 상상조차 못 하니까, 모두 저 인간이 칭찬받아 마땅하다고 가정하잖아.")

'토닥이'는 배신감을 느꼈다. ("그를 신뢰할 수 있다고 생각했는데.")

정말로 짓밟힌 것은 바로 이 세 가지 잠재인격이라는 사실을 당신도 알아낸다. 그들이야말로 가장 크게 상처받은 것이다. 다른 잠재인격들도 나름의 독특한 관점을 제시한다. '큼직이'는 그 동료가 업무나 자신에 대해 불안해하고 있음을 당신이 몇 달 전부터 알고 있었다고 지적한다. 그는 저조한 기분에서 벗어나고 회사에서 누리고 있는 지위를 정당화하는 방법으로 그런 짓을 했다는 거다.

좋은 지적이다. 당신은 그걸 곰곰 생각해본다. 이제 당신은 모욕당해 분노하는 느낌에서 벗어나 자신이 느끼는 바를 (그리고 그런 짓을 저지른 동료가 느끼는 바를) 더 잘 이해하게 된다. 그 모든 걸 깨닫자 기분이 나아졌다! 이제 한층 차분한 관점에서 앞으로 취할 행동도 알아낼 수 있다.

'큼직이'의 도움으로 당신은 이것이 시쳇말로 '목숨 걸고 매달릴' 사건은 아니라고 마음먹는다. 싸울 가치가 없는 거라고 말이다. '까칠이'는 이렇게 말한다. "계속 잘해봐. 결국엔 인정받게 될 거야." '토닥이'는 이렇게 말할지 모르겠다. "아, 다른 사람들이 뭘 하고 있는지 주의 깊게 봐야겠군. 칭찬할 사람은 칭찬해주고. 다른 사람들한테 고마워하는 건 중요하니까. 남들이 나한테 고마워하지 않으면 어떤 느낌인지 겪었잖아!"

위의 예에서 당신은 단순히 당신의 감정 하나하나를 인정하고 경청하고 해석함으로써 내면의 혼란을 벗어나 평정심을 얻었다. 다음번 뭔가에 화가 났을 때 써먹어보기 바란다. 그저 뒤로 물러나 당신 내면에 드러난 다른 관점에 귀를 기울이는 것이 과연 그 상황을 분간하고 진정시키는 데 (그러면서 또 해결책을 제공하는 데) 도움이 되는지 직접 보라.

크고 작은 삶의 다른 문제들

새 직장을 찾을까? 저 사람과 연애를 시작해야 하나? 학부모회나 정원 가꾸기 동아리에 들까 말까? 골프 연습을 더 해야 하는지 모르겠네?

이럴 땐 자신의 잠재인격과 상담할 수도 있고, 여러 옵션 중에서 가장 그럴듯한 게 뭔지 찾아내도 좋다. 다소 평범한 경우인 골프 연습을 예로 들어보자. '까칠이'는 당신이 골프 연습을 열심히 해서 친구들만큼 잘 쳤으면 한다. 골프를 잘 치면 업무에도 도움이 되니까. 그러면 다음에 상사나 고객이 당신을 자선 골프 시합에 초대하거나 반나절 코스에 나가자고 했을 때, 궁색한 변명을 늘어놓지 않아도 되니까.

그러나 '토닥이'가 이렇게 거든다. "이번 주말에 골프 치러 간다고? 온종일 나가 있겠네. 애들 볼 시간도 없을 거고. 그렇잖아도 최근에는 애들이 아빠 얼굴을 거의 못 보는 스케줄인데, 마누라가 엄청 싫어하겠지."

이걸 잘 아는 당신은 우선순위를 정하면서 '아빠 되기'가 1번이고 '사회에서 섞이기'는 2번임을 깨닫는다. 그러다가 맘먹는다. 그래, 애들을 연습장에 데려가면 되잖아! '토닥이'의 불평을 그런 식으로 해결하는 거다. 아이들과 연습장에 함께 있는 동안 당신은 스윙 연습을 할 수 있어서 '까칠이'를 흡족하게 할 것이며, 다음에 사람들과 골프 치러 갔을 때 완전 아마추어 티를 안 내도 될 것 아닌가. 만약 '토닥이'이나 '까칠이'를 무시해버린다면 (혹은 당신의 욕구를 표현해주는 이 부분들이 있다는 사실조차 깡그리 잊어버리고 있다면) 아마도 당신은 그때 가장 절박한 욕구에 기반을 두고 결정을 내릴 것이다.

여러 케이스 스터디에서 본 것처럼, 사태는 종종 그런 식으로 흘러간다. 우리는 내면의 대화에서 가장 시끄러운 목소리에 이끌려 의사결정을 한다. 그러나 이럴 때 우리가 해야 할 일은, 출석점호를 하고 내면가족을 모두 소집하여 다른 목소리들은 무슨 얘기를 하고 싶은지 들어주는 것이다.

다른 사람들을 보다 잘 이해하고 대해주려면

'내면가족 접근법'은 자기 자신을 더 잘 이해하는 지름길일 뿐 아니라, 다른 사람들의 행동을 꿰뚫어보는 방법이기도 하다. 남편(아내)이나 아이들, 부모, 직장 상사, 동료, 친구들이 모두 그들 나름의 목소리와 욕구가 펼치는 합창에 귀 기울인다는 사실을 인식함으로써, 당신은 그들의 행동과 의도와 정서적 반응을 이해하는 소중한 통찰력을 얻게 된다. 이것은 좀 더 나은 소통과 관계를 위해 아주 쓸모 있는 도구다.

그렇다면 어떻게 다른 사람들의 내면가족을 인지하고 협력할 수 있을까? 이제 이 책의 마지막 케이스 스터디를 통해 자기 가족의 상호작용을 소개하고자 한다. 닥터 에디의 스토리는 내면가족이란 개념이 현실생활에 어떻게 적용되며 나와 내 가족의 활짝 꽃피는 삶을 어떻게 도와주는지를 보여주는 좋은 예라고 생각한다.

닥터 에디 : 우리는 한 가족!

온 식구가 저녁을 먹으려고 식탁에 둘러앉아 있는데, 한 사람 한 사람이 자신의 가장 주도적 목소리를 대화 속에 투영하는 것이 보였다.

사업가 기질이라 늘 유쾌하고 특이한 생각을 잘 하는 아들은 인터넷의 미래나 자신이 막 시작한 앱 회사가 어떻게 그런 미래를 활용할 수 있는지를 상상하며 설명하고 있었다. 그의 '번뜩이'는 현실적인 문제는 아랑곳하지 않았고, '꼼꼼이'는 (아들이 저녁식사에 늦게 온 것처럼) 파티에 늦을 모양이었다.

둘째인 딸은 대학 입학까지 남은 한 해의 계획을 늘어놓으며 유럽에서 9개월 동안 자원봉사를 하고 싶지만 아직 등록이 시작되지 않아 유감이라고 투덜거렸다. 이 아이의 '꼼꼼이'는 스케줄과 생각과 종종 가족의 활동까지 미리 챙겼다. 녀석은 마구 쏟아지는 오빠의 창의적 아이디어를 가로막더니 화제를 우리 가족휴가 계획으로 돌려놓았다. 몇 년 전엔 오빠를 쳐다보더니 날 더러 자기도 오빠처럼 잘 웃는 사람이 되도록 도와달라고 했다. 말로만 그런 게 아니라, 녀석은 자신의 주도적 잠재인격인 '꼼꼼이'를 이용해서 자신의 유머를 손보기 시작했고, 그 후로는 나름대로 타이밍과 위트를 개발해냈다.

한편, 막내딸은 테이블에 앉아 펜으로 손목에 낙서를 했다. 막내는 언니오빠의 주도적인 목소리를 극복하려고 안간힘을 썼고, 상대적으로 더 조용한 그의 목소리는 한 마디 할 틈을 기다렸다. 그렇게 열심히 듣더니, 입을 열어 전날 밤 생물학 숙제 대신 읽었던 디스토피안 사회에 관한 책 이야기를 꺼냈다.

이제 스무 살이 된 제시, 열여덟 살 베카, 그리고 열다섯인 케이트 ― 우리 부부가 세 아이를 키울 때가 생각난다. 우리 개개인의 내면의 목소리도 그렇지만, 저녁식사 때의 출석점호는 아이들을 창의적이니 체계적이니 하는 식으로 이름 붙이고 분류하는 차원을 넘어서야 했다. 사실 나는 창의적이지만 산만하기 짝이 없는 내 아들이 중앙아메리카 단체여행을 기획했다든지, 대학 1학년 때 친목클럽의 임원에 선출되었다는 사실을 처음엔 믿을 수가 없었다.

그래서 어느 날 나는 닭 요리와 채소요리 접시를 건네주며 그 일에 대해 아이들한테 물어보기로 마음먹고 아이들의 다소 자발적인 출석점호를 유도했다. 미스터 '번뜩이'인 아들부터 시작했다.

"너는 지갑을 잃어버리는 일도 한두 번이 아니고, 약속에 늦거나 아예 약속을 까먹는 일도 흔한데, 수백 명의 대학생을 위해 종일 계속되는 축제를 질서정연하게 준비하고 이끌었다니, 어떻게 된 일이냐?" 내가 아들에게 물었다.

아들이 대답은 이랬다. "에이, 아빠도, 그거야 그룹이니까 그렇죠. 나 한 사람한테는 시간 엄수가 별로 중요하지 않을 수 있지만, 우리 클럽에서는 아무도 나서는 친구가 없어서 나라도 해야 된다고 느꼈죠, 뭐. 나한테 정말 중요한 일이라면 나도 체계적으로 할 수 있다니까요."

아들의 말에 귀를 기울이자, 나는 그의 '토닥이'가 다른 목소리들을 불러모으고 '꼼꼼이'를 깨우는 걸 들을 수 있었다. "우린 해야 할 일이 있어! 내 '형제들'을 실망시킬 순 없잖아. 그래, 네가 리스트 만드는 걸 끔찍이도 싫어하는 건 알지만, 얼른 종이하고 펜을 찾아와. 그만 툴툴대고."

둘째 베카의 경우, 복잡한 임무를 해내는 그 아이의 능력을 놀라워하면서, 조용해도 분명히 들리는 '번뜩이'의 목소리도 과소평가하면 안 된다고 생각했다.

"너, 학교 공부나 운동이나 바이올린 연습 같은 걸 할 때는 아주 꼼꼼하고 체계적이야, 그렇지? 근데 그게 너의 '번뜩이'를 억누른다고 생각하니?"

그러자 딸은 내 기억을 도와주었다. "아빠, 몇 년 동안 들었잖아요, 내가 클래식 바이올린 연습하는 거. 그런 걸 하려면 절도가 필요하지만, 저의 진짜 창의적인 측면은 악보 없이 바이올린을 연주하고 즉흥적으로 합주할 때 나와요. 그건 요리책에 나온 레시피를 따라 차근차근 순서대로 요리를 해본 다음, 상상의 나래를 펴서 그 레시피를 바꾸면 어떤 맛이 나는지를 보는 것과 비슷하죠. 그러니까 체계적이란 점이 저를 한층 더 창의적으로 만들어준다니까요."

한편 우리 막내딸은 채소를 이리저리 움직여 추상적인 도시 풍경을 만들어내고 있었다. '번뜩이'가 분위기를 장악한 가운데 '꼼꼼이'는 나지막한 목소리만 내는 게, 아무래도 엉덩이를 한 대 차주어야만 움직일 것 같았다. 그 애는 언제나 그렇듯이 언니오빠가 자기네 내면가족을 설명할 때 조용히 듣고 있었다. 나는 막내딸을 향해 말했다.

"넌 수학 숙제를 마지막 순간까지 미루더니 결국 그걸 다했고, A마이너스를 받았지." 내가 말하자 아이는 얼굴을 찌푸렸다. "어떻게 조리 있게 시간 내에 다 마친 거냐?"

케이트는 이것저것 나한테 딱히 설명하기보다는 차라리 낙서나 끄적거리고 싶다는 눈길을 나한테 보내며 말했다. "글쎄요, 난 새 색연필을 써보고 싶은 맘이 더 크지만 성적을 잘 받아야 한다는 것도 잘 알죠. 그래서 혼자 목표 같은 걸 세우는데, 일단 그렇게 하고 나면 차근차근 하는 게 좀 쉬워져요."

아이의 '까칠이'는 '꼼꼼이'를 일깨우는 데 필요한 자극제가 되었던 것이다.

그날의 만찬이 아주 유익했음은 말할 필요도 없다. 아내와 나는 우리 아이들이 한층 더 자랑스럽다는 느낌을 얻었을 뿐 아니라, 테이블에는 앉은 사람은 다섯뿐이었지만 최소한 열 개의 목소리가 모두들 중요한 말을 하려고 앉아 있다는 묘한 기분을 느꼈다.

닥터 에디와 앨리슨은 실제로 식구들이 지닌 내면가족의 진가를 알아보는 법을 배웠다. 우리가 이 책에 제시한 내용이 당신의 가족에게도 똑같은 도움이 되면 좋겠다. 우리가 내면가족과 마음의 다중성이라는 개념으로 상상력의 한계를 넓혀주었을지도 모르겠다. 그러나 당신의 영혼을 구성하는 잠재인격들을 당신이 정말로 인식하고 그들에게 목소리를 낼 기회를 부여할 때, 그들은 완벽하게 살아나 풍요로운 지혜를 전해준다.

물론, 궁극적으로는 모두 **당신** 이야기다.

우리는 **당신이** 마음의 다중성을 인식함으로써 만족스럽고 생산적이며 행복한 삶에 이르러 활짝 꽃필 수 있는 새로운 길을 찾기 바란다.

감사의 말

우리는 이 책을 지원해준 Harvard Health Publications(HHP)의 전직 및 현직 수석 에디터 줄리 실버 박사와 그레고리 커프먼 박사에게 감사의 말을 전하고 싶다. 또한 우리를 현명하게 안내하여 HHP에게는 두 번째이고 William Morrow로서는 첫 번째가 되는 이 책을 펴낼 수 있게 해준 저작권 대리인 린다 코너와 에디터 뎁 브로디에게도 고마움을 전한다.

이 책의 바탕으로 위대한 사상가들의 다양한 아이디어가 인용되었는데, 이 점에서 캐럴 카우프먼, 딕 슈워츠, 캐서린 페일이 기여한 바와 그들이 준 영감에 대해 감사한다.

마거릿은 남편이자 바이오테크놀로지 특허변리사로서 인간의 아홉 가지 능력에 대한 진화론적인 내러티브를 함께 풀어나간 폴 클락에게 고마움을 금할 수 없다.

마거릿과 에디는 함께 일하는 동료들, 코치들, 환자들에게도 감사의 뜻을 전하고 싶다. 인간으로 살아간다는 것의 다양성과 타고난 여러 가지 갈등과 때로는 아름다운 조화를 누릴 수 있도록 그들이 도와주었기 때문이다.

존은 그의 저술을 지속적으로 지원해주었던 New York Institute of Technology(NYIT)의 동료들, 특히 학술위원회의 라마트 슈레시 부회장과 제임스 사이먼 학장에게 감사의 말을 전한다.

자신들의 사적인 이야기를 공유하도록 허락해준 댄 위코스키 박사 가족과 필립스 가족, 호기심에 관한 클라라 마의 멋진 글을 사용하도록 허락해준 제러미 에거즈와 빌 뢰벨을 위시한 나사(NASA) 직원들, 저술을 위한 연구조사를 도왔던 크리스틴 린드스트롬, 그리고 내면가족과 마음의 다양성이란 개념을 생생한 이미지로 볼 수 있게 해준 쿠잘라 학장님에겐 우리 모두 특별한 감사의 말씀을 드리고 싶다.

마지막으로 '내면의' 가족을 설명하고자 하는 우리의 노력에 대해 사랑하는 우리 '외면의' 가족들이 보내주었던 전폭적인 지지도 잊지 않고 언급하고 싶다.

누구시죠?

내면가족의 구성원을
어떻게 알아볼 것인가?

마음의 다중성은 인간은 누구나 가장 근원적인 욕구를 표현하는 영혼의 다양한 개체를 지니고 있다는 아이디어에 기반을 둔다. 이들 개체는 목소리, 잠재인격, 측면 등등으로도 알려져 있다. 이 책에서는 안전-안정-균형이라는 생물학적 기본 욕구를 옹호하는 '차분이'에서부터 큰 그림을 보고 삶의 목적과 조화와 온전함을 추구하는 '큼직이'에 이르기까지 아홉 가지 보편적인 개체들을 살펴보았다.

이 목소리들은 개개인마다 다르게 들릴 것이다. 하지만 각 개인이 경험하는 지속적인 내면의 대화에서 그 목소리들은 공통된 질문을 던지고 흔히 예상 가능한 반응을 얻는다. 그렇다면 지금 어느 목소리가 말하는 있는지를 어떻게 알까? 어떤 특정의 상황에서 각각의 목소리가 사용하는 표현들은 어떤 것일까?

　이 섹션에서 우리는 각각의 목소리가 전형적으로 내뱉는 말, 어떤 하나의 목소리가 유난히 크게 말하는 개인들이 드러내는 몇 가지 특성을 리스트로 만들어봤다.

'척척이'

- ◆ "무엇이 나에게 가장 좋은지 알고 있어."
- ◆ "나는 나 자신의 인격!"
- ◆ "나를 그 사람과 비교하지 마!"
- ◆ "나는 내 마음이 시키는 대로 나아갈 거야."
- ◆ "사람들은 있는 그대로의 나를 받아줘."
- ◆ "내가 내 자신을 돌보지 않으면 누가 돌봐주겠어?"
- ◆ "내 인생의 주인은 나!"
- ◆ "난 다른 사람 비위를 맞추며 살지 않을 거야."

'척척이'의 목소리가 강한 사람의 특징
- ◆ 믿을 수 있다.
- ◆ 자립적이다.
- ◆ 자발적으로 행동한다.
- ◆ 혼자 있고 혼자 일하는 걸 즐긴다.

'차분이'

- "나 자신을 잘 돌봐야 해."
- "아냐, 오늘밤 「투나잇 쇼」 안 보고 잘 거야. 잠을 푹 자는 게 중요하니까."
- "30분 일찍 일을 시작해야 해. 그래야 점심 때 파워 워킹 할 시간이 나잖아."
- "일어나! 몇 시간씩 이 컴퓨터 앞에 있었어. 그렇게 앉아만 있는 건 건강에 안 좋대."
- "여기서 제일 가까운 유기농 상점이 어디지?
- "행글라이딩? 번지 점프? 농담해? 그렇게 위험한 짓은 안 해. 진짜 다칠 수 있거든."
- "연금이 나오는 이 직장을 그만두고 창업을 해? 말도 안 돼!"
- "난 안전하고 확실한 것에 투자해. 투기성 주식투자 말고."

'차분이'가 강한 사람의 특성

- 매일 건강에 투자한다.
- 거의 언제나 건강한 음식을 먹는다.
- 운동을 즐긴다.
- 돈 관리에 신중하다.
- 자주 휴식을 취하고 재충전한다.
- 안전하게 행동한다.

- "내가 만날 어떤 도전도 이겨나갈 수 있어."
- "내가 잘하는 일을 하고 있어."
- "그거 할 수 있어. 자신 있다고."
- "우리 회사에 막 설치된 소프트웨어 시스템? 그래, 설명서를 보면서 완전 마스터할 거야"
- "내 강점이 뭔지는 잘 알고 있어. 내가 하려는 일의 대부분은 그런 강점이 드러나는 것들이지."
- "내 기술로 다른 사람을 도울 수 있다고 생각해."
- "지금까지 살아온 걸 생각해보면, 내 능력과 '당당이'가 어떻게 커왔는지 알 수 있어."

'당당이'의 목소리가 강한 사람의 특징

- 꼿꼿이 세운 몸, 당당한 자세와 행동거지, 힘이 넘치는 목소리.
- 완숙해지기 위한 여러 가지 새로운 활동을 즐긴다.
- 건전한 경쟁을 하려고 한다.
- 강점과 능력을 잘 활용할 방법을 찾는다.

- "문제를 파악하고 해결책을 찾는 색다른 방법이 있어. 그게 뭔

지 알아내기만 하면 되지."
- "난 기발한 생각을 하는 게 좋아."
- "재미있는 것, 즉흥적인 것을 위해선 언제든 시간을 내야지."
- "아, 맞아, 난 약간 몽상가 기질이 있어. 딴 생각에 잠기는 게 좋거든."
- "완전히 몰입해서 시간 가는 줄도 모를 창의적 프로젝트가 너무 좋아."

'번뜩이'의 목소리가 강한 사람의 특징
- 유머와 재미를 대단히 좋아한다.
- 즉흥성을 원하고 충동을 누리고 싶어 한다.
- 글쓰기, 노래하기, 그림 그리기 등등의 예술을 추구하는 것뿐만 아니라, 어떤 삶의 영역에서든 창조의 과정을 즐긴다. (강력한 '번뜩이'는 예술적 재능과 동의어가 아니다.)
- 여러 가지 삶의 도전을 다스릴 새로운 아이디어를 생각해내고 싶어 한다.
- 유연한 사고와 행동을 선호한다.

'궁금이'

- "세상은 참 매력적이야. 지루한 순간이라곤 전혀 없어."
- "이 길로 가보자. 지금까지 한 번도 가본 적이 없거든."

- "그렇게 한다는 것은 어떤 느낌일까?"
- "이건 이미 신물 나도록 했어. 이제 확 뒤집어엎어야 한다고."
- "맨날 했던 똑같은 일은 이제 그만. 뭔가 다른 걸 해보자"
- "철인 3종 경기? 좋아, 해볼 준비가 돼 있어. 훈련은 어떻게 시작할까?"
- "힘이 좀 들더라도, 난 최소한 약간의 위험과 불확실성과 변화를 즐겨."
- "새로 문을 연 레스토랑? 난 찬성! 먹으러 가자!"

강렬한 '궁금이'를 지닌 사람의 특징
- 새로운 것, 색다른 경험, 새 프로젝트를 원한다.
- 새로운 아이디어와 경험을 기꺼이 받아들인다.
- 호기심이 발동되는 걸 즐긴다.
- 새로운 기회와 가능성을 생각하면 가슴이 뛴다.

'꼼꼼이'

- "나는 매일 짬을 내서 '할 일 목록'을 미리 작성해."
- "우선순위 높은 일들을 완수했는지 매일 확인해."
- "내 인생의 주된 영역만큼은 질서정연하게 유지하지."
- "흐리멍덩하지 않고 명료한 생각을 추구한다고."
- "구체적인 세부사항에서 전략적 사고로 옮겨가는 게 어렵지 않

아."
- ◆ "나 자신, 다른 사람들, 이 세상을 객관적인 관점으로 봐."
- ◆ "난 스스로 규제를 잘해. 충동과 산만함을 억누르고 핵심 활동
  에 집중하지."

강력한 '꼼꼼이'를 지닌 사람의 특징
- ◆ 질서와 명료함을 대단히 좋아한다.
- ◆ 혼돈 속에서 질서를 찾는다.
- ◆ 언제나 질서정연하다.
- ◆ 주의 깊게 계획하고 준비한다.

'토닥이'

- ◆ "난 다른 사람들이 원하는 것에 신경을 많이 쓰고, 그 욕구가
  충족되도록 도우려고 해. 때론 나 자신의 욕구보다 먼저 충족
  시켜주려고 애쓰지."
- ◆ "다른 이들이 고통 받으면 마음이 아파."
- ◆ "부정적인 감정을 경험할 때면 나 자신도 불쌍해져."
- ◆ "난 가족과 친구와 가까운 동료들한테 충실해."
- ◆ "내게는 사랑하는 인간관계가 필요하고, 그런 관계를 건강하게
  유지하려고 노력해."
- ◆ "다른 사람들과 함께 있는 거나 그들의 인생을 알게 되는 것이

좋아."

'토닥이'의 목소리가 강한 사람의 특징

◆ 공감을 잘 하고 가족과 친구와 가까운 지인들을 배려한다.

◆ 남들을 돌봐준다.

◆ 다른 이들을 돕기 위해 관대하게 기부한다.

◆ 신뢰감을 주고 충실하다.

'까칠이'

◆ "내 인생에서 위대한 일을 성취하고 싶어."

◆ "자신과 다른 사람들을 위해 기준을 높이 설정했어."

◆ "나는 존중받고 싶고 공정한 대접을 받고 싶어."

◆ "내가 성취한 바를 인정받고 싶어."

◆ "사람들에게 깊은 인상을 주고 싶어."

'까칠이'가 강한 사람의 특징

◆ 성취 욕구가 강하다.

◆ 어려운 임무를 완수하기 위해 자신을 강하게 밀어붙인다.

◆ 어느 정도는 외모, 명성, 지위 같은 걸 중시한다.

- "내가 왜 여기에 있는 걸까?"
- "잠시 하던 일을 멈추고 내 인생의 좀 더 큰 목적을 생각하는 날이 많아."
- "죽은 뒤에 무슨 일이 생길지, 종종 궁금해."
- "사는 게 다 뭔지, 때로는 궁금해"
- "내가 가진 것에 감사하고 있어."
- "난 생명에 경외감을 느껴."

'큰직이'가 강한 사람의 특징
- 코앞의 이슈를 뛰어넘어 더 큰 그림을 본다.
- 삶에 관한 지혜와 슬기로운 관점을 추구한다.
- 숭고한 대의와 유산을 남기고자 한다.
- 삶이 선사하는 것들에 대한 고마움을 체험한다.
- 역경 속에서 배울 점을 찾아내고 개인의 성장을 지켜본다.

옮긴이 권기대

영어 / 독어 / 불어 원서를 우리말로 옮기는 작업에서 지대한 황홀감과 도전의식을 만끽하는 창의적인 번역가. 서울대 경제학과를 졸업하고 일찍이 1980년부터 뉴욕 월스트리트의 은행에서 근무했다. 그 길만 걸었더라면 부와 권력의 금수저를 누릴 수도 있었을 테지만. 바보스럽게 그 기회를 내던지고 유년기부터 그를 매혹했던 문화와 예술의 세계를 살고자 노력했다. 인도네시아와 호주를 거쳐 홍콩에 둥지를 틀고서는 국제적으로 다양한 문화 콘텐트를 교류하는 사업을 벌이기도 했다. 2005년에 귀국하여 이젠 다소곳이 '번역하고 책 만드는' 사람이 되어 있다.

고등학교 2학년 때 이미 에드거 앨런 포의 추리소설을 번역 발표한 적이 있는 그의 번역 활동은 영어. 독어. 불어를 아우르며 그렇게 펴낸 작품이 어느덧 50종에 이른다. 그가 옮긴 영어 서적으로는 베스트셀러 『덩샤오핑 평전』 부커상 수상작 『화이트 타이거』, 한국학술원 우수도서 『부와 빈곤의 역사』, 『우주 전쟁』, 『살아있는 신』, 『첼시의 신기한 카페로 오세요』, 『다시 살고 싶어』, 『아이는 어떻게 성공하는가』 등이 있다. 독일어 서적으로는 2019년 노벨 문학상 수상자 페터 한트케의 『돈 후안』, 쇼펜하우어의 『이기는 대화법 38』과 『신비주의자가 신발끈을 묶는 방법』 등을 번역 출간했으며. 불어 도서로는 르노도상 수상작 『샬로테』, 앙드레 지드의 장편 소설 『코리동』, 『어바웃 타임』 등을 펴냈다.

하버드 멘토의 감정 설명서

초판 1쇄 인쇄 2020년 1월 21일
초판 1쇄 발행 2020년 1월 28일

지 은 이 마거릿 무어, 에드워드 필립스, 존 행크
옮 긴 이 권기대
펴 낸 이 권기대
펴 낸 곳 베가북스
총괄이사 배혜진
편   집 강하나, 박석현
디 자 인 박숙희
마 케 팅 황명석, 연병선

출판등록 2004년 9월 22일 제2015-000046호
주   소 (07269) 서울특별시 영등포구 양산로3길 9, 201호
주문 및 문의 (02)322-7241 팩스 (02)322-7242

ISBN 979-11-90242-29-5 03190

홈페이지 www.vegabooks.co.kr
블로그 http://blog.naver.com/vegabooks.do
인스타그램 @vegabooks   트위터 @VegaBooksCo   이메일 vegabooks@naver.com